KB006845

고전의 시작

· 동양철학 ·

원문과 해제를 함께 읽는 내 인생 첫 고전 교과서

고전의 동양철학 시작

황광우 · 홍승기 지음

생각
학교

먼저 살아온 사람들이 남긴 삶의 뿌리가 고스란히 담겨 있는 고전. 그 뿌리에는 힘이 있다. 오늘의 세상을 바라보는 힘, 곧 세상을 바꾸는 힘이다. 《고전의 시작》은 고전을 공부하는 사람들에게 좋은 길잡이가 되어줄 책이다. 이 책을 통해 선생님과 아이들이 함께 그 뿌리를 캘 수 있기를 희망한다.

– 조장희, 서울 신일중 국어교사

고등학교 선택 교과목에 '고전'이 신설되었다. 인문, 사회, 과학, 예술, 문학 등의 다양한 동서양 고전 읽기를 주요 학습 목표로 제시한다. 그런데 교육 현장에서 가르치고 배워야 하는 교사와 학생은 고전 읽기가 녹록지 않다. 마침 《고전의 시작》은 고전에 깊이 다가갈 수 있도록 주제별로 묶었다. 주제별 읽기를 통해 나와 타자, 더 나아가 세상에 대한 인식의 폭을 넓힐 수 있다.

– 송영필, 대구 경북여고 국어교사

어둠 속에서 불빛을 보거나 동굴에서 태양 아래로 끌려나온 사람은 눈이 부셔서 이데아를 제대로 볼 수 없다고 플라톤은 말했다. 고전을 시작하는 학생과 안내자를 자처할 교사 역시 고전이 전해주는 지혜의 빛을 보기 위해서 준비가 필요하다. 매혹적인 서문과 차분한 해설로 우리가 맞이할 고전의 윤곽선을 보여준 이 책은 흥미로운 지적 여정에 눈뜨게 한다.

– 왕지윤, 인천 경인여고 국어교사

학교 독서 프로그램에도 적합한 책이다. 간결하고 명쾌한 고전 설명은 학생과 교사에게 고전의 정수를 보여준다. 필요한 질문과 원문을 담은 '생각 플러스'는 동서양의 대비되는 작품들을 보여주면서 생각의 폭을 넓혀주고, 균형 있는 안목을 키워준다.

– 오정훈, 제주여고 국어교사

학교에서 고전을 가르칠 때 고전(古典)은 그야말로 고전(苦戰)이다. 소크라테스의 산파술로 〈반지의 제왕〉을 이야기하고 싶지만, 아이들에게는 수면제처럼 느껴진다. 사실 교사는 전지전능하지 않다. 훌륭한 안내서에 목마른 것은 배우는 아이들만이 아니다. 그래서 《고전의 시작》은 가뭄의 단비와 같다. 이 책은 내게 삶을 두드리는 책, 고전(鼓典)이다.

－안미진, 광주일고 국어교사

고전은 질문을 끊임없이 주고받는 열린 텍스트다. 교실에서 아이들과 고전 이야기를 나누다 보면, 생각을 더 깊은 곳으로 안내할 책의 필요성을 느낀다. 아이들과 《고전의 시작》을 읽으며, 우리의 앎과 마음을 파고드는 질문을 던져보려고 한다. 묻고 답하는 사이에 생각하는 힘이 쑥쑥 커지지 않을까.

－류원정, 천안 오성고 국어교사

좋은 책이니 읽으라고 자신 있게 권하기 어려운 책이 '고전'이다. 동서양 사상가들의 주옥같은 말씀이 학생들에게 피가 되고 살이 될 것은 뻔한 일이나 좋은 약도 너무 쓰면 먹기 힘들다. 《고전의 시작》은 동서양 사상고전의 핵심을 두루 다루면서 풍부하고 쉽게 해설한 책이다. 청소년들이 교과서에서 이름만 들었던 고전을 만만하게 시작할 수 있다.

－박혜경, 국립전통예술고 국어교사

지금은 스마트 시대. 세상과 세상 속 학교는 기계처럼 너무 깔끔하고 단순하게 돌아간다. 가끔은 이곳에서 사람과 삶의 공기를 맡고 싶다. 고전은 인류가 발견한 지혜의 나침반이다. 학생들과 함께 고전을 읽으며 사람의 냄새가 넘실대는, 물음과 깨달음이 가득한 교실을 꿈꾼다. 《고전의 시작》, 이 책으로 힘든 발걸음을 쉬이 떼본다.

－양윤복, 부산 사직여고 국어교사

학교에서 고전을 가르치는 일은 가치 있지만 곤혹스럽기도 하다. 가르치는 교사가 고전을 제대로 배운 적 없고 배우는 학생들도 고전의 현실적 가치를 알기 어렵기 때문이다. 그래서 쉽게 고전 속으로 안내하는 《고전의 시작》은 교사와 학생의 필요에 걸맞은 책이다. 네 영역에 걸쳐 동서양 고전에 두루 다가갈 수 있도록 준비된 입문서다. 많은 분들이 이 책을 통해 고전의 세계로 들어가 불변하는 고귀한 가치를 찾을 수 있길 희망한다. －김남극, 강릉 제일고 국어교사

고전을 읽어야 하는 세 가지 이유

"내가 만들고 싶은 나라는 군사력이 센 나라도 아니요, 경제력이 강한 나라도 아니다. 내가 만들고 싶은 나라는 오직 문화적 수준이 한없이 높은 나라다"라고 백범 김구 선생은 말했다. 지금으로부터 60여 년 전의 일이다. 해방은 되었으나 나라가 어디로 갈지 갈피를 잡지 못하고 헤매던 그 시기에 선생은 민족의 나아갈 길을 이렇게 설파했다.

나와 같은 오십대가 캠퍼스의 낭만을 누리던 1980년대. 젊은 시절 우리는 김구 선생의 '내가 만들고 싶은 나라'에 눈길을 보내지 않았다. 1980년대는 군사 독재의 총칼 밑에서 국민의 기본권이 심하게 짓밟히던 시절이었기 때문이다. 우리 젊은이들에겐 독재 정권을 몰아내고 민주주의를 쟁취하는 것이 급박한 과제였다.

30년의 세월이 흐른 2010년대. 지금 한국의 1인당 GDP는 3만 달러를 향해 나아가고 있다. 한국의 경제력은 세계 10위권에 걸쳐 있다. 자살률

이 세계 최고를 기록하고 있고 남녀 차별 지수가 세계 꼴찌 그룹에 속하는 등 부끄러운 모습도 많다. 한 가정이 자동차 두 대를 보유하는 나라가 되었음에도 청년 실업은 심각하고 대학생들의 눈빛은 불안하다.

다시 30년의 세월이 흐른 2040년대, 우리는 오늘의 십대들에게 모든 권리를 넘겨주고 인생을 정리하고 있을 것이다. 30년 후 오늘의 십대들은 기성세대로부터 대한민국을 건네받고 자신들의 세계를 만들어가고 있을 것이다. 어떤 세상을 만들어나가고 있을까? 청소년들이 고전을 읽어야 하는 이유는 자신들의 미래와 긴밀한 관계가 있기 때문이다. 나는 세 가지를 생각한다.

첫째, 한국, 중국, 일본 세 나라를 중심으로 하는 동아시아 경제권이 세계 경제를 이끌고 있을 것이다. 19세기에는 영국이 세계 경제를 이끌었고, 20세기에는 미국이 세계 경제를 이끌었다. 21세기 중반에는 동아시아가 세계 경제를 주도할 것이다.

이 예측은 굳이 경제 전문가의 권위를 빌려 말할 필요도 없다. 간단하다. 2013년 현재 미국의 GDP가 17조 달러이고 중국의 GDP가 9조 달러다. 지금 중국의 1인당 GDP가 7000달러인데, 이 수치가 1만 달러를 넘어서는 데는 많은 시간을 필요로 하지 않는다. 조만간 한국, 중국, 일본 세 나라의 경제가 세계 경제를 주도할 것이라는 예측은 큰 무리가 아니다.

영국과 미국은 과학기술의 힘으로 세계를 이끌었다. 영국과 미국은 인류에게 가난을 극복하는 과학기술과 질병을 치료하는 의료기술을 주었으나 세계를 전쟁의 도가니에 빠뜨렸고, 약소국가들을 수탈했다는 비판으로부터 자유롭지 못하다. 동아시아가 세계사를 주도하는 시기가 온다면 동아시아의 지도자들은 영국과 미국의 지도자들과 뭔가 달라야 할 것이다.

한국, 중국, 일본 세 나라에는 오랜 역사가 있고, 그 역사 속에 깃든 시와 사상이 있다. 우리는 《논어》와 《도덕경》을 알아야 한다. 두보의 시를 읽어야 하고 《맹자》와 《장자》를 알아야 한다. 그래야 서양인을 만나 동아시아의 특성과 가치를 말할 수 있을 것이다.

동시에 서양의 인문 정신을 알아야 한다. 호메로스의 《일리아스》와 《오디세이아》를 논의할 줄 알아야 하고, 소크라테스와 플라톤의 철학에 대해 대화할 수 있어야 한다. 30년 후 동아시아 경제가 세계 경제를 주도하게 되어 있으니, 동아시아 청소년들이 미래에 대비해 세계인의 지성을 예비하는 것은 시대의 요청이다. 이것이 오늘의 청소년들이 고전을 공부해야 하는 첫째 이유다.

둘째, KTX가 시베리아를 횡단하여 달리고 있을 것이다. 동아시아 경제가 세계를 이끄는 것은 우리의 의지와 무관하나 KTX가 시베리아를 횡단하여 달리는 것은 남과 북의 정치적 지도력에 달려 있다. 아직은 남북의 통일이 요원한 과제이지만 우리 민족도 스스로의 힘으로 대승적 통합을 이루지 못하리란 법은 없다.

나는 남과 북이 통일되고 KTX가 시베리아를 횡단하는 그날을 어서 보고 싶다. 서울에서 KTX에 올라타 평양과 신의주를 지나고 만주의 지린을 거쳐 블라디보스토크로, 이르쿠츠크로 달리고 싶다. 끝없는 시베리아 숲을 헤치고 모스크바를 거쳐서 베를린을 지나 파리에 가고 싶다. 내친김에 런던까지 가자.

오늘의 청소년들은 지금부터 세계 시민의 교양을 쌓아야 한다. 베이징에 가면 중국인들과 두보의 시를 말할 수 있어야 하고, 모스크바에 가면 러시아인들과 톨스토이의 《전쟁과 평화》에 나오는 대화재(大火災)를 거론할 줄 알아야 하며, 파리에 가면 프랑스인들과 《레미제라블》의 하수도를 말할 수 있어야 한다. 런던에 가면 누굴 이야기할까? 그렇다. 뉴턴과 다윈을 말하고, 더하여 1850년대 영국의 현실을 담은 마르크스의 《자본론》을 말할 수 있다면 이 사람이야말로 세계 시민이 아니겠는가?

우리 청소년들이 차표 한 장을 손에 들고 시베리아로, 유럽으로 달려갈 수만 있다면, 유럽인들과 함께 철학과 문학을 논하면서 동아시아의 시와 사상을 전할 수 있다면, 나는 여한 없이 눈을 감겠다. 세계 시민의 교양을 쌓는 것, 이것이 청년들이 고전을 공부해야 하는 두 번째 이유다.

셋째, 한국 경제는 조만간 1인당 GDP 3만 달러를 돌파할 것이고 주 4일 노동제가 도입될 것이다. 필요로 하는 것이 가장 적은 사람이 가장 부유한 사람이라고 소크라테스는 말한 적이 있다. 소크라테스에게 보배는 한가로움이었다. 한국 사회가 주 4일 노동하는 사회로 진입할 경우 일하지 않는 주 3일을 어떻게 보낼 것인가?

한국이 선진국이 되려면 우리 모두가 성숙한 인간이 되어야 한다. 삶과 죽음에 관해 나름의 생각을 갖는 철학자가 되어야 한다. 유행하는 삶의 양식이나 주어진 쾌락에 머물지 않고, 자기 나름대로 행복의 원리를 찾아야 한다.

나는 인간의 행복한 삶은 인간 본성의 건강한 실현에서 나온다고 생각한다. 아리스토텔레스의 금언에 따르면 인간은 알고자 하는 본성을 지닌 존재다. 왜 공부하는가? 알고자 하는 본성 때문이다. 왜 책을 읽는가? 새로운 진리를 깨달을 때 인간은 최고의 순수한 기쁨을 누리기 때문이다. 독서는 삶의 방편이 아니라 삶의 목적, 즉 행복으로 가는 지름길이다.

지난날 공부는 생존하기 위한 삶의 방편이었다. 이제 이런 공부는 그만하자. 공부는 수단이 아니라 목적이다. 고전을 읽자. 고전의 지혜로 나의 영혼을 아름답게 가꾸자. 한국인 모두가 철학자가 되고 세계 시민의 교양을 갖추자. 한국이 선진국이 되는 길은 여기에 있다. 이것이 바로 우리가 고전을 읽어야 할 세 번째 이유다.

아이들에게 고전을 읽으라고 하기 전에 부모가 먼저 고전을 읽자. 학생에게 고전을 권유만 하지 말고 선생님이 먼저 고전을 읽자. 청소년에게 고전을 읽으라고 하기 전에 기성세대가 먼저 고전을 읽자.

"아는 것은 안다, 모르는 것은 모른다고 말하는 것, 이것이 아는 것"이라고 공자는 말했다. 21세기의 대한민국이 배워야 할 인물은 미국의 허친스 총장이다. 서른 살 젊은 나이에 시카고 대학교의 총장이 된 허친스는 자신은 법률에 관한 전문 지식은 갖고 있지만 교육에 관한 철학은 없다고 고백했다. 이후 대학 총장이 손수 대학생들과 함께 고전을 읽고 토론을 했다. '위대한 저서(great books) 읽기 운동'은 이렇게 허친스의 정직한 자기 고백에서 시작되었다.

고전 읽기의 필요성이 갖는 의미심장함에도 불구하고 한 권의 고전을 학생 혼자만의 힘으로 독파한다는 것은 쉬운 일이 아니다. 고전 그 자체가 난해한 까닭도 있으나 고전을 이해하기 위한 교양이 부족하기 때문이다. 따라서 학생이 고전을 공부하기 위해선 반드시 안내자가 필요하다. 그런데 고전을 안내해줄 선생님들도 채 준비되어 있지 않다는 척박한 현실이 우리를 안타깝게 한다.

서울대가 선정한 고전 100선을 해설한 《고전의 시작》은 이처럼 척박한 우리의 지적 현주소에서 나온 책이다. 누구나 고전 한두 권쯤은 읽었겠으나, 권위 있는 기관이 선정한 책 100권을 다 읽은 사람은 찾아보기 힘들다. 솔직히 고백하자면 홍승기와 나도 이번의 해설 작업을 하면서 처음 알게 된 책이 꽤 된다.

《고전의 시작》은 선생님들부터 읽어야 한다. 지난여름 밤을 새워가며 쓴 우리의 글을 읽다 보면 독자들은 인류의 지성이 쌓아올린 금자탑에 절로 고개를 숙이고, 문득 고전의 지혜로 무장하고 싶은 열정을 느낄 것이다. 이것이 바로《고전의 시작》이 기대하는 바다.

"아침에 도를 들으면 저녁에 죽어도 좋으리."

2014년 11월
빛고을에서
황광우

| 4부 | 마음과 세계

| 5부 | 다른 생각의 힘

프롤로그

동양철학 고전의 힘

'공자님 말씀'이 뭐기에!
– 동양철학 고전을 읽어야 하는 이유

"공자님 말씀 하고 있네!"

상대방의 얘기에 대해 비아냥거릴 때 흔히 하는 말이다. '공자님'이 하신 '말씀'이 무엇이기에 이런 말을 하는 걸까?

공자의 말을 모아놓은 책이 《논어》다. 《논어》의 첫머리에 나오는 내용을 보자. "배우고 항상 익히면 기쁘지 아니한가? 친구가 있어 멀리서 찾아오니 또한 기쁘지 아니한가? 남이 나를 알아주지 않아도 화내지 않으니 또한 군자가 아닌가?"

공자가 '인생삼락(人生三樂)', 즉 '세상을 살아가는 세 가지 즐거움'을 말하는 부분이다. 항상 배우고 친구와 잘 사귀고 웬만한 일에는 화내지 않으면 우리는 진짜 즐겁게 살아갈 수 있을 것이다. 이런 내용을 담은 '공자님의 말씀'이란 말이 비아냥이 되어버린 이유는 '공자님의 말씀'을 제대로 읽지 않았기 때문일 것이다.

공자가 말한 인생삼락은 즐거운 삶을 위한 안내다. 그 내용을 찬찬히 들여다보면 사람 사는 데 관계가 중요하다고 말하고 있음을 알 수 있다. 스승이나 주변 사람들로부터 우리는 배운다. 친구와의 관계는 말할 것도 없고 웬만한 일에 화를 내지 않아야 주변 관계가 좋아진다. 이렇듯 공자는 부모와 자식 사이, 남편과 아내 사이, 형과 동생 사이, 친구 사이, 이웃 사람과의 사이 등 인간의 가장 기본적인 관계를 어떻게 맺어야 하는지 가르친다.

공자는 충(忠)과 서(恕)의 실천을 말한다. 여기서 충은 충성의 충이 아니라 정성스럽고 진실한 마음을 뜻한다. 한편 서는 자기가 싫어하는 일을 다른 사람에게 요구하지 않음을 말한다. 충이 자신에 대한 것이라면 서는 타인에 대한 것이다. 충과 서는 올바른 관계 맺음의 기본이다. 내가 충 하면 다른 사람에게 서 할 수 있고 다른 사람에게 서 하려면 내가 충 해야 한다.

충과 서는 올바른 삶을 위해 가져야 할 가장 기본적인 자세다. 그러나 현실에서 우리는 그것조차 제대로 실천하지 못하고 있다. 더 정확히 말하면 충과 서가 무엇인지조차 제대로 이해하지 못하고 있다. 그러므로 "공자님 말씀 하고 있네!"라는 말은 자신이 기본적 자세조차 갖추고 있지 못하다는 자백에 불과하다. 충과 서를 저절로 알 수 있는가? 그렇지 않다. 배워야 한다. 학교에서조차 제대로 배울 수 없으니 스스로 공부하여 깨우쳐야 한다.

공자뿐만 아니라 동양철학자들은 관계를 중요시한다. 인간 사이의 관계가 개인의 삶은 물론 사회 유지와 국가 운영의 바탕이라고 생각했기 때문이다. 그 바탕의 바탕에 인간으로서의 도리가 있다. 동양철학은 우리에게 삶의 도리를 가르친다. 삶의 도리란 삶의 안내자다. 우리가 여행을 한다고 생각해보자. 우리는 여행을 떠나기에 앞서 지도를 펴놓고 길을 확인한다. 승용차를 타고 간다면 길을 안내하는 네비게이션을 켠다. 만약 지도와 네비게이션이 없다면 우리는 여행의 목적지로 갈 수가 없다.

인생이란 길에서 지도와 네비게이션의 역할을 하는 것이 바로 철학이다. 철학이라고 하면 아주 원대하고 심오한 것을 다루고 있는 것 같지만 사실 철학의 알맹이는 '어떻게 살 것인가'를 안내하는 것이다. 특히 동양철학은 삶의 도리를 제시하여 삶의 길을 안내해준다. 동양철학 고전은 삶의 도리를 담은 지혜서다. 우리가 동양철학 고전을 읽어야 하는 이유다.

동양을 이해하는 다섯 가지 키워드
– 동양철학 고전을 읽는 방법

오리엔트를 아시나요

무엇을 동양철학이라 하는가? 동양이라 불리는 지역이 워낙 광대하기 때문에 동양철학의 범위 또한 대단히 넓다. 동양이라고 하면 우리가 살고 있는 동아시아에서부터 중동이라 불리는 아랍 지역까지를 모두 포함한다. 지리적으로 보면 우리나라에서 아랍 지역까지 거리는 무려 8000킬로미터나 되고 우리나라와 아랍 지역의 시차는 여섯 시간이나 된다. 사우디아라비아에서 밤 8시에 열리는 우리나라 축구 대표팀의 경기를 우리나라에서 실시간으로 보려면 새벽 2시에 텔레비전을 시청해야 한다는 얘기다. 왜 이렇게 광대한 지역을 동양이라 부를까? 유럽인들은 자신들을 기준으로 동쪽에 있는 모든 지역을 '오리엔트(orient)'라고 했다. 이 명칭을 그대로 받아들여 '동양(東洋)'이라 번역하고 지금도 그대로 사용하고 있다.

그러면 동양에서 생겨난 철학을 모두 동양철학이라고 하는가? 우리는 그중에서 중국과 인도의 철학만을 동양철학이라고 한다. 지리적으로 본다면 아랍의 철학 역시 동양철학이지만 그 철학은 아직 우리 사회에 널리 소개되지 않았다. 오늘날 아랍 철학의 전통 속에서 살고 있는 많은 사람들이 우리나라로 이주해오고 있다. 그리고 인도네시아, 말레이시아, 파키스탄, 방글라데시는 물론 우즈베키스탄, 카자흐스탄 등과 같이 아랍 철학의 영향을 받고 있는 나라들과의 교류가 확대되고 있다. 따라서 아랍 철학의 고전에 대한 소개가 미흡한 현실은 시급히 시정되어야 한다.

중국의 역사가 사마천은 《사기》에서 "천하 사람들의 학설은 하나이지만 온갖 생각을 다하고, 같은 길로 귀착되는데도 다른 길로 가려고 한다"라고 했다. 중국에서 나타난 다양한 철학에 대해 언급한 말이다. 최종 목적지는 같은데 사람마다 제시하는 길이 다르다는 것이다. 인도의 철학 역시 마찬가지다. 사마천의 말에서 주목할 부분은 '다르다'는 차이점이 아니라 '하나'라는 공통점이다. 즉 고전을 읽을 때는 공통점을 찾는 것이 필요하다.

그러면 어떻게 공통점을 찾아 읽을 수 있을까? 가장 좋은 방법은 자신에게 필요한 주제를 설정하여 읽는 것이다. 《논어》를 예로 들어보자. 《논어》에는 수많은 얘기가 담겨 있다. 그래서 첫 페이지부터 마지막 페이지까지 정독하다 보면 오히려 《논어》를 제대로 이해하지 못하는 경우가 많다. 그래서 책을 읽다 중도에 포기하는 경우도 드물지 않다. 《논어》를 읽을 때는 자신이 관심 있는 부분만 뽑아서 읽어보자. 하나의 주제를 정하여 그 주제에 해당되는 부분만 간추려 읽으면 훌륭한 《논어》 읽기가 된다. 고전을 읽을 때는 책을 재편집하듯 읽는 것이 요령이라면 요령이다.

삶의 도리를 파악하는 핵심 키워드

《고전의 시작》에서는 동양철학의 고전을 읽을 때 주제로 삼을 만한 것을 다섯 가지로 나누어 설명했다. 첫째 주제는 '진리'다. 즉 진리란 무엇이고, 우리는 어떻게 진리를 알 수 있는가 하는 것이다. 동양철학에서는 진리를 도(道)라고 한다. 이 '도'에 대해 공자, 노자, 부처는 조금씩 다른 주장을 한다. 이 차이점을 비교하며 읽으면 자기 나름의 '진리관'을 세울 수 있다.

둘째 주제는 '인간'이다. 인간이란 무엇이고 인간의 본성이 무엇인가 등을 다룬다. 한 예로 맹자는 성선설을 주장했고 순자는 성악설을 주장했다. 두 주장은 매우 대립적인 것 같지만 사실 지향하는 바는 같았다. 동양철학은 관념적이고 추상적인 내용을 배격하고 현실을 추구한다. 따라서 인간에 대한 학설들은 현실의 변화를 추구한다. 그러므로 인간에 대한 각 학설의 주장을 비교해 읽으면 현실에서 부닥치는 문제에 대한 해법을 찾을 수 있을 것이다.

셋째 주제는 '세계'다. 우리가 살고 있는 이 세계는 무엇으로 이루어져 있고 어떻게 변화하는가 등을 다룬다. 성리학의 이기논쟁(理氣論爭)을 예로 들어보자. 우주 만물이 이(理)에서 시작되었다는 주장과 기(氣)

에서 시작되었다는 주장은 이상주의와 현실주의를 표현한다. 두 주장을 비교하며 읽으면 어떤 세계관을 가져야 하는지 알 수 있을 것이다.

넷째 주제는 '마음과 세계'다. 시대 변동기에 이 주제와 관련한 새로운 생각이 나타난다. 시대가 변함에 따라 기존의 이론과 학설이 시대에 맞지 않게 되면서 그것을 비판하는 새로운 주장이 제기되는 것이다. 그렇다고 해서 새로 나타난 생각이 모두 받아들여지는 것은 아니다. 시대에 맞으면서 시대를 앞서나갈 수 있는 사고만이 인정을 받고 오늘날까지 전해지는 것이다. 새로운 사고를 제시했던 고전들을 비교해 읽으면 창의적인 사고가 어떻게 출현하는지를 알게 된다. 새로운 생각은 하늘로부터 뚝 떨어지지 않는다. 과거의 지혜를 바탕으로 과거의 생각을 혁신하는 과정에서 나타난다.

다섯째 주제는 '다른 생각의 힘'이다. 생각의 방향을 바꾸면 세계를 새롭게 볼 수 있다. 그리고 세계를 새롭게 봄으로써 현재의 삶을 되돌아보고 삶의 방향을 다르게 바꿀 수 있다. 어떻게 살 것인가 하는 주제는 동양철학뿐만 아니라 모든 철학의 궁극적 결론이기도 하다. 만약 어떻게 살 것인지를 제시하지 못하는 주장이 있다면 그것은 진정한 철학이 아니라 공리공론일 뿐이다. 다양한 방향에서 세상을 보고 삶의 방향을 찾고자 한다면 가치 있는 삶, 인정받는 삶을 살 수 있을 것이다.

이상의 다섯 가지 주제 이외에도 더 다양한 주제를 생각해볼 수 있다. 그러나 이 다섯 가지 주제로 나누어 동양철학의 고전을 읽는다면 고전에 대한 깊이 있는 이해에 도달할 수 있을 것이다.

《고전의 시작》은 이 다섯 가지 주제로 나누어 동양철학 고전을 해설했다. 물론 모든 고전에는 이 다섯 가지 주제가 포함되어 있다. 그렇지만 각 고전에 따라 어떤 주제를 더 부각시켰는지에 대한 차이가 있다. 고전 읽기에 앞서 각 고전의 주안점을 파악한다면 고전에 대한 이해뿐만 아니라 고전을 읽는 즐거움 역시 배가될 것이다.

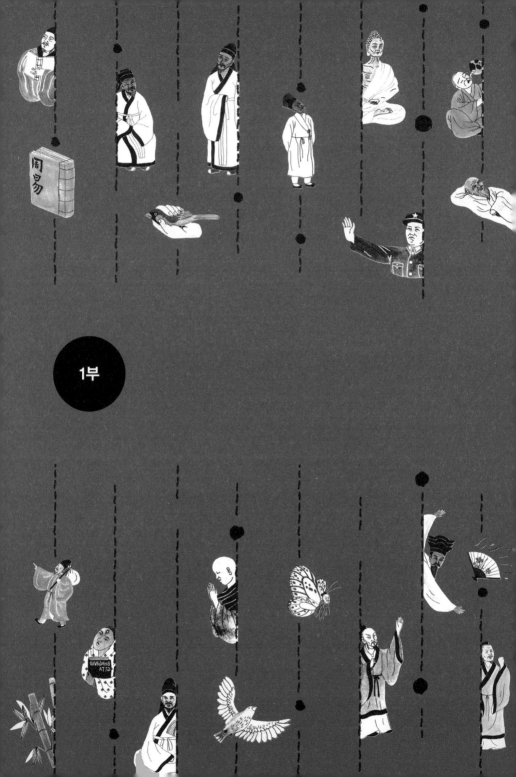

1부

진리와 나

동화극 〈파랑새〉는 파랑새를 찾아 나선 어린 남매의 얘기다. 남매는 여러 나라를 돌아다녔지만 파랑새를 발견할 수 없었다. 집에 돌아온 남매는 자신들이 기르고 있는 새가 파랑새임을 알게 되었다. 이 동화극에 등장한 파랑새는 진리를 의미한다. 이 동화극을 통해 우리는 진리가 멀리 있는 것이 아니라 우리 곁에 가까이 있음을 알게 된다.

'진리란 무엇인가?'라는 질문을 받으면 누구나 막막해진다. 우리가 알고 있는 수많은 지식 가운데 진리라고 말할 수 있는 것은 무엇일까. 답이 쉽게 떠오르지 않는다. 질문을 바꾸어 이치란 무엇인가라고 묻는다면 답할 말들이 떠오른다. 자동차에는 자동차를 움직이게 하는 이치가 있다. 우리는 우리가 살아가는 인간 세상뿐만 아니라 동물의 세계 그리고 자연의 세계에 그 나름의 이치가 있음을 안다. 그 이치가 바로 진리다.

진리(眞理)란 참된(眞) 이치(理)를 말한다. 진리와 이치라는 말을 통해 언어가 사고의 발전을 가로막는 면이 있음을 본다. 진리는 보통 사람이 접근하기 어려운 것이라고 생각하는 반면에 이치는 우리 주변에서 흔히 발견할 수 있는 것이라고 생각한다. 이치가 오래전부터 사용해온 말이라면 진리는 근대화 이후 우리 사회에 등장한 말이다.

1부에는 진리란 무엇인가를 다룬 여섯 편의 글을 해설했다. 유학의 최고 경전인 공자의 《논어》, 유학 사서(四書: 《논어》, 《맹자》, 《중용》, 《대학》)의 하나인 《중용》, 도가의 경전인 노자의 《도덕경》, 대승불교를 개척한 용수의 《중론》, 우리나라의 대표적 고전인 원효의 《대승기신론소》, 그리고 힌두교의 경전인 《바가바드기타》가 그것이다.

종교와 사상의 측면에선 전혀 달라 보이는 이 글들은 뚜렷한 공통점을 가지고 있다. 일상에서 진리를 깨치라고 가르치고 있다는 점이다. 공자는 인간의 도리와 상식을 말한다. 《중용》은 그 인간의 도리가 인간이 가지고 태어난 본성이라고 한다. 노자는 거스르지 않는 자연의 삶을 강조한다. 용수는 집착하지 않는 삶을 가르치며, 《바가바드기타》는 옳은 일에 헌신하는 삶을 가르친다.

어느 것 하나 우리의 삶과 분리된 것은 없다. 그런 삶 속에 진리가 있다. 동화극 〈파랑새〉에 나오듯이 파랑새는 먼 곳에 있지 않다. 바로 우리 곁에 있다. 다만 우리가 우리 곁에서 그것을 찾으려 하지 않을 뿐이다. 우리가 노력하지 않는 삶을 살고 있을 뿐이다.

각각의 종교, 사상을 대표하는 책들을 통해 이 지극히 간단한 '진리'를 알았으면 하는 마음이다. 대단해 보이는 종교, 사상, 철학은 우리의 상식, 우리의 생활을 바탕으로 세워진 것일 뿐이다.

우리나라의 위대한 스승 원효의 가르침은 우리가 이 세상을 어떻게 보고 어떻게 살아가야 하는지에 대한 지침을 준다.

"하나의 울타리(일상생활) 안에서 그것에 매몰되지도, 거기서 벗어나지도 않으면서 바르게 생각하고 관찰하면 그것이 진리에 이르는 길이다."

1

군자의 삶은 가까이 있다

공자 《논어》

서울대 사상고전 100선에 선정된 핵심 포인트

《논어》는 공자와 제자들의 대화, 공자와 일부 제자들의 어록을 모은 것으로, 공자의 사상을 이해하는 데 필요한 가장 기초적인 문헌이다. 주희가 과거 문인들의 필독서로 '사서'를 펴내고 그것이 원(元: 1271~1368년)대 이래 과거 시험의 기본 교재로 채택됨에 따라 동양의 정신문화에 가장 깊은 영향을 미친 고전 중의 하나다. 《논어》 속 공자의 모습에서 언제나 '지식인의 참된 모습'을 만나볼 수 있다.

－송영배 서울대학교 명예교수

상갓집 개
취급을 당하다

이마는 요임금처럼 생겼고, 목은 순임금과 우임금 때의 재상 고요 같으며, 어깨는 자산을 닮았소. 그렇지만 허리 아래는 우임금보다 세 치나 짧았고 초췌한 모습은 상갓집 개와 같았소.

《사기(史記)》의 〈공자세가(孔子世家)〉에 나오는 이야기다. 자공(子貢)이 스승을 찾아 헤맬 때 성문 문지기가 이렇게 말했다. "상갓집 개 모양으로 초췌한 노인이 당신네 스승 공자란 말이오?" '상갓집 개'는 주인에게 밥도 얻어먹지 못하고 주린 배로 어슬렁거리는 개다.

공자(孔子, BC 551~BC 479)는 천하를 떠돌아다녔다. 천하를 바로잡고 백성을 바로 세울 방책을 유세했으나 거들떠보는 군주는 없었다. 공자는 예법에 기초하여 서로를 배려하는 어진 사람의 세상을 만들고자 했으나 사람들은 그를 '상갓집 개'로 취급했다. 자신의 뜻이 좌절되자 "뗏목을 타고 중국을 벗어나고 싶다"고 한탄한 사람, 그 공자로부터 유학이 시작되었다.

《논어(論語)》는 공자의 말과 행동을 제자들이 모아 편집한 책이다. 이 책에는 아무런 체계가 없다. 그래서 《논어》를 읽을 때는 자신의 관심에 맞는 부분을 찾아내야 한다. 이런 수고로움이 《논어》의 생명력이다. 독자의 관심에 따라 다양하게 읽을 수 있다는 점이 《논어》의 매력이다.

군자와 소인은 한끗 차이?

우리는 누구나 좋은 사람이 되고 싶어 한다. 그러면 공자는 어떤 사람을 좋은 사람이라고 했을까? 인심 좋고 이웃에게 베풀기 좋아하는 사람일까? 사람들이 모두 '그 사람 좋은 사람이야'라고 칭송하는 사람일까? 아니다. 공자는 말한다. "좋은 사람이 좋아하고 나쁜 사람이 싫어하는 사람이 좋은 사람이다." 공자는 그런 사람을 군자(君子)라고 했다. 공자는 소인(小人)과 대비되는 군자의 길을 이야기한다. "군자는 자신에게 구하고 소인은 남에게서 구한다."

소인은 환경을 탓한다. 소인은 나를 알아주지 않는 세상을 탓한다. 그러나 사실 문제는 자신에게 있다. 그래서 공자는 강조한다. "다른 사람이 나를 알아주지 않음을 근심하지 말고 내가 다른 사람을 알지 못함을 근심하라."

군자와 소인은 가치의 기준이 다르다. 군자의 기준은 의로움이며 소인의 기준은 이익이다. 이익을 위해서 무엇이든 하는 사람이 소인이다. 공자가 부귀를 미워한 것은 아니다. 공자는 말한다. "부귀는 사람이 원하는 바이지만 도(道)로써 얻지 않았다면 부귀에 머무르지 않는다." 사

람들은 부귀를 원한다. 하지만 정당하게 얻어진 부귀가 아니라면 가져서는 안 된다. 공자는 "나라에 도가 없으면 부귀가 부끄러운 일이다"라고 했다. 도가 없는 나라에서 부귀를 얻으려면 어떻게 해야 할까? 남을 속이고 짓밟아야 하지 않을까? 그렇게 얻은 부귀는 부끄러운 일이다.

소인은 시기한다. 남이 잘되는 꼴을 보지 못한다. 소인은 함께 어울려 살아가려 하지 않는다. 자기 자신만 잘되면 그뿐이다. 군자의 길은 소인의 길과 다르다. 그것은 상식과 사람의 도리를 지키는 길이다.

나를 극복한다는 것

군자가 되려면 먼저 자기 자신을 이겨야 한다. 공자가 제자 안연(顔淵)과 나눈 대화를 보자. "안연이 어짊에 대해 물었다. 공자가 말했다. 자신을 이겨내고 예(禮)를 회복하는 것이다. 하루라도 자신을 이기고 예를 회복하면 천하가 어짊으로 돌아간다." 극기복례(克己復禮), 자신을 이기고 예로 돌아가라. 극기, 자신을 이긴다는 것은 무엇인가? 사리사욕을 극복하라는 말이다. 이는 남이 이루어주는 것이 아니다. 스스로 추구하고 노력함으로써 이루어지는 것이다.

자신을 이기고 예로 돌아가기 위해 공자는 어떻게 했을까? 증자(曾子)가 공자의 가르침을 해설하며 이렇게 말했다. "선생님의 도는 충서(忠

恕)일 따름입니다." 충과 서는 인을 실현하는 공자의 실천 지침이다. 충은 정성스럽고 진실한 마음이다. 정성스럽고 진실한 마음을 갖는다면 흔들리지 않고 자신의 길을 갈 수 있다. 서는 충과 짝을 이루는 말이다. 충이 자신에 대한 진심이라면 서는 타인에 대한 진심이다. 타인을 존중하고 믿는 것이 서다. 나와 타인을 모두 긍정하고 이를 통해 세상을 어질게 만드는 것, 그것이 공자의 지향이었다.

극기복례에는 또 한 가지 중요한 의미가 담겨 있다. 자신을 이기지 못한 예는 껍데기다. 공자는 예를 중시했다. 그래서 안연에게도 예가 아니면 듣지도 보지도 말하지도 행동하지도 말라고 했다. 그러나 진정한 예는 어짊, 즉 인(仁)에 바탕을 두어야 한다. 겉으로 보이는 행동이 형식이라면 그 행동을 하게 하는 마음은 내용이다. 마음 없이 행하는 것은 예가 아니다. 그런 어진 마음을 가지기 위해 공자는 극기, 즉 나를 극복하라고 한 것이다. 극기는 어진 마음을 가지라는 의미다.

공자는 말한다. "사람이 어진 마음이 없으면 예가 무슨 필요가 있겠느냐?" 겉으로 드러난 형식이 아니라 진실한 마음이 중요하다는 말이다. 천하의 예가 무너졌다. 예를 다시 세우자. 그렇지만 억지로 강요한다고 되는 것이 아니다. 사람의 마음이 자연스럽게 예를 행하도록 해야 한다.

공자는 말한다. "아는 사람은 좋아하는 사람만 못하고 좋아하는 사람은 즐기는 사람만 못하다." 아는 것은 중요하다. 모르면 아무것도 할 수 없다. 하지만 단지 아는 것과 행동하는 것은 다르다. 공부하는 것이 나

의 삶이 되려면 공부를 즐거워해야 한다. 도를 닦는 것도 그러하다. 마음을 정성스럽게 하고 예를 행하는 것은 좋아서 하는 일이 아니라 그저 생활의 일부분처럼 자연스러운 것이 되어야 한다.

공자와 제자 자공의 대화를 보자.

자공이 물었다. "가난하면서도 비굴하지 않고 부유하면서도 거만하지 않다면 어떻습니까?" 공자가 말했다. "좋다. 그러나 가난하면서도 즐거워하고 부유하면서도 예를 좋아하는 것만 못하다." 자공이 말했다. 《시경(詩經)》에 이르기를, '자른 것처럼, 벼린 것처럼, 쫀 것처럼, 간 것처럼'은 이를 두고 하는 말입니까?" 공자가 말했다. "사(자공의 이름)야, 비로소 너와 더불어 시(詩)를 말할 수 있겠구나. 가는 것을 말했더니 오는 것을 아는구나."

가난하면서 비굴하지 않기보다 가난하면서 즐거워하기가 어렵다. 부유하면서 거만하지 않기보다 부유하면서 예를 좋아하기 어렵다. 가난하면서 비굴하지 않고 부유하면서 거만하지 않은 것도 하나의 경지다. 그러나 좋아하는 것이 즐기는 것만 못한 것처럼 더욱 높은 경지는 예가 스스로 체화되는 경지다.

그래서 공자는 제자 안회(顔回)를 아껴서 이렇게 말했다. "훌륭하다, 회(안회)여! 한 소쿠리의 밥과 한 표주박의 물을 마시며 누추한 거리에 살면 다른 사람은 그 근심을 이기지 못할 것이지만 회는 그 즐거움을 아는구나. 훌륭하다, 회여!" 비록 젊은 나이에 요절했지만 안회는 공자가 유일하게 인정한 제자였다. 안회가 마음에서 우러나온 예를 행했기 때문이다.

지금도 유효한 공자의 가르침

공자는 훌륭한 스승이었다. 그는 상대방이 깨달을 수 있는 언어를 사용했다. 같은 내용도 상대방에 맞추어 이야기했다. 그런 의미에서 그는 항상 제자들과 소통을 시도하는 스승이었다. 제자 자한은 공자에 대해 이렇게 회고했다. "선생님은 네 가지를 하지 않으셨다. 자의적으로 하지 않으셨고 반드시 고집하지 않으셨으며 완고히 하지 않으셨고 자기중심적으로 하지 않으셨다." 공자는 독단적인 사람이 아니었다. 스스로를 반성하고 세상을 위해 무엇을 해야 할지를 고민한 사람이었다. 그래서 그의 가르침은 지금도 우리에게 깊은 울림을 준다.

어느 날 제자인 염구(冉求)가 스승에게 고백했다. "선생님의 도를 좋아하지만 제 힘이 부족합니다." 이에 공자가 말했다. "힘이 부족한 자는 중도에 그만둔다. 지금 너는 한계를 긋고 있다." 무슨 말인가? 염구는 자신은 하고 싶은데 힘이 부족하여 하지 못한다고 했다. 그런 제자에게

공자는 말한다. "네가 하지 못하는 것은 할 수 있는 힘이 없기 때문이 아니다. 네 스스로 할 수 없다고 한계를 만들기 때문이다."

군자가 되는 길은 쉽지 않다. 배움을 통해 이룰 수 있는 길도 아니다. 오히려 배움 이전에 실천을 해야 한다. 공자는 말한다. "집에 들어와서는 효도하고 밖에 나가서는 공손하며, 근면하고 믿음직하게 행동할 뿐만 아니라 사람들을 사랑하고 어진 사람과 가까이 지내라. 그리고 힘이 남으면 공부를 해라." 사람의 도리를 지키고 사는 것이 생각처럼 쉬운 일은 아니다. 사람의 도리를 다하는 삶은 우리로부터 멀리 떨어져 있지 않다.

우리가 군자로 사는 삶 역시 멀리 있지 않다. 군자의 삶을 살고자 하는 사람에게 공자는 격려의 말을 잊지 않는다. 조금만 귀 기울이면 세상 모두가 여러분의 스승이다. 그들을 본받아 행하면 군자가 될 수 있다. 그러니 군자의 길은 멀지 않다. "세 사람이 가면 반드시 나의 스승이 있다. 선한 이를 가려 그 선함을 따르고 선하지 않은 점은 고친다."

공자는 참된 진리를 도 혹은 인(仁)이라 했다. 공자가 죽고 9년 뒤에 태어난 소크라테스는 참된 진리를 위해서는 목숨도 바쳐야 한다고 했다. 공자의 《논어》와 소크라테스의 이야기를 담은 플라톤의 《크리톤》을 읽고 참된 진리에 대해 생각해보자.

◆ ◆ ◆

공자께서 말씀하셨다. "배우고 항상 배운 것을 익히면 즐겁지 아니한가. 벗이 있어 멀리서 찾아오면 또한 기쁘지 아니한가. 사람들이 알아주지 않아도 노여워하지 않으니 또한 군자가 아니겠는가."

— 공자, 《논어》〈학이(學而)〉 중에서

공자께서 말씀하셨다. "군자는 배부르게 먹으려 하지 않고 안락한 삶을 추구하지도 않는다. 매사에 성실하고 말할 때는 조심하며 도로써 자신을 바르게 한다. 군자는 학문을 좋아하는 사람이라 할 수 있다."

— 공자, 《논어》〈학이〉 중에서

공자께서 말씀하셨다. "아침에 도를 들으면 저녁에 죽어도 좋다."

— 공자, 《논어》〈이인(里仁)〉 중에서

◆ ◆ ◆

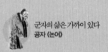

"나는 언제나 나의 이성적 사유에 입각하여 가장 올바른 것이라 판단되는 원칙만을 따르며 살았네. 이렇게 원칙을 준수한 결과가 사형 선고일지라도 나는 원칙을 포기할 수 없다네. 아이들에게 겁을 주어 설득하듯 투옥, 재산 몰수, 죽음으로 나에게 압력을 가하더라도 나는 나의 길을 갈 거야.

사람들의 평판이 중요한 것이 아니라 올바른 사유가 중요하지. 어영부영 사는 것이 중요한 것이 아니라 훌륭하게, 아름답게, 올바르게 사는 것이 중요한 거야. 이번 재판에도 나는 추방형을 선택할 기회가 있었지. 나를 고소한 사람들의 속마음도 역시 추방이었기 때문에 내가 추방형을 자원했다면 법정은 나에게 합법적인 망명의 길을 열어주었을 거야. 그러나 나는 내 고집대로 갔지. 철학 하는 자유를 포기하느니 차라리 죽음을 달라는 것이 내 이성의 명령이었어." － 플라톤, 《크리톤》 중에서

2

우리는 하늘의 뜻을 실천한다

《중용》

서울대 사상고전 100선에 선정된 핵심 포인트

《중용》역시 원래 《예기(禮記)》(기원전 3~2세기 진한 초에 편집 완성)의 한 편으로 수록되었던 것을 주희가 그 중요성을 인정하여 지식인의 필독서인 사서 가운데 하나로 편찬하면서 널리 읽히게 되었다. 《중용》에는 '성', 즉 도덕성을 우주와 인류의 존재론적 기초로 설명하는 도덕형이상학이 뚜렷이 각인되어 있어 송명(宋明) 이래 신유학의 철학적 기초 형성에 결정적인 영향을 준 문헌이다. ─송영배 서울대학교 명예교수

파랑새는
어디 있을까

1908년 모스크바 예술극장에서 벨기에 작가 마테를링크의 동화극 〈파랑새〉가 처음으로 상연되었다. 크리스마스 전날 가난한 나무꾼 집의 치르치르와 미치르 남매가 꿈을 꾼다. 꿈에서 마법사 할머니가 남매에게 파랑새를 찾아달라고 부탁한다. 치르치르와 미치르는 요정들과 함께 여러 나라를 돌아다녔지만 결국 파랑새를 찾지 못한다. 꿈에서 깨어난 남매는 자기 집의 새가 파랑새임을 깨닫는다.

　우리는 문제의 해답을 먼 곳에서 찾으려 한다. 그러나 주위를 돌아보면 그토록 찾던 해답이 곁에 있음을 알게 된다. 도는 어떤가? 멀리 떨어져 있는가? 《중용(中庸)》은 아니라고 말한다. 공자가 말했다. "도는 사람과 멀지 않다. 사람과 멀리 떨어진 도는 도가 아니다." 《시경》에서 말하기를 "도끼 자루를 만드는 법은 멀지 않다"고 했다. 사람들은 도끼 자루를 만들기 위해 고민한다. 두께는 어느 정도여야 하고 길이는 얼마여야 하는가. 나무를 들고 이리저리 살펴보며 고민한다. 그런데 지금 손에 도끼 자루가 들려 있지 않은가? 도끼 자루를 쥐고 도끼 자루를 찾는 것처럼 우리는 항상 도와 함께하고 있다. 다만 그것을 도라고 생각하지 못할 뿐이다.

생명의 실 벨기에 화가 에밀 파브르는 〈파랑새〉의 작가 마테를링크에게 강력한 영향을 받았다(에밀 파브르, 1982년).

지나침은
미치지 못함과 같다

도가 우리와 함께 있음을 가르쳐주는 책, 《중용》은 유학의 사서 가운데

하나다. 주희는 사서를 읽을 때는 《대학》, 《논어》, 《맹자》, 《중용》의 순서

로 읽으라고 했다. "《대학》에서 규모를 정하고, 《논어》에서 근본을 정하

고, 《맹자》에서 발현된 부분을 관찰하고, 《중용》에서 옛사람의 오묘한

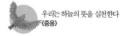

우리는 하늘의 뜻을 실천한다
《중용》

곳을 구하라."

'옛사람의 오묘한 곳'이란 무엇인가? 중국철학을 포함한 동양 사상에서 '오묘함'이란 우주 만물의 본성을 가리키는 말이다. 따라서 옛 사람의 오묘한 곳이란 옛사람들이 밝혀놓은 우주 만물의 본성을 의미한다. 주희는 《중용》에서 우주 만물의 본성을 공부하라고 한 것이다. 그러면 책의 제목이기도 한 중용이란 무엇인가? 주희는 다음과 같이 말했다.

어느 편에도 치우치지 않고 꼭 알맞은 것이 '중(中)'이고, 언제나 변함없이 일정하고 바른 것이 '용(庸)'이다. 그러므로 '중'이란 사람이 살아가는 데 필요한 올바른 도이고, '용'이란 사람이 살아가면서 지켜야 할 원리다. …… 중용의 원리는 크게 보면 온 우주에 가득 차 있고, 작게 보면 아주 작은 물건에도 담겨 있다. 중용의 오묘함은 끝이 없다. 그것은 사람들의 실생활에 언제나 쓰이는 학문이다. 《중용》을 잘 읽어 음미하고 연구하면 무한한 이익을 안겨줄 것이다.

'중'이란 '치우치지 않고 꼭 알맞은 것'이고, '용'이란 쉼 없이 중을 지켜나가는 것이라는 말이다. 중용에서 중은 산술적인 가운데를 의미하지 않는다. 중용의 중은 올바른 도다. 그것은 상황과 연관된다. 생일날의 웃음은 행복이지만 초상집에서 웃으면 실례가 된다. 같은 웃음이지만 상황에 따라 의미가 달라진다. 따라서 상황이 달라지듯이 중도 고정된 것이 아니라 변화하는 것이다.

공자는 중용의 도가 행해지지 않음을 근심했다. 공자가 말했다. "도가 행해지지 않음을 나는 안다. 아는 자는 지나치고 어리석은 자는 미치지 못한다. 도가 밝혀지지 않음을 나는 안다. 현명한 자는 지나치고 어리석은 자는 미치지 못한다. 사람이 음식을 먹어도 그 맛을 아는 자 드물다."

우리는 중용의 도와 함께 살지만 중용을 지키지 못한다. 지나치거나 미치지 못하기 때문이다. 그것을 '과유불급(過猶不及)'이라고 한다. 중용의 중은 지나치지도 모자라지도 않은 것을 말한다.

중용은 군자와 소인을 나누는 중요한 기준이 된다. 군자의 중용은 때에 맞게〔시중(時中)〕 행동하는 것이다. 여기서 '때'란 그때, 그 상황, 그 사람의 처지와 환경을 모두 말한다. 군자는 그 모든 것을 고려하여 알맞게 행동한다. 그러나 소인은 사정을 개의치 않고 제멋대로 행동한다.

| 실천의 힘

공자가 말했다. "천하의 국가를 편안하게 다스릴 수 있고 벼슬을 사양할 수 있으며 흰 칼날도 밟을 수 있지만 중용은 능히 할 수 없다." 공자

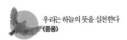
우리는 하늘의 뜻을 실천한다
《중용》

는 중용의 어려움을 여러 번 이야기한다. 국가를 경영할 수 있는 지혜, 부와 명예를 사양할 수 있는 절제, 칼날을 밟을 수 있는 용기가 있어도 중용은 행하기 어려운 것이다.《중용》은 말한다.

> 군자의 도는 광대하지만 미세하다. 보통 사람이 알 수 있는 것도 그 끝에 이르면 성인(聖人)이라 해도 알지 못하는 것이 있다. 보통 사람이 행할 수 있는 것도 그 끝에 이르면 성인이라 해도 할 수 없는 것이 있다. 천지가 아무리 크다 해도 사람에게는 오히려 작은 것일 수가 있다. 그래서 군자가 큰 것을 말하면 천하에 실을 수가 없고 작은 것을 말하면 천하에 쪼갤 것이 없다.

군자의 도는 보통 사람에게서 시작되지만 그 끝에 이르면 천지에 드러난다. 중용을 행하려면 중용 할 수 있는 모든 상황을 정확히 파악해야 한다. 그 상황을 관통하는 도를 깨치는 것은 성인이라도 어려운 일이다. 큰 것을 이야기하면 중용보다 큰 것이 없고 작은 것을 이야기하면 중용보다 작은 것이 없다. 광대한 천지에서부터 미세한 입자에 이르기까지 세상은 같은 이치로 움직인다. 그래서 작은 것에서 큰 것으로, 가까운 것에서 먼 것으로 중용을 실천해가자고 한다. 한 발을 내딛지 않고는 열 걸음을 갈 수 없다. 중용의 도도 마찬가지다. 작은 것에서부터 점차 넓혀나가면 중용을 행할 수 있다. 중요한 것은 행하는 것이다.

어떤 이는 나면서부터 알고, 어떤 이는 배워서 알고, 어떤 이는 노력해서 알게 되지만 안다는 점에서는 똑같다. 어떤 이는 편하게 행하고 어떤 이는 이로움을 위해 행하며 어떤 이는 어쩔 수 없이 행하지만 행한다는 점에서는 똑같다. …… 남이 한 번 해서 할 수 있는 것일지라도 자신은 백 번 하고, 남이 열 번 해서 할 수 있는 것일지라도 자신은 천 번 한다. 이 도를 행할 수 있다면 어리석다 할지라도 반드시 밝아질 것이고, 유약하다 할지라도 반드시 강해질 것이다.

도를 행하는 일은 불가능하지 않다. 천재가 아니라도, 성인이 아닌 보통 사람일지라도 정성스럽게 노력하면 이룰 수 있다.

본성은 하늘이 준 것이다

중용을 어떻게 행해야 하는가? 오직 성(誠), 즉 정성스러운 마음으로 하라고 한다. 성은 속임이 없는 것이다. 성은 진실되고 영원불변하기 때문에 하늘의 도가 될 수 있다. 성은 하늘의 도이고, 군자는 성을 깨닫고 체현한 사람이다. 그러므로 군자는 바로 하늘, 우주와 하나인 사람이다.

성에서 본성과 가르침이 나온다. 본성과 가르침은 어떤 관계인가? 《중용》은 말한다. "하늘이 만물에 부여한 것을 본성이라 하고 본성에 따

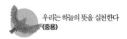

르는 것을 도라 하며 도를 닦는 것을 가르침이라고 한다." 인간의 본성
은 하늘이 준 것이고 그 본성을 따르는 것이 도다. 그리고 도를 닦는 것,
즉 우리의 본성을 따르도록 하는 것이 가르침이다. 도를 닦는 일은 우리
가 원래 가지고 있는 본성을 찾는 것이다. 성은 중용과도 연결된다.

희로애락(喜怒哀樂)이 나타나지 않는 상태를 '중'이라 한다. 이러한
감정이 일어났지만 절도에 맞는 상태에 이른 것을 '화(和)'라고 한
다. 중은 천하의 근본이고 화는 천하에 통용되는 도다.

여기서 '중화'는 중용의 의미다. 또한《중용》은 말한다.

오직 천하의 지극한 성이 있어야 본성을 다할 수 있다. 본성을 다할
수 있다면 사람의 본성을 다할 수 있다. 사람의 본성을 다할 수 있으
면 만물의 본성을 다할 수 있다. 만물의 본성을 다할 수 있으면 천지
의 만물이 생겨나 자라게 도울 수 있다. 천지의 만물이 생겨나 자라
게 도울 수 있으면 천지와 함께 참여할 수 있다.

이처럼《중용》은 하늘, 인간 본성, 도와 덕, 그리고 교육을 하나로 꿰
뚫어서 설명을 시도한다.

우리는
하늘의 도를 실천한다

공자는 《시경》을 정리한 후에 시 300편을 일컬어 '사무사(思無邪)'라고
했다. 생각함에 사특함이 없다는 뜻이다. 내 생각에 사특함이 없으니 세
상의 모든 일을 보면서도 사특함이 생기지 않는다. 그것은 곧 바름이다.
사람을 바르게 하고 그 바름을 때에 맞추는 것, 그것이 중용이다. 중용
은 행하기 힘들다. 그러나 우리는 인간이기에 중용을 행할 수 있다. 정
성스러운 마음으로 우리의 바른 본성을 회복하면 행할 수 있다.

　주희의 말처럼 《논어》는 인간의 도리란 무엇인가 하는 근본을 정했
다. 《중용》은 그 도리가 하늘이 인간에게 부여한 본성이라고 하여 '옛사
람의 오묘한 곳'을 드러냈다. 인간의 본성은 하늘이 부여한 것이므로 하
늘과 인간이 합하여 하나가 되는 '천인합일(天人合一)'을 이룰 수 있다.

　이렇게 《중용》은 인간이 하늘과 하나 되는 새로운 경지를 제시했다.
정성스러운 마음으로 본성을 깨달아 실천하면 중용의 덕을 획득할 수
있다. 중용의 덕은 인간 최고의 도덕적인 목표다. 그러한 목표에 도달한
사람이 곧 군자다.

'중용'은 공자가 제시한 행동 원칙이다. 따라서 《중용》에서 말하는 진리, 즉 도는 실천을 전제로 한다. 프랑스의 소설가 에밀 졸라(Émile Zola)는 《나는 고발한다》라는 글에서 간첩 혐의로 억울하게 구속된 드레퓌스 대위를 변론함으로써 실천하는 지식인의 모습을 보여주었다. 다음의 글들을 읽고 행동의 중요성에 대해 생각해보자.

◆ ◆ ◆

도는 잠시라도 떨어질 수 없다. 떨어질 수 있다면 도가 아니다. 그러므로 군자는 다른 사람들이 보지 않는 곳에서도 삼가고 다른 사람들이 듣지 않는 곳에서도 조심한다. — 《중용》 제장 중에서

군자는 중용에 의거하여 살면서 아무도 알아주지 않아도 후회하지 않는다. — 《중용》 제11장 중에서

부귀하면 부귀함에 맞게 행동하고 빈천하면 빈천함에 맞게 행동한다. 오랑캐들과 함께 생활하게 되면 오랑캐들의 생활에 맞게 행동한다. 그리고 전쟁과 같은 힘든 상황에 처하면 힘든 상황에 맞게 행동한다. 군자는 어디서든 항상 그 상황에 맞게 행동한다. — 《중용》 제14장 중에서

◆ ◆ ◆

• • •

대통령 각하, 저는 진실을 말하겠습니다. 재판을 담당한 사법부가 진실을 만천하에 밝히지 않는다면 제가 진실을 밝히겠다고 약속했기 때문입니다. 제 의무는 말을 하는 것입니다. 저는 역사의 공범자가 되고 싶지 않습니다. 만일 제가 공범자가 된다면 앞으로 제가 보낼 밤들은 유령이 가득할 것입니다. 가장 잔혹한 고문을 당하여 저지르지도 않은 죄를 자백한 저 무고한 사람의 유령이 가득 찬 밤이 될 것입니다.

대통령 각하, 정직하게 살아온 한 시민으로서 솟구치는 분노와 더불어 온몸으로 당신을 향해 이 진실을 외칩니다. 저는 명예로운 대통령 각하가 진실을 알고도 외면하지 않으리라 확신합니다.

－졸라, 《나는 고발한다》 중에서

* 드레퓌스 사건 1894년 10월 프랑스 참모본부에 근무하던 포병 대위 드레퓌스가 독일 대사관에 군사 정보를 팔았다는 혐의로 체포되어 비공개 군법회의에서 종신형 판결을 받았다. 재판 결과가 발표된 후 에밀 졸라는 1898년 1월 13일자 〈오롤〉지에 《나는 고발한다》를 발표하여 드레퓌스 사건이 진실을 은폐하고 정의와 인권을 무시한 사건이라고 성토했다. 이를 계기로 정의와 진실 그리고 인권을 주장하는 사회 여론이 광범위하게 확산되었다. 결국 드레퓌스를 유죄로 몰고 간 증거가 날조되었음이 드러났고 드레퓌스는 1906년 최고재판소에서 무죄 판결을 받아 복직 후 진급했다. 드레퓌스 사건은 정의와 진실 그리고 인권의 중요성을 전 세계에 알린 사건이었다.

• • •

우리는 하늘의 뜻을 실천한다
(중용)

3

자연에서 배워라
노자 《도덕경》

서울대 사상고전 100선에 선정된 핵심 포인트

이 책의 저자가 '노자(기원전 6세기 또는 4세기 인물이라는 이설이 양립)'이므로, 《도덕경》은 보통 '노자'로 불린다. 유가와 제자백가를 비판하고 있는 도가 사상의 원전인 《도덕경》에는 우주 만상의 변화 발전의 총 원리로서 '도'의 개념과 함께 개개체의 원리인 '덕'의 개념이 분명히 제시되어 있다. 서술 방식이 대화체나 서술체인 일반적인 중국 고전과는 달리 《도덕경》은 5000여 자의 짧막한 철학 시집이고, 〈덕〉편과 〈도〉편의 2부로 구성되었다.

－송영배 서울대학교 명예교수

공자,
노자를 만나다

당신이 말하는 성현들은 이미 뼈가 다 썩어 없어졌습니다. 오직 그 말만 남아 있을 뿐입니다. 군자는 때를 만나면 벼슬을 하지만 때를 만나지 못하면 바람에 나부끼는 풀잎처럼 떠돌아다닙니다. 훌륭한 상인은 물건을 숨겨둡니다. 그래서 아무것도 가지지 않은 것처럼 보입니다. 군자 역시 마찬가지입니다. 군자는 훌륭한 덕을 가지고 있지만 겉으로는 어리석은 사람처럼 보입니다. 당신의 교만과 욕망, 위선적인 모습과 야심을 버리십시오. 그러한 것들은 당신에게 아무런 도움이 되지 않습니다.

사마천(司馬遷)이 《사기》 〈노자한비열전(老子韓非列傳)〉에서 전하는 이야기다. 훈계를 하고 있는 사람은 노자(老子)다. 그리고 훈계를 받고 있는 사람은 놀랍게도 공자다. 동양에서 가장 위대한 성인이라 추앙받는 공자가 노자 앞에서 꿀 먹은 벙어리처럼 훈계를 들어야 했다. 공자는 노자를 만나고 돌아와 제자들에게 이렇게 말했다고 한다.

새는 잘 날고 물고기는 헤엄을 잘 치고 짐승은 잘 달린다. 나는 새는 화살로 쏘아 잡을 수 있고 헤엄치는 물고기는 낚시를 하여 낚을 수 있다. 달리는 짐승은 그물을 쳐서 잡을 수 있다. 그러나 용이 어떻게 바람을 일으키고 구름을 타서 하늘 위로 올라가는지 알 수 없다. 오늘 노자를 만났는데 용과 같은 사람이었다.

공자에게 훈계한 사람, 공자가 용과 같다고 한 사람, 노자는 누구인가? 그가 언제 어디에서 태어나 언제 어디에서 죽었는지 우리는 알 수 없다. 다만 사마천이 몇 줄의 일화를 기록해놓았을 뿐이다.

그런 노자가 오늘날까지 크나큰 영향을 미치고 있는 이유는 무엇일까? 그는 중국 주나라에 살다가 주나라가 몰락해가는 것을 보고 떠났다고 한다. 노자가 함곡관(函谷關)이라는 곳에 도착했을 때 그 지역의 관리인 윤희(尹喜)가 간곡히 부탁했다. "선생님께서 지금 은둔하려 하시는 것 같은데, 저를 위해 억지로라도 글을 한 편 써주십시오." 노자는 단숨에 그 자리에서 5000여 자의 글을 써주고 떠났다. 그것이 노자가 속세와 맺은 마지막 인연이었다. 그런데 그 인연이 시대를 초월하여 오늘날까지 수많은 사람들과 맺어져서 크나큰 영향을 주고 있다. 그때 단숨에 썼다는 책이 바로 《도덕경(道德經)》이다. 속세를 떠나는 마지막 순간에야 그는 깊이 감추어두었던 생각을 공개했다. 그리하여 수많은 이야기가 시작되었다.

발끝으로 서 있는 자,
오래 설 수 없다

《도덕경》은 제목처럼 도와 덕에 관한 책이다. 그 내용이 만만치 않다. 그러나 찬찬히 뜯어보면 《도덕경》은 일관되게 '자연의 순리에 따라 살라'고 가르치고 있다. 노자는 자연의 순리를 이야기한다. "발끝으로 서 있는 자는 오래 서 있을 수 없고, 가랑이를 벌리고 황새처럼 걷는 자는 오래 걸을 수 없다."

순리를 거스르는 것을 노자는 인위(人爲)라고 했다. 인위란 인간의 의지와 욕심에 의해 하게 되는 일체의 것이다. "몸을 움직이면 추위를 이길 수 있고 가만히 있으면 더위를 이길 수 있다." 당연한 이치다. 그러나 우리는 그렇게 하지 않는다. 추우면 화석연료를 태우고 더우면 에어컨을 튼다. 화석연료는 오염 물질을 내뿜는다. 에어컨을 틀면 실내는 시원하지만 내뿜는 열기로 밖은 더워진다. 열대야가 찾아오고 사람들은 밤에도 에어컨을 튼다. 거스르고 거스르니 악순환이 계속된다.

노자는 말한다.

천하의 모두가 아름다움을 아름다움이라고 여기는 데서 추함이 생긴다. 모두가 선(善)을 선하다고 여기는 데서 선하지 않음이 생긴다. 있음과 없음은 서로를 낳고 어려움과 쉬움은 서로를 이룬다. 길고 짧음은 서로를 만들고 높고 낮음은 서로를 의논한다.

내가 있는 것은 네가 있기 때문이다. 네가 없다면 나도 존재하지 않는다. 서로 대립하고 있다고 여겨지는 것들은 필연적으로 연결되어 있다. 있음과 없음의 관계를 보자. 우리는 형체가 있는 있음에 집착한다. 하지만 있는 것은 없는 것을 위해 존재한다. 노자의 얘기를 들어보자.

30개의 바퀴살이 바퀴축에 달린다. 수레바퀴의 쓰임은 빈 공간에 있다. 흙을 이겨 그릇을 만든다. 그릇의 쓰임은 빈 공간에 있다. 지게문과 창문을 뚫어 방을 만든다. 집의 쓰임은 빈 공간에 있다. 때문에 무엇인가 있는 데서 이로움을 얻지만 사실 쓰임의 근본은 빈 곳에 있다.

컵을 만드는 이유는 빈 컵에 물을 채우기 위함이다. 집을 짓는 이유는 방이라는 빈 공간에서 살기 위함이다. 그런데 우리는 컵과 집이라는 형체에 더 집착한다. 컵에 무엇을 담을 것인가를 생각하기보다 어떤 모양의 컵을 가질 것인가를 먼저 생각한다. 집에서 어떻게 살 것인가를 생각하기보다 어떤 모양의 집을 가질 것인가를 먼저 생각한다.

노자는 말한다. "큰 도가 사라져 인의가 나오고 지혜가 생겨나 큰 거짓이 있게 되었다. 가까운 친척이 서로 화목하지 않자 효도니 자애로움이니 하는 것이 생겨나고, 국가가 혼란에 빠지니 충신이 나오게 됐다."

집을 짓는 이유는 방이라는 빈 공간에서 살기 위함이다.

그래서 노자는 하지 말라고 말한다. 그래서 노자의 사상을 '무위자연(無 爲自然)'의 사상이라고 한다. '자연'이란 '원래 있는 그대로의 상태'라는 뜻이다. 노자는 '억지로 무엇을 하거나 만들지 말고 원래 있는 그대로의 자연스러운 상태'로 살아가자고 주장하는 것이다.

노자, 현실의 삶을 이야기하다

그러면 아무것도 하지 않으며 살아갈 수 있을까? 노자의 가르침대로 살 려면 자신에 대한 성찰이 있어야 한다. 그는 다투지 않고 허물없이 사는 실천의 덕목을 말한다. "최상의 선은 물과 같다. 물은 선하여 만물을 이

자연에서 배워라
노자 《도덕경》

롭게 하면서 다투지 않고 사람이 싫어하는 곳에 있으니 도에 가깝다."
물은 좋은 곳이나 나쁜 곳을 가리지 않고 흘러 풀과 나무를 키우고 사람과 짐승의 목을 적셔준다. 그렇지만 자신의 공을 자랑하지 않고 더 나은 평가를 받기 위해 다투지도 않는다. 물이 선한 이유는 그 본성이 그러하기 때문이다. 인위적으로 더러운 곳을 회피하지 않고 좋은 곳에서 자신을 내세우지 않는 본성이 있기 때문이다.

사람은 물과 같을 수 없다. 하지만 적어도 다투지 않고 허물없이 살기 위해 노력할 수는 있다. 노자는 자기과시 때문에 다툼이 있다고 말한다.

전사는 무예를 자랑하지 않고 싸움을 잘하는 자는 화를 내지 않는다. 적을 잘 이기는 자는 더불어 하지 않고, 사람을 잘 쓰는 자는 몸을 낮춘다. 이것을 다투지 않는 덕이라 하고 사람을 쓰는 힘이라 한다.

정말로 이기는 사람은 싸우지 않고 이기는 사람이다. 나를 낮추면 상대는 나를 올려준다. 나를 낮추려면 나를 낮출 수 있는 힘을 가져야 한다. 그것은 자신과의 싸움이다. 먼저 버려야 할 것은 형체, 즉 있음에 대한 욕심이다. 그런 욕심은 물욕에서 극명하게 나타난다. 그릇의 쓰임이 음식을 담는 빈 공간에 있는 것처럼 물질의 쓰임은 물질 자체에 있는 것이 아니라 그것을 어떻게 쓰느냐에 달려 있다. 노자는 매우 상식적인 질문을 제기한다.

명예와 몸 중 어느 것이 중요할까? 몸과 재물 중 어느 것이 중요할까? 얻는 것과 잃는 것 중 무엇이 사람을 더 병들게 할까? 재물을 심하게 아끼면 크게 낭비하게 되고 재물을 너무 많이 쌓아두면 잃게 된다. 만족함을 알면 치욕을 당하지 않고 그침을 알면 위태롭지 않으니 가히 오래갈 것이다.

하늘의 도, 자연의 순리는 차면 넘치고 모자라면 채워지는 것이다. 그러나 사람은 그렇지 않다. 가진 자는 더 많이 가지고 싶어 한다. 모자란 자의 것을 빼앗아 자신의 곳간에 쌓는다. 그래서 노자는 하늘의 도를 본받으라고 말한다.

그러나 차근차근 이루어야 한다. 자신을 돌아보며 성찰해야 한다. 모든 일은 한꺼번에 이루어지지 않는다. 기미가 있고 조짐이 있다. 눈앞의 욕심으로 마음을 가려서는 안 된다. 노자의 말을 들어보자.

편안할 때 위태함을 생각하면 지키기 쉽다. 조짐이 있기 전에 대비하면 도모하기 쉽다. 약한 것은 녹이기 쉽고 미세한 것은 흩뜨리기 쉽다. 아직 있지 않을 때 하고 어지러워지기 전에 다스려야 한다. 아름드리나무도 작은 싹에서 나오고, 9층짜리 정자도 한 줌 흙을 쌓으며 시작한다. 천 리 길도 한 걸음에서 시작된다. 인위적으로 붙잡으려 하면 깨지고, 잡으려 하면 잃을 것이다.

자연에서 배워라
노자 《도덕경》

노자의 도,
우리의 도

인위와 가식을 배격하고 자연의 순리를 따르라! 이것이 노자의 가르침이다. 노자가 공자를 엄하게 꾸짖은 이유도 여기에 있다. 노자는 공자가 '예'를 내세우고 가르치며 순리에 따르지 않는 인위를 하고 있다고 보았던 것이다. 노자는 공자와 마찬가지로 도에 대해 말한다. 그러나 노자의 도는 정해지지 않았다. 그것이 도라고 불리는 순간 도는 도가 아닌 것이 된다. "도를 도라고 하면 영원한 도가 아니다. 이름을 붙일 수는 있지만 그 이름은 영원한 이름이 아니다."

  세상 만물에 도가 있다. 그러나 그것을 도라고 이름 붙일 수 없다. 이름을 붙이는 순간 하나의 측면으로 고정되기 때문이다. 그래서 노자는 무엇을 무엇이라고 이름 붙이기 이전 상태, 즉 근원으로 돌아가자고 이야기한다. 거기에 진리가 있다. 그러면 근원은 무엇인가? 노자는 없음에서 있음이 생긴다고 말한다. 없음이 근원이라는 것이다. 그 없음을 어떻게 알 수 있는가? 노자는 마음으로부터 보라고 말한다. 마음의 눈으로 보면 없음을 알 수 있다고 말한다.

노자와 공자는 모두 진리를 도라고 말한다. 공자는 도를 인이라 하면서 '자기를 극복하고 예를 회복하는 것', 즉 극기복례를 인의 실천이라고 했다. 사회적 규범인 예의 실천을 통해 도를 실현할 수 있다는 것이다. 반면 노자는 도에는 무어라 이름을 붙일 수 없다면서 하지 않음, 즉 '무위(無爲)'를 통해 도가 실현된다고 보았다. 두 사람의 글을 읽고 인간의 참된 도리가 무엇인지 생각해보자.

◆ ◆ ◆

도를 도라고 하면 영원한 도가 아니다. 이름을 붙일 수는 있지만 그 이름은 영원한 이름이 아니다. 천지의 시작은 이름 붙일 수 없고, 이름을 붙일 수 있는 것은 만물이 생겨난 다음일 뿐이다. – 노자, 《도덕경》 제1장 중에서

성인은 하지 않음으로써 일을 하고 말을 하지 않음으로써 가르친다. 만물을 만들지만 자랑하지 않고 소유하지도 않는다. 했다고 자부하지 않고 공(功)이 있어도 내세우지 않는다. 내세우지 않기에 사라지지 않는다.
– 노자, 《도덕경》 제2장 중에서

학문은 날마다 보태고 도는 매일 덜어낸다. 덜고 또 덜어 무위에 이른다. 무위하지만 하지 않음이 없다. 천하를 다스릴 때 무위로 하라. 일을 꾸미면 천하를 다스릴 수 없다.
– 노자, 《도덕경》 제48장 중에서

자연에서 배워라
노자 《도덕경》

공자께서 말씀하셨다. "삼(參)아, 나의 도는 하나로써 꿰뚫을 수 있다." 증자가 말했다. "예." 선생님께서 나가시자 제자들이 "무슨 말씀이냐?"고 물었다. 증자가 말했다. "선생님의 도는 충과 서일 따름이다."

— 공자, 《논어》 〈이인〉 중에서

안연이 인에 대해 묻자 공자께서 말씀하셨다. "자기 자신을 극복하고 예로 돌아가는 것이 인이다. 단 하루라도 자기 자신을 극복하고 예로 돌아간다면 천하가 인으로 돌아간다. 인을 행하는 것은 자기 자신이니 어찌 다른 사람에게 의존하겠느냐." 안연이 다시 물었다. "바라옵건대 어떻게 해야 하는지 말씀해주십시오." 공자께서 말씀하셨다. "예가 아니면 보지도 말고 듣지도 마라. 예가 아니면 말하지도 말고 행동하지도 마라."

— 공자, 《논어》 〈안연〉 중에서

절대적이고 고정적인 것은 없나니

용수 《중론》

서울대 사상고전 100선에 선정된 핵심 포인트

용수의 초기 작품으로 '중관론(中觀論)'이라고도 불린다. '모든 것은 다른 것과의 연관 속에서 유(有)로든 무(無)로든 파악될 수 있다는 중관론이 제시되어 있다. 즉 '공(空)'과 '연기(緣起: 원인과 조건에 의해 사물이 생겨난다는 불교의 핵심 교리)'의 문제를 단적으로 '유' 또는 '무'로 단정하지 않는 부정의 부정, 즉 중론의 방법으로 설명해주고 있다. 이것은 인도 중관학파와 중국 삼론종(三論宗)의 근본 입장이다.

— 송영배 서울대학교 명예교수

죽음과 삶을
자유자재로 한 사람

안티바하나 왕에게 샤크티만이라는 아들이 있었다. 그의 어머니가
그에게 외투를 주자 그는 말했다. "이 외투는 제가 왕위에 오를 때 쓸
모가 있을 것입니다."

그러자 어머니가 말했다. "네가 왕위에 오르는 일은 없을 것이다. 너
의 아버지와 스승 용수는 불로장생의 약을 만드는 방법을 발견했기
때문에 네 아버지의 수명은 스승 용수의 수명과 같을 것이다."

왕자는 용수가 머물러 있던 슈리파르바타로 떠났다. 용수는 머리를
세우고 왕자에게 가르침을 주기 시작했다. 그때 왕자는 칼로 스승의
목을 베었으나 실패했다. 용수가 말했다. "예전에 내가 쿠샤라는 풀
의 줄기를 자르는 바람에 벌레가 죽은 일이 있다. 그 업이 지금도 나
에게 계속되고 있다. 나의 목은 쿠샤로 자를 수 있을 것이다."

왕자는 쿠샤로 용수의 목을 베었다. 그 순간 용수의 잘린 머리에서
노래가 들려왔다. "나는 지금 극락으로 갈 것이다. 나중에 나는 다시
그 몸속으로 들어갈 것이다." 나중에 한 여인이 용수의 머리와 몸을
가까이에 두었다. 그러자 머리와 몸은 썩지 않고 매년 가까워졌다.
마침내 머리와 몸이 하나가 되어 다시 가르치고 중생을 위하여 활동
했다.

티벳의 승려 부톤이 쓴 《불교사》에 전하는 용수의 죽음과 부활에 관한 이야기다. 용수(龍樹, 150?~250?)의 인도 이름은 나가르주나다. '나가'는 용(龍)이란 말이고, '아르주나'는 '힘을 획득한 사람'이라는 뜻이다. 부톤이 전하는 얘기에서 두 가지 사실을 알 수 있다. 하나는 나가르주나가 신비한 능력을 가진 사람으로 추앙받았다는 사실이다. 부톤은 나가르주나가 죽음과 삶을 자유자재로 한 사람으로 묘사했다. 나가르주나의 신비한 능력은 이름의 유래에서도 알 수 있다. 본래 이름은 슈리만이었는데 용궁에 가서 용들을 설복시키고 돌아온 후에 나가르주나라는 이름을 가지게 되었다고 한다. 나가르주나는 용궁을 마음대로 드나들며 용을 설득하는 능력을 가진 사람이라는 이야기다.

양극단에 머물지 않았다

다른 하나는 나가르주나의 가르침이 연기였다는 점이다. 연기란 모든 사물과 현상이 원인과 조건에 의해 생겨나고 없어진다는 말이다. 원인과 조건이 없으면 결과도 없다. 우리는 지금 책을 보고 있다. 이 책은 종이가 있어 생겨났다. 종이는 나무가 있어 생겨났다. 나무가 없다면 종이가 없고 종이가 없으면 책이 없다.

나가르주나의 죽음을 보자. 나가르주나는 쿠샤라는 풀의 줄기를 잘

절대적이고 고정적인 것은 없나니
용수 《중론》

라 벌레가 죽게 하는 죄를 저질렀다. 그래서 나가르주나를 칼로는 죽일수 없고 쿠샤로만 죽일 수 있다. 쿠샤의 줄기를 자른 원인이 있었기에 쿠샤라는 풀로 죽임을 당하는 결과가 있다.

나가르주나의 가르침이 연기였음은 《중론》의 서문에 해당하는 제1품 제2게에서 확인할 수 있다.

희론(戱論)이 적멸하며

상서로운 연기를 가르쳐주신 정각자(正覺者).

설법자 중 제일인

그분께 경배합니다.

희론은 온갖 잘못된 이론을 가리킨다. 희론을 없애준 것이 연기이고 그 연기를 가르쳐준 사람이 정각자, 즉 부처라고 했다. 나가르주나는 자신의 생각을 400여 수의 시로 표현했다. 그것이 나가르주나의 대표작인 《중론(中論)》이다. 그러면 중론이란 무엇인가? 나가르주나는 "여러 가지 인연으로 우주 만물이 생겨나는 것"을 중도(中道)라 했다. 연기 자체가 중도라는 의미인데, 어느 한쪽으로 치우치지 않음을 말한다. 내가 있어 네가 있고, 또 네가 있어 내가 있다. 그러므로 나와 너, 그 어느 쪽으로 치우쳐서는 안 된다.

승려 월칭(月稱)은 나가르주나를 칭송하며 "지혜의 바다에서 태어나

양극단에 머물지 않고 정각에 머문 분"이라고 했다. 나가르주나가 중도를 가르쳤음을 찬양하는 말이다. '양극단에 머물지 않는다'는 중도의 의미는 유학의 《중용》에서 말하는 '중'과 일치한다. 다만 설명 방법이 다를 뿐이다. 《중용》이 현실의 사례를 들어 가르친다면 《중론》은 연기라는 우주 만물의 생겨남과 사라짐의 원리를 통해 가르친다.

고유한 실체는 없다

《중론》은 내용과 형식에서 특별하다. 《중론》의 제1품 제1게를 보자.

> 생기지도 않고 없어지지도 않으며,
>
> 항상 있지도 않고 중도에 사라지지도 않으며,
>
> 같지도 않고 다르지도 않으며,
>
> 오지도 않고 가지도 않는다.

나가르주나는 자신의 주장을 말하기보다 상대의 잘못된 주장을 부정하는 데 초점을 맞춘다. 이런 서술 방법은 나가르주나의 사상과 연관된다. 나가르주나의 핵심 사상을 '공 사상'이라고 한다. 공 사상은 진리로 공인된 가르침을 내세우지 않는다. 다만 비판과 부정을 통해 자신의 공

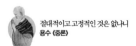

사상을 드러내고자 한다.

나가르주나의 공 사상을 이해하려면 당대의 사상적 동향을 알아야한다. 당대 불교는 설일체유부(說一切有部)라는 종파가 지배하고 있었다. 설일체유부는 일체, 즉 모든 것이 있다고 말하는 종파다. 이 종파는 당대 인도를 지배하고 있던 브라만교의 영향을 받았다. 브라만교는 모든 것에는 그것을 다스리는 신(神)이 존재한다고 주장한다. 설일체유부는 모든 것이 존재한다고 함으로써 자연스럽게 신의 존재를 긍정하게되었다.

나가르주나는 설일체유부와 브라만교에 맞서 공 사상을 설파했다. 우주 만물은 모두 연기에 의해 생기고 없어진다. 그러므로 만물은 항상변하여 잠시도 고정된 모습으로 머무르지 않는다. 모든 사물은 연기에의해 생겨나고 없어지므로 고정된 실체를 갖지 않는다. 나가르주나는 《중론》에서 "모든 사물은 스스로 생겨나지 않는다"고 했다. 사물의 실체, 변하지 않는 본성을 불교에서는 자성(自性)이라고 한다. 나가르주나는 우주 만물은 자성을 갖지 않는다고 말한다. 이것이 공 사상이다.

자본주의사회는 돈이라는 물신이 지배한다. 아침부터 저녁까지 왜일을 하는가? 돈을 벌기 위해서다. 돈이란 무엇인가? 물건을 교환하기위해 생겨난 것이다. 농부는 돈을 가지고 싱싱한 물고기를 산다. 어부는돈을 가지고 햅쌀을 산다. 돈은 교환을 위해 생겨난 것일 뿐, 고유한 실체가 없다. 그런데도 사람들은 돈이 고유한 실체가 있는 것처럼 돈에 집착한다. 나가르주나는 말한다. 돈에는 자성이 없다. 집착하지 마라. 우주 만물은 고유한 실체, 즉 자성이 없다. 따라서 우주 만물을 지배하는 신 역시 존재하지 않는다.

불교, 대승의 길을 가다

부처가 입적하고 100년쯤 지나자 경전을 해석하는 다양한 견해가 나타나 서로 엇갈리게 되었다. 부처로부터 직접 가르침을 받았던 10대 제자들마저 모두 죽고 난 뒤부터는 경전 해석은 물론 계율의 통일성마저 사라졌다.

불교 교단은 점차 보수적인 흐름과 진보적인 흐름으로 나뉘게 되었다. 부처의 가르침을 문자 그대로 받아들이고 지켜야 하는가, 아니면 사람들이 이해하기 쉽게 때와 장소에 따라 달리 표현해도 되는가? 자신의 깨달음을 최고의 목표로 해야 하는가, 아니면 중생 구제를 최고의 목표로 해야 하는가?

부처의 가르침을 문자 그대로 받아들이고 자신의 깨달음을 목표로 해야 한다는 견해가 보수적인 흐름이었다. 반면에 진보적인 흐름은 부처의 가르침을 때와 장소에 따라 달리 표현하면서 중생 구제를 최고의 목표로 하자고 했다.

절대적이고 고정적인 것은 없나니
용수 《중론》

입장 차이가 커지자 분열이 불가피했다. 보수적 흐름의 승려들은 경전의 자구 해석에 매달린 채 경전을 해석하는 자신들만의 '논(論)'을 만드는 데 주력했다. 그 결과 불교 교리는 어려워졌고 출가하여 전문적으로 연구한 사람이 아니면 이해하기 어렵게 되었다.

불교가 민중들로부터 유리되자 민중 속에서 대중적 불교 운동이 자연스럽게 일어났다. 이 민중적 불교 운동과 혁신적인 승려들이 결합하면서 대승불교 운동이 등장했다. 대승불교 운동은 깨달음과 중생 구제를 함께 추진하려는 불교 운동이다. 그래서 '위로는 진리의 깨달음을 추구하고 아래로는 중생을 교화한다'라는 말이 대승불교의 표어가 되었다. 대승불교 운동의 주체들은 보수적인 종파들을 소승불교라 불렀다.

대승불교와 소승불교가 서로 다른 방향으로 나가면서 논쟁이 일어났다. 나가르주나의 《중론》은 소승불교와의 논쟁 과정에서 지은 책이다. 나가르주나의 제자인 핀가라가 《중론》을 해설하면서 나가르주나가 왜 이 책을 썼는지에 대해 이렇게 설명했다.

> 우주 만물이 어떻게 생겨났는지에 대해 갖가지 잘못된 견해가 있는데, 부처님은 연기설(緣起說)을 정답으로 제시하셨다. 부처님이 열반에 든 지 500년이 지나 상법시대가 되자 부처님의 가르침을 그릇되게 이해하게 됐다. 이런 잘못을 바로잡기 위해 선생님이 《중론》을 지었다.

잘못을 바로잡기 위해 나가르주나는 소승불교와 가장 단호하게 논쟁했다. 소승불교 쪽에서 보면 나가르주나는 기피 인물 1호였다. 나가르주나가 한 왕국의 왕자에게 암살당한 사건은 그런 사정을 보여준 것이었다. 왕위를 탐낸 샤크티만이 소승불교와 손을 잡고 왕의 정신적 후원자였던 나가르주나를 제거했던 것이다.

　나가르주나는 모든 사물에 고정적인 실체가 없다고 하여 소승불교와 브라만교의 교리를 근본부터 흔들어놓았다. 절대적인 신도 없고 고정적인 것도 없다! 나가르주나의 주장은 중생들에게 희망이었다. 자신들을 둘러싼 사회와 질서가 바뀔 수 있다는 주장이었기 때문이다. 나가르주나를 정점으로 하여 불교는 대승의 길로 갔고, 중생은 스스로 깨치며 자기 자신을 변화시키는 길로 나아가게 되었다.

절대적이고 고정적인 것은 없나니
용수 (중론)

용수는 연기에 대해 말했다. 모든 사물이 연관되어서 생겨나고 사라지므로 그 사물의 본성(자성이라 한다)이 없으니 공이라 했다. 반면 설일체유부는 만물의 본성 혹은 본체가 존재한다고 주장했다. 다음 글들을 읽고 인간의 본성이 변화할 수 있는지에 대해 생각해보자.

◆ ◆ ◆

생기지도 않고 없어지지도 않으며, 항상 있지도 않고 중도에 사라지지도 않으며, 같지도 않고 다르지도 않으며, 오지도 않고 가지도 않는다. 희론이 적멸하며 상서로운 연기를 가르쳐주신 정각자. 설법자 중 제일인 그분께 경배합니다.

– 용수, 《중론》 〈귀경게(歸敬偈)〉 중에서

여러 부처가 어떤 때는 자성이 있다고 하고 어떤 때는 자성이 없다고도 했다. 모든 사물의 실상은 자성이 없기도 하고 또 자성이 없는 것도 아니다. 모든 사물의 실상을 마음으로 알 수 있지만 말로는 표현할 수 없다. 생겨나지도 않고 없어지지도 않는다는 것을 알아서 번뇌에서 벗어나면 곧 열반이다. 일체는 진실이다. 그리고 일체는 진실이 아니기도 하다. 진실이면서 진실이 아니기도 하다. 진실이 아니고 진실이 아닌 것도 아니다. 이것이 여러 부처가 말한 진리다.

– 용수, 《중론》 〈관법품(觀法品)〉 중에서

◆ ◆ ◆

모든 존재는 세계가 바뀔 때 그 모습이 달라지지만 그 본체에는 차이가 없다. 마치 금으로 만든 그릇을 녹여 다른 물건으로 만들 때 모양에는 차이가 있지만 색깔에는 차이가 없는 것과 같다. 또 우유가 변하여 요구르트가 되면 맛은 서로 다르지만 드러나는 색깔은 다르지 않은 것과 같다. 모든 존재는 미래의 세계에서 현재의 세계로 오면 미래 세계의 모습을 버리고 현재 세계의 모습을 가지게 된다. 그러나 그 본체에는 차이가 없다. 마찬가지로 현재의 세계에서 과거의 세계로 가면 모습은 달라지지만 그 본체에는 차이가 없다. ─《대비바사론(大毘婆沙論)》 중에서

*《대비바사론》 2세기경 500인의 승려가 공동 집필한 불교 서적. 설일체유부의 사상과 발전에 대해 자세히 기록했다. 위의 글은 설일체유부에 속한 승려 법구의 말이다.

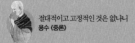

절대적이고 고정적인 것은 없나니
용수 《중론》

5

울타리 안에 매몰되지도 말고
벗어나지도 마라

원효 《대승기신론소》

서울대 사상고전 100선에 선정된 핵심 포인트

대승불교의 대표적인 논서인 마명(馬鳴)의 《대승기신론》을 주석한 것으로 한국적 불교 사상 전개의 단초가 되는 책이다. 원효는 《대승기신론》을 주석하면서 기존의 현학적인 주석에서 벗어나 모든 인간의 내면에 불성이 내재해 있다는 여래장(如來藏) 사상의 본정신을 잘 살리고 있다. 우리는 불교 종파 간의 갈등 해소와 대중 불교의 전개라는 이론적, 사회적 과제를 해결하고자 한 원효의 정신을 이 책을 통하여 생생하게 느낄 수 있다.

— 허남진 서울대학교 철학과 교수

원효, 파계하다

원효는 어느 날 길거리에서 노래를 불렀다. "누가 나에게 자루 빠진 도끼를 허락하려나, 내 하늘을 받칠 기둥을 다듬고자 하는데." 사람들은 아무도 그 노래의 의미를 알지 못했다. 그런데 태종무열왕이 이 노래를 듣고 말했다. "아마도 이 스님이 귀부인을 얻어 훌륭한 아들을 낳고 싶은가 보구나. 나라에 현명한 학자가 있으면 그보다 더한 이로움이 없을 것이다."

당시에 요석궁에는 과부 공주가 있었다. 왕은 궁리를 시켜 원효를 찾아 요석궁으로 맞아들이게 했다. 궁리가 칙명을 받들고 원효를 찾고 있을 때 원효가 남산으로부터 내려와 문천교를 지나다가 궁리와 만나게 되었다. 원효는 일부러 물에 빠져 옷을 적셨다. 궁리가 원효를 요석궁으로 안내하여 옷을 말리게 하니, 원효는 그곳에 머물러 있게 되었다. 공주는 과연 태기가 있더니 설총을 낳았다.

원효(元曉, 617~686)가 파계를 했다. 뜻밖에도 큰 깨달음을 얻은 직후였다. 원효는 왜 이런 행동을 했을까? 그것을 알려면 당시 신라 사회를 살펴보아야 한다. 신라는 성골, 진골, 육두품, 오두품 등으로 이어지는 골품제(骨品制)를 가진 엄격한 신분 사회였다. 원효는 육두품 출신으로

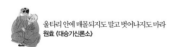

활동의 제약을 받을 수밖에 없었다. 원효의 파계는 신분적 제약에서 벗어나고자 했던 시도이자 큰 깨달음을 실천으로 옮기기 위한 준비 작업이었다.

요석공주와 일이 성사된 후 원효는 궁전을 떠나 길거리로 나왔다. 이름을 소성거사(小姓居士)라 바꿨다. 광대들로부터 큰 박을 얻어 무애(无碍), 즉 '자유로움'이라 이름 짓고, 박으로 추는 춤을 배웠다. 전국 방방곡곡을 돌아다니며 백성들과 어울려 박 춤을 추고 노래를 불렀다.

민중 불교를 개척하다

원효의 행동에 대해 《송고승전(宋高僧傳)》은 이렇게 전한다.

그의 발언은 미친 듯 난폭하고 예의에 어긋났다. 행동은 상식의 선을 넘었다. 그는 거사와 함께 주막이나 기생집에 들어가고 지공과 같이 금빛 칼과 쇠 지팡이를 가지기도 했다. 어떤 때는 주석서를 써서 《화엄경》을 강의하기도 하고, 어떤 때는 사당에서 거문고를 타면서 즐겼다. 때로는 여염집에서 유숙하기도 하고, 때로는 산수에서 좌선하는 등 계기에 따라 마음대로 해 일정한 규범이 없었다.

원효는 우리나라는 물론 중국, 일본에서도 가장 존경받는 승려 중의 한 사람이다. 백성들과 어울려 술 마시고 춤을 추며 노래를 불렀다고 존경하는 것일까? 그렇지 않다. 만약 그런 파격적인 행동만 했다면 원효는 시쳇말로 '땡중'일 뿐이다. 그가 존경을 받는 데는 다른 이유가 있다.

　원효가 무엇을 깨달았는지부터 살펴보자. 원효는 의상과 함께 당나라 유학길에 올랐다. 두 사람은 황폐한 언덕길을 가다가 밤이 되어 무덤 사이에서 자게 되었다. 한밤중에 원효는 심한 갈증이 나서 굴 안의 샘물을 손으로 움켜 마셨는데 달고 시원했다. 그런데 날이 밝아서 보니 마신 물은 해골에 고인 물이었다. 갑자기 원효는 토할 것 같았다. 그 순간 원효는 크게 깨달았다. 그리고 유학을 포기했다.

　당시 중국에 유학을 다녀온 승려들은 귀족 불교 발전에 기여했다. 세속오계(世俗五戒)로 유명한 원광(圓光), 율법의 대가 자장(慈藏) 등이 대표적이다. 의상 역시 유학을 마치고 돌아와 귀족 불교를 지배하는 인물이 되었다. 귀족 불교는 왕실을 떠받드는 불교다. 의상의 불교 사상은 귀족 불교의 사상을 표현한다. 의상은 '일중일체다중일(一中一切多中一), 일즉일체다즉일(一卽一切多卽一)'이라고 했다. '하나 가운데 모든 것이 있고 많은 것 가운데 하나가 있으니, 하나가 바로 모든 것이고 많은 것이 곧 하나다'라는 의미다. 하나는 임금이고, 모든 것과 많은 것은 백성이다. 백성은 임금에게서 비롯되었으니 임금을 중심으로 한 질서를 존중하자는 말이다.

울타리 안에 매물되지도 말고 벗어나지도 마라
원효 《대승기신론소》

원효는 유학을 포기하고 귀족 불교와 다른 길을 걸었다. 왕족과 귀족 중심의 불교가 아닌 민중 불교를 개척했다. 그것이 원효의 큰 깨달음이었다. 원효의 파격적 행동은 깨달음의 실천, 민중 불교의 실천이었다.

원효, 통찰하다

원효는 백성들과 어울리는 일만 하지 않았다. 하루 종일 백성들과 어울리다가 밤이 되면 연구와 저술을 하는 초인적인 생활을 했다. 원효는 청소년기부터 대단한 결심을 했다. 십대 중후반기에 쓴 《발심수행장(發心修行章)》의 한 구절을 보자. "절하는 무릎이 얼음처럼 시리더라도 불 기운을 그리워하는 마음이 없어야 한다. 주린 창자가 마치 끊어지듯 하더라도 음식을 구하는 마음이 없어야 한다. 100년도 잠깐인데 어찌 배우지 않는다 말할 것이며, 수행하지 않고 놀기만 할 것인가."

원효는 치열하게 경전 연구에 몰입했고, 여기에 백성들의 지혜를 보탰다. 혜공(惠空)과의 일화를 보자. 어느 날 원효와 혜공이 시냇가에서 물고기와 새우를 잡아먹고 돌 위에 대변을 보았다. 혜공은 그것을 가리키며 "자네가 눈 똥은 내 물고기"라고 했다. 무슨 말인가. 똥처럼 더러운 것이 물고기처럼 깨끗하다는 말이다. 혜공은 어릴 적부터 신통력이 있어 승려가 된 사람이다. 그런데 승려가 된 이후에는 매일 술에 취해

거리에서 놀았다. 그러니 혜공은 학식이 높은 승려가 아니다. 그럼에도 원효는 혜공으로부터 배우고자 했다. 혜공은 매일 길거리에서 백성과 어울리며 백성들의 삶과 지혜를 보고 들어 알고 있었다. 혜공은 원효에게 그것들을 가르쳐주었다. 원효는 경전을 연구하다 막히는 부분이 있으면 백성의 삶과 지혜로 풀어보고자 했다. 이런 과정을 통해 그는 위대한 통찰을 이루어냈다.

《금강삼매경(金剛三昧經)》에 관한 얘기에서 원효의 통찰력을 알 수 있다. 아무도 《금강삼매경》을 해설할 사람이 없어 원효를 초빙해야 했다. 원효는 황룡사에서 왕과 신하 그리고 수많은 승려들을 모아놓고 강의했다. 또한 바다 용이 권유하자 《금강삼매경》 해설서를 길가에서 소의 두 뿔 사이에 붓과 벼루를 놓고 지었다. 길가에서 지었다는 말은 단숨에 해설서를 썼다는 얘기다.

화쟁의 사상

원효의 《대승기신론소(大乘起信論疎)》(이하 《소(疎)》)는 인도의 승려 마명이 지었다는 《대승기신론》을 해설한 책이다. 《대승기신론》은 불교 문학의 걸작으로 우리나라뿐만 아니라 중국, 일본에도 큰 영향을 미쳤다. 《대승기신론》에 관해 여러 사람이 해설하고 주석을 달았다. 원효는 이

울타리 안에 매물되지도 말고 벗어나지도 마라
원효 《대승기신론소》

전의 해설이 마음에 들지 않았다. 그래서 《소》에서 이렇게 말했다.

> 종래 이 논(論: 《대승기신론》을 가리킴)을 해석하는 사람들은 이 논의 근본정신에 대해 조금씩 파악했지만 각자 자기가 배운 것에만 사로잡혀 있거나 문구에만 매달려 논이 말하고자 하는 근본을 파악하지 못했다.

원효는 《대승기신론》의 의의에 대해 이렇게 썼다. "심오하면서 보편성을 가지고 있어 주장하지 않는 것이 없지만 스스로 그 주장을 버린다. 다른 주장들을 모두 타파하면서도 그 주장들을 다시 허용한다." 원효가 《대승기신론》의 해설을 통해 말하고자 한 바는 자신의 주장이 옳지만 틀릴 수도 있고, 다른 주장들이 틀리지만 옳을 수도 있음을 인정하자는 것이다. 그런 자세가 근본적 진리를 알아가는 올바른 자세다. 이것이 그 유명한 '화쟁사상(和諍思想)'의 방법론이다. 원효는 상대를 말살하려 하지 않았다. 뜻이 다르면 적이 되는 세상에서 상대를 인정하고 화합을 이루자고 했다. 같은 것은 다른 것이고 다른 것은 같은 것이며, 같은 것 안에 다른 것이 있고 다른 것 안에 같은 것이 있다.

진리는
먼 곳에 있지 않다

원효는 《금강삼매경론》에서 근본적인 진리와 그 진리를 찾아가는 길에 대해 썼다.

> 마음의 근원은 있는 것도 아니고 없는 것도 아니어서 홀로 깨끗하다. 진리를 찾아가는 길에는 귀한 것과 속된 것이 융합되어 있다. 귀한 것과 속된 것, 그 둘은 융합했으나 하나는 아니다. 홀로 깨끗하여 가장자리를 떠났지만 가운데가 아니다. 가운데가 아니면서 가장자리를 떠났으므로, 만물의 이치가 있다고 할 수는 없지만 그렇다고 없는 것도 아니다. 이 세상이 없다고 할 수는 없지만 있는 것도 아니다. 하나가 아닌데도 둘을 융합했기 때문에 귀하지 않은 세상이 속되지도 않고, 속되지 않은 이치가 귀하지도 않다.

마음의 근원, 즉 근본적인 진리는 가장자리를 떠났지만 가운데가 아니고, 가운데가 아니면서 가장자리를 떠났기 때문에 머무는 자리가 없다. 즉 근본적 진리는 고정되어 있지 않다. 그런데 왜 자기만 옳다고 고집하는가.

진리를 찾아가는 길에는 귀한 것과 속된 것이 융합되어 있다. 귀한 것

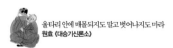

울타리 안에 매몰되지도 말고 벗어나지도 마라
원효 《대승기신론소》

은 이치, 즉 진리이고 속된 것은 세상이다. 그 둘이 융합되어 있다고 했다. 세상 속에 이치가 있다는 말이다. 그래서 세상은 속된 것만은 아니다. 이치 또한 세상과 떨어져 있는 귀한 것만도 아니다.

세상 속에 있는 진리를 어떻게 알 수 있는가. 원효는 말한다. "하나의 울타리 안에서 그것에 매몰되지도, 거기서 벗어나지도 않으면서 바르게 생각하고 관찰하면 그것이 진리에 이르는 길이다." '하나의 울타리 안'이란 일상생활을 말한다. 일상생활 속에서 일상생활에 매몰되지도, 벗어나지도 않으면서 바르게 생각하면 근본적 진리, 즉 깨침을 얻을 수 있다. 이것이 민중 불교다. 원효는 그 진리를 깨쳐주고자 박 춤을 추고 노래를 부르며 전국 방방곡곡의 백성과 축제를 벌였다.

일연(一然)은 《삼국유사(三國遺事)》에서 원효의 업적을 이렇게 평가했다. "가난하고 무지한 무리까지 모두 부처의 이름을 알고, 나무아미타불을 부르게 된 데는 원효의 교화가 컸다."

생각 플러스

원효는 당대에 지배적이었던 귀족 불교와 길을 달리하여 백성이 깨달음을 얻을 수 있는 길을 제시하고자 했다. 생활 속에서 깨달음을 얻을 수 있다고 하여 민중 불교의 길을 열었던 것이다. 반면 귀족 불교는 깨달음의 세계와 중생의 세계를 구분하여 생활 속에서 깨달음에 이르는 길을 밝히지 못했다. 다음의 글을 읽고 진리를 바라보는 바람직한 자세에 대해 생각해보자.

◆ ◆ ◆

진리가 '하나냐', '여럿이냐' 하는 의심이 있다. 만약 하나라면 다른 진리는 없게 되고, 다른 진리가 없으면 모든 중생들은 부정될 수밖에 없다. 만약 진리가 여럿이라면 부처와 나는 각기 존재하는 것이니, 어떻게 같은 본체로 자비를 베풀 수 있겠는가. …… 이런 의심을 제거하기 위해 일심법(一心法)을 세웠다. 진리는 오직 일심뿐이니 자신이 무지하여 일심이 미혹될 뿐, 일심의 바다에서 벗어나지 않고 일심을 움직이면 세상을 움직일 수 있다. …… 중생의 마음 자체를 법(法)이라고 한다. 지금 대승 가운데 있는 모든 법에는 별도의 본질이 있는 것이 아니다. 오직 일심이 대승의 본질이므로 법은 곧 중생의 마음이다. 이것은 마음이 모든 것을 포섭한다는 의미이고, 소승법과 대승법의 차이를 드러내는 것이다. 진실로 마음이 모든 것을 포섭한다. 모든 것이 오직 일심이다.

－ 원효, 《대승기신론소》 중에서

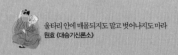

울타리 안에 매몰되지도 말고 벗어나지도 마라
원효 《대승기신론소》

석가여래의 가르침에는 세 종류의 세계가 포함되어 있다. 이른바 세 종류의 세계란 첫째가 물질의 세계이고, 둘째가 중생의 세계이며, 셋째가 깨달음의 세계다. 깨달음의 세계에는 부처와 보살이 있다. 이 세 종류의 세계가 법을 모두 포괄하고 있으므로 나머지는 논하지 않는다.

— 의상, 《화엄일승법계도(華嚴一乘法界圖)》〈석문(釋文)〉 중에서

* 의상(義湘) 신라시대 왕족 출신의 승려로, 당나라에 유학하여 스승인 지엄과 함께 화엄종의 교리를 정립했다. 귀국 후 수많은 절을 지었고, 제자가 3000명에 이르렀다고 한다. 의상은 신라의 귀족 불교를 대표하며, 그의 불교 사상은 통일신라시대를 지배한 사상이 되었다.

6

깨달음에 이르는 길
《바가바드기타》

서울대 사상고전 100선에 선정된 핵심 포인트

《바가바드기타》(지존자의 노래)는 원래 인도의 유명한 대서사시 《마하바라타》 6권
의 일부이나 그 내용상 독립된 문헌으로 읽혀왔다. 왕권 찬탈을 노리는 피비린내
나는 전쟁터에서 싸워야 하는 무사의 삶의 육체적 고통을 통해 마련되는 성스러운
죽음의 의미, 즉 영혼의 해탈에 대한 깊은 성찰을 우리는 《바가바드기타》에서 만나
게 된다.

ㅡ송영배 서울대학교 명예교수

전쟁에서
대화가 시작되다

쿠루족의 왕 판두가 다섯 명의 아들을 남겨두고 세상을 떠나자 그의 형인 드리타라스트라가 왕위를 이어받았다. 드리타라스트라에게는 100명의 아들이 있었다. 판두의 다섯 아들과 드리타라스트라의 100명의 아들 사이에 왕위 계승을 둘러싸고 갈등이 생겨났다. 그런데 드리타라스트라의 맏아들 두료다나가 왕권을 강탈하자 판두의 아들들이 반발하여 전쟁이 일어났다.

두료다나가 이끄는 부대와 판두의 맏아들 유디스티라가 이끄는 부대가 대결했다. 진영을 비교해보니 두료다나의 부대가 우세했다. 당대 최고의 명장 비스마 장군이 두료다나의 부대에 가담했다. 전쟁은 18일간 계속되었다. 그런데 예상과 달리 전쟁은 유디스티라 부대에 유리하게 진행되었다. 전쟁 10일째 되는 날, 두료다나 부대의 상징 비스마 장군이 전사했다. 비스마 장군의 죽음으로 전세가 급격하게 유디스티라 쪽으로 기울었다. 결국 전쟁은 유디스티라 부대의 승리로 끝났다.

전력이 불리함에도 유디스티라 부대가 승리한 데는 신의 화신, 크리슈나의 합류가 큰 힘이 되었다. 그는 유디스티라의 셋째 동생 아르주나의 마부로 전쟁에 참여했다. 크리슈나가 참여했다는 것은 신이 유디스티라 부대를 지지했음을 의미한다.

여기까지가 왕위를 둘러싼 쿠루 크세트라 전쟁의 경과다. 이 전쟁에 참가한 아르주나와 크리슈나는 장군과 마부의 사이였다. 둘은 많은 대화를 나눈다. 처음에 아르주나는 고민했다. 아르주나의 입장에서 이 전쟁은 왕위 찬탈자에 맞선 정의로운 전쟁이다. 그렇지만 형제들의 골육상쟁(骨肉相爭)이다. 아무리 정의롭다 해도 형제 사이에 처참한 전쟁을 해야 하는가. 크리슈나는 아르주나를 격려하며 전쟁에 참여하도록 이끌었다.

이 두 사람, 아르주나와 크리슈나의 대화를 기록한 책이 《바가바드기타》다. '바가바드기타'는 '지존자의 노래'라는 뜻이다. 《바가바드기타》는 인도의 힌두교도들이 아침저녁으로 낭송하는 경전이다. 비폭력 무저항주의로 유명한 인도의 성인 마하트마 간디는 영국에서 유학하던 시절 《바가바드기타》를 읽고 평생 이 책을 몸에 지니고 다니며 읽었다고 한다.

제사는 왜 지내나요

인도의 브라만교, 힌두교를 대표하는 경전으로는 《베다》, 《우파니샤드》,《바가바드기타》가 있다.《베다》는 종교 지식과 종교 의식을 담은 경전이다. '베다'는 지식 또는 지혜를 뜻한다.《베다》는 우주 만물에는 각기 신이 있다고 말한다. 그래서 브라만교에서는 수많은 신을 섬겼다. 그런데 브라만교의 교리는 불교의 나가르주나에 의해 논파되었다. 나가르주나는 우주 만물이 공(空)이라며 신의 존재 자체를 부정했다. 나가르주나의 출현으로 불교가 인도에서 종교와 사상의 양 측면에서 우위를 점하게 되었다.

이에 맞서 브라만교 내에서 주도권을 되찾기 위한 시도가 생겨났다. 그 대표적 인물이 샹카라다. 샹카라는 사제계급, 즉 브라만계급 중심의 브라만교를 대중의 종교인 힌두교로 재정비하는 작업을 했다. 그러면서 나가르주나의 공 사상에 맞서 새로운 사상을 제시했다. 그때 샹카라는《우파니샤드》를 토대로 했다. '우파니샤드'는 '가까이 앉는다'는 뜻이다.《우파니샤드》는 숲 속에서 학생들이 스승 가까이 앉아 가르침을 듣는 과정에서 생겨났다. 공자의 가르침을 제자들이 적어놓은《논어》와 상통한다. 소크라테스가 여러 사람과 주고받은 대화를 플라톤이 기록한 것과도 흡사하다.

《카타 우파니샤드》의 한 대목을 보자. 와즈슈라와라는 사제가 늙은 암소를 바치며 신들에게 제사를 지내자 그의 아들인 나치케타가 묻는다. "제사는 왜 지냅니까?", "늙은 암소를 바쳐 무슨 소용이 있습니까?" 아들의 질문은 거듭되었다. "아버지, 저는 누구에게 바칠 건가요?" 질문이 거듭되자 화가 난 아버지가 말했다. "죽음에게 주어버리겠다." 아버지가 짜증나서 한 말일 뿐, 결코 그럴 뜻은 없었다. 그러나 나치케타는 죽음의 신을 찾아갔다. 며칠을 기다린 끝에 죽음의 신을 만나 죽음에 대해 물었다. 죽음의 신이 말했다. "우주 만물의 본체인 브라만의 마음속에 갖추어진 아트만을 알면 죽음을 극복할 수 있다."

《카타 우파니샤드》는 무엇을 말하고자 했는가? 죽음의 신을 섬겨 죽음에서 벗어나려는 시도는 헛된 일이다. 신들에 대한 헛된 신앙에 힘쓰지 말고 진리를 스스로 깨달아야 한다는 말을 하고자 했다. 신들에 대한 제사에 힘쓰는 아버지는 《베다》의 신앙을 잇는 구세대다. 아들은 《우파니샤드》에서 말하는 진리를 찾으려는 신세대다.

《우파니샤드》는 모든 신 위에 우주 만물의 본체인 브라만이 있다고 한다. 《케나 우파니샤드》는 말한다. "신들의 힘과 영광의 출처가 브라만이다." 브라만은 신들의 본체인 아트만이기도 하다. 사람의 경우에도 마찬가지다. 누구나 마음속 깊은 곳에 본체인 아트만이 있다. 그 아트만이 곧 브라만이다.

샹카라는 《우파니샤드》에 근거하여 나가르주나의 사상을 비판했다. 샹카라는 나가르주나가 무지하여 진실을 잘못 파악했다고 비판했다. 우리가 보는 사물들은 거짓이다. 거짓된 사물을 보고 실제 존재한다고 생각한다면 망상이다. 망상에서 벗어나 진정한 존재인 브라만을 알아야 한다. 또한 브라만이 우리 마음속의 진정한 주체인 아트만과 일치함도 알아야 한다고 했다.

나는 이 세상의
좋은 향기다

샹카라의 철학 역시 비판에 직면했다. 라마누자는 샹카라 철학을 비판하며 힌두교의 근본 이치를 재정립하고자 했다. 라마누자는 샹카라가 세상은 거짓이라고 말한 것에 대해 세상은 물질로 이루어졌으므로 존재한다고 했다. 샹카라가 망상에서 벗어나야 브라만을 알 수 있다고 말한 것에 대해 라마누자는 세상을 통해 브라만에 다가갈 수 있다고 했다. 라마누자는 《바가바드기타》를 해설하면서 자기 철학을 밝혔다. 《바가바드기타》의 7장 12번 노래를 보자.

선의 격정과 암흑의 요소를 지닌 존재는

모두 나에게서 나왔다.

그러나 나는 그것들 안에 있지 않으며

오히려 그것들이 내 안에 있다.

크리슈나가 아르주나에게 한 말이다. 만물은 신, 즉 브라만에게서 나왔다. 신은 만물의 본체다. 그러나 신은 만물 속에 있지 않고 만물이 신

안에 있다. 이 부분에 대해 라마누자는 이렇게 해설했다.

> 신은 만물의 가장 순수한 형태다. 신에게서 나와 제각기 개성과 특성
> 을 가지게 된 만물은 신에 의존한다. 신은 만물의 아트만(진정한 주체)
> 이므로 만물에 의해 제약된다. 만물은 신이 몸을 구성하면서 신에 의
> 존한다. 그러나 신은 만물에 의존하지 않는다. 사람은 신체가 아트
> 만에 의존하고 있으면서 아트만을 지탱하는 목적을 수행한다. 신은
> 만물 너머에 있다. 왜냐하면 신의 성스러운 특징은 신에게만 있고 만
> 물은 신의 특징을 수정한 것이기 때문이다.

신은 만물의 가장 순수한 형태이고 만물은 신에게서 나왔다. 그래서
신은 만물과 하나다. 따라서 만물에서 신으로 나아가는 길이 열린다.
《바가바드기타》는 이런 진리를 일깨워주고자 한다. 일상의 삶 속에서
우주 만물의 본체를 알 수 있고, 따라서 절대적 진리를 알 수 있다. 그러
므로 일상의 삶이 의미가 있다.

우리 안에 있는 두 본성의 싸움

그러나 신은 만물과 다르다. 신은 성스러운 특징을 가지므로 만물 너머

에 있다. 그러므로 만물에서 신으로 나아가려면 비약해야 한다. 일상의 삶을 넘어서야 한다. 그러면 일상의 삶을 초월해야 하는가? 그렇지 않다. 그것은 사람이 어떻게 살아야 하는가의 문제다. 삶의 자세와 관련하여 《바가바드기타》는 헌신적인 삶을 강조한다. 아르주나가 크리슈나에게 물었다. "헌신과 명상 중 어느 것이 더 완벽한 길인가?" 크리슈나는 단호하게 '헌신'이라고 대답한다. 그러면서 헌신적인 삶이 무엇인지에 대해 설명했다.

그 누구도 미워하지 않고
모든 존재에게 연민의 정을 느끼며
집착하는 마음이 없는 사람,
고통과 기쁨에
더 이상 휩쓸리지 않는 사람

《바가바드기타》는 일상을 떠난 은둔이 아니라 적극적인 참여의 삶을 강조한다. 적극적인 삶을 표현하는 말이 헌신이다. 인도어로 '박티'라고 한다. 그러나 박티의 길은 쉽지 않다. 그 누구도 미워하지 않을 수 있을까? 살면서 고통과 기쁨에 휩쓸리지 않을 수 있을까? 다음과 같은 사람이라면 가능하지 않을까?

그 마음이 넉넉하고 신념이 확고한
사람,
그 마음과 지성이
항상 나를 향하고 있는 사람

최선을 다하지만
그 결과에는 무관심한 사람,
순수하고 민첩하며
전혀 흔들리지 않는 사람,
복잡한 일거리를 모두 버리고
오직 나만을 향하는 사람

마하트마 간디

넉넉한 마음과 확고한 신념, 최선을 다하되 결과에 연연하지 않음, 단순하고 소박한 삶. 이 정도는 해볼 만하지 않을까? 문제는 어렵고 쉬움이 아니라 옳고 그름이다. 《바가바드기타》는 일상에서 옳은 일을 위해 헌신하라고 말한다. 그 일이 어려울수록 최선을 다하라고 한다. 그런 헌신하는 삶 속에서 진리를 깨닫게 된다.

인도의 성인 마하트마 간디는 《바가바드기타》를 이렇게 평가했다. "그것은 역사 논문이 아니다. 그것은 사촌들 사이에 벌어지는 전쟁이 아니라 우리 안에 있는 두 본성, 선과 악 사이에 벌어지는 전쟁을 서술

하고 있다. 안으로 깊이 들어갈수록 더 풍부한 의미를 발견하게 된다. 모든 세대에 걸쳐 《바가바드기타》의 중요한 언어들은 새롭고 더욱 깊은 의미를 사람들에게 전해줄 것이다."

생각 플러스

《바가바드기타》에서 헌신은 일상생활 속에서 올바른 일에 몸을 던지는 것을 말한다. 그것은 절대적 존재에 몸을 던지는 행위이기도 하다. 다음의 두 글을 읽고 유사점과 차이점을 생각해 보자.

• • •

비천한 삶을 받아 태어났더라도, 소 잡이 백정으로 태어났더라도
모든 것을 다 바쳐 나를 따른다면 이 삶이 최고 높은 목표에 이를 것이다.
덧없이 흘러가는 이 삶 속에서, 불행의 파도가 치는 이 삶 속에서
나만을, 오직 나만을 향하는 사람은 얼마나 위대한가.
언제나 나만을, 나만을 생각하라. 나를 존경하고 나를 따르라.
그리하여 그대의 전부를 나에게 내맡길 때,
삶의 궁극적인 목표를 나에게 둘 때
그대는 마침내 나에게 오게 되리라.

– 《바가바드기타》 제9장 중에서

* 여기에서 '나'는 신을 말한다.

• • •

· · ·

어느 카스트에 속하는가를 성자에게 묻는 일은 부질없다.

승려도, 군인도, 상인도, 그 밖의 모든 카스트도 모두 신을 찾는다.

성자가 어느 카스트에 속하는가 묻는 일은 어리석다.

이발사도, 빨래하는 여자도, 목수도 신을 찾는다. 천민도 신을 찾는다.

리시 스와파라는 가죽신을 만드는 갖바치 출신의 성자다.

힌두교도든 이슬람교도든 함께 목적을 이루고자 하는 데서 차이가 없다.

— 《카비르의 노래》 중에서

* **카비르** 1440년경 인도에서 태어났다. 천민 출신이라 교육을 받지 못했고 글도 쓰지 못했다. 카비르의 수많은 시는 입에서 입으로 전해지다 훗날 기록되었다.

* **카스트** 인도 특유의 엄격한 신분제도. 승려인 브라만, 귀족인 크샤트리아, 평민인 바이샤, 노예인 수드라 등 네 가지 신분으로 나뉜다. 1947년 법적으로 금지되었지만 여전히 인도 사회에서 카스트제도는 큰 영향력을 발휘하고 있다.

· · ·

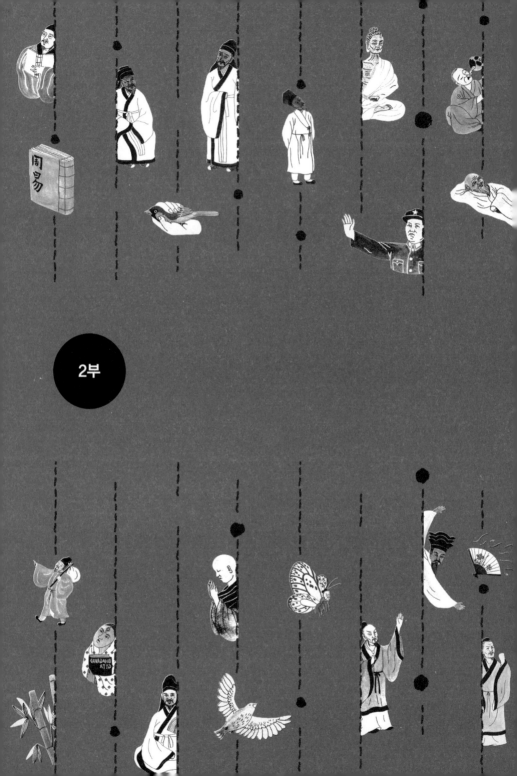

2부

군자의 인간 탐구

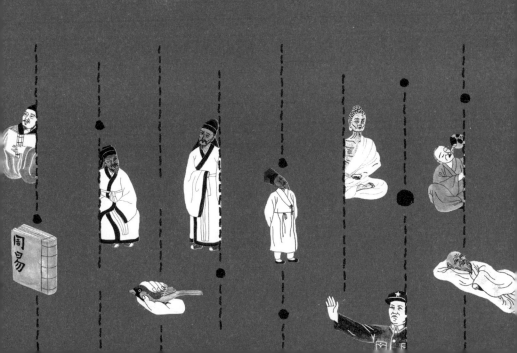

리더십에 대한 관심이 높다. 리더십에 관한 책은 그 종을 헤아릴 수 없을 정도로 많고, 심지어 초등학생용 리더십 시리즈까지 나와 있을 정도다. 또한 각종 강좌에 리더십 항목이 빠지는 경우가 없다. 직장인은 물론 중·고등학생 대상의 교양 강좌에도 리더십이 주요 주제를 이룬다.

동양철학, 특히 우리나라와 중국의 철학은 지도자의 길을 주요 주제로 한다. 지도자를 성인 혹은 군자라고 했는데, 동양철학의 고전에는 군자가 갖추어야 할 기본적인 자세와 덕목에 대한 자세한 설명이 들어 있다. 군자는 인간에 대한 탐구를 해야 한다. 인간에 대해 올바로 앎으로써 올바른 통치가 가능하기 때문이다.

인간에 대한 탐구의 출발은 인간의 본성을 이해하는 것이다. 인간은 본래 선하다는 주장이 있는가 하면 악하다는 주장도 있다. 인간의 본성은 본래 정해져 있지 않다는 의견도 있다. 인간이 본래 선하다면 극악무도한 자들의 존재, 온갖 범죄 등을 어떻게 설명할 수 있을까. 반대로 인간이 본래 악하다면 수많은 사람들의 선행, 미담 등을 어떻게 설명할 수 있을까. 인간의 본성이 정해져 있지 않다면 올바른 행위와 삶의 기준은 인간의 밖, 즉 인간의 외부에 있는 것인가. 인간의 본성에 대한 탐구는 인간의 선함과 악함을 규명하는 데 목적이 있지 않다. 그것은 현실을 어떤 시각에서 바라보고 현실 문제에 대해 어떠한 해법을 내려야 하는가를 찾고자 하는 것이다.

2부에는 인간의 본성이 선하다는 성선설(性善說), 악하다는 성악설(性惡說), 본래 정해져 있지 않다는 학설에 입각하여 정치, 사회 등을 어떻게 바꿀 것인가에 대해 저술한 다섯 권의 책을 해설했다. 유학 사서의 하나인 《대학》, 왕도정치(王道政治)를 주장하는 맹자의 《맹자》, 목민관의 자세를 다룬 정약용의 《목민심서》, 예의 정치를 주장하는 순자의 《순자》, 법치를 주장하는 한비자의 《한비자》가 그것이다.

《대학》과 《맹자》는 성선설에 입각하여 스스로 수양하고 백성을 다스리라는 수기치인(修己治人)을 말한다. 그래야 천하가 화평해지고 왕도정치가 실현된다. 《순자》와 《한비자》는 성악설에 입각하여 인간의 이기적 욕망을 억제하고 다스릴 수 있는 규범의 중요성을 강조한다. 순자는 그 규범을 예라 했고 한비자는 법이라 했다.

성선설과 성악설은 근본적으로 대립하는 것처럼 보이지만 사실 공통점이 더 크다. 맹자와 순자 그리고 한비자까지도 인간에 대한 굳은 믿음을 가지고 있다. 인간은 변화할 수 있고, 인간이 변화하면 사회와 국가 그리고 온 천하가 바뀔 수 있음을 그들은 믿었다. 정약용 역시 마찬가지였다. 지방 수령들의 수탈과 비리, 그로 인한 백성들의 고통을 보면서 정약용은 분노했고 고발했다. 그러나 정약용의 핵심적인 주장은 바뀔 수 있음이었다. 바뀔 수 있음에 대한 믿음으로 정약용은 고발하고 대안을 제시했다. 순자의 다음 한마디는 인간에 대한 믿음의 표현이다. "거리를 지나는 사람도 모두 우임금처럼 될 수 있다."

나는 천하를 바꿀 수 있다

《대학》

《대학》은 '대인(大人: 성인 남자)의 학(學: 교육)'을 줄인 말이다. 원래, 《예기》에 수록된 한 편이였던 것을 주희가 그 중요성을 인정하여 지식 인 필독서인 사서의 하나로 편찬한 때부터 널리 읽히게 되었다. 성인들 의 교육 목적(명덕, 친민, 지선)과 여덟 과제(격물, 치지, 성의, 정심, 수신, 제 가, 치국, 평천하)가 조리 있게 설명되어 있다. 이를테면 동양 고전 문화의 교 육헌장인 셈이다.

— 송영배 서울대학교 명예교수

치수가 안 맞으면
못을 박을 수 없다

나무나 쇠를 가지고 90도 각도로 만든 'ㄱ'자 모양의 자를 곱자라고 한다. 이 곱자로 재는 것을 한자로 '혈구(絜矩)'라고 한다. 혈구를 하는 사람은 목수다. 《대학(大學)》의 '혈구지도(絜矩之道)'는 목수가 곱자로 재듯 자신의 처지를 미루어 다른 사람의 마음을 헤아린다는 뜻이다. 곱자가 나 자신이라면 곱자로 재는 나무는 타인이다. 잘못된 곱자로는 각도도 치수도 젤 수 없다. 잘못된 곱자로 재단된 나무로는 집을 지을 수 없다. 올바르지 않은 자신으로는 타인을 제대로 헤아릴 수 없다. 그 사람이 지도자라면 더더욱 그렇다. 비뚤어진 잣대로 사람을 재단하면 편견이 된다. 편견을 가진 사람이 사람을 다스리면 불공평이 된다. 불공평하니 공정은 기대하기 어렵다. 결국 조직은 모래 위에 지은 집처럼 기울어진다. 기울어지면 쓰러진다. 이것이 자연의 이치다. 결국 모든 문제의 출발점이자 해결점은 자신이다. 누군가의 위에 있고자 한다면 자신에게 돌아가 보자. 《대학》은 요구한다. 남을 다스리고자 한다면 먼저 자신을 다스려라.

《대학》은 《중용》과 함께 《예기》에 수록되어 있던 소책자다. 이 소책자를 독립시켜 별도의 책으로 만든 사람은 중국 송나라의 유학자 사마광(司馬光)이다. 그러나 《대학》을 결정적으로 중요한 책자로 받들게 된 것은 주희 때문이었다. 주희는 《대학》을 《논어》, 《맹자》, 《중용》과 함께 유학의 사서로 자리매김하고, 사서를 읽을 때는 《대학》부터 읽으라고 했다.

나와 천하를 받드는 세 개의 기둥

《대학》은 이렇게 시작된다. "대학의 도는 밝은 덕을 밝히는 데 있으며 〔명명덕(明明德)〕, 백성을 새롭게 하는 데 있으며〔친민(親民)〕, 지극한 선에 머무는 데〔지어지선(止於至善)〕 있다."

'대학'에는 '대인(군자)의 학문'이란 뜻과 '최고 교육기관의 교육 이념' 이라는 뜻이 함께 있다. 또한 대학은 통치자를 위한 학문이기도 하다. 《대학》의 첫 문장에 대인이 학문을 하는 목적과 최고 교육기관에서 교육을 하는 목적이 드러나 있다. 통치자 또는 고급 관료가 일반 민중들을 다스리는 목적이 밝혀져 있다. '밝은 덕을 밝히는 것', '백성을 새롭게 하는 것', '지극한 선에 머무는 것'. 주희는 이 세 가지를 《대학》의 세 강령'이라고 불렀다.

첫 번째 강령인 '밝은 덕을 밝히는 것'은 천하의 시작이 개인임을 보여준다. '밝은 덕'은 사리를 올바로 분별하고 인식할 수 있는 '덕'을 뜻한다. '명명덕'은 사람들이 본래 가지고 있는 덕을 잃지 말고 더욱더 갈고닦도록 하자는 말이다. 두 번째 강령인 '백성을 새롭게 하는 것'은 명

나는 천하를 바꿀 수 있다
《대학》

명덕이 사회로 확장된 단계다. 민심을 밝고 새롭게 하여 침체하거나 타락하지 않도록 하자는 말이다. 사람들은 현재에 얽매여 진보의 마음을 잃어버리기 쉽다. 따라서 통치자는 언제나 이상을 추구하여 문화 수준과 민중의 생활수준을 향상시키기 위해 노력해야 한다. 세 번째 강령인 '지극한 선에 머무는 것'에서 지극한 선이란 '지극히 착하고 올바르고 잘하는 경지'를 말한다. 따라서 '지극한 선에 머무는 것'은 사회 전체, 국가 전체가 진보하여 지극한 선에 이르고 거기에 편안히 머무는 것을 뜻한다. 다른 말로 하면 이상 국가와 이상 사회에 이르는 것이다. 이것이 통치자가 추구하는 마지막 목표이자 최고의 목표다.

격물치지
성의정심

세 강령은 《대학》이 제시하는 근본이념이다. 세 강령은 수기치인, 즉 나를 닦고 사람을 다스리자는 주장이다. 수기치인은 어떻게 가능한가? 《대학》은 그 방법을 이야기한다.

사물의 이치가 궁구된[격물(格物)] 뒤에야 앎에 이르고[치지(致知)], 앎에 이른 뒤에야 뜻이 정성스럽게 되고[성의(誠意)], 뜻이 정성스러워진 뒤에야 마음이 바르고[정심(正心)], 마음이 바른 뒤에야 자신의

덕이 닦이고[수신(修身)], 자신의 덕이 닦인 뒤에야 집안이 정돈되고
[제가(齊家)], 집안이 정돈된 뒤에야 나라가 다스려지고[치국(治國)],
나라가 다스려진 뒤에야 천하가 화평하게 된다[평천하(平天下)].

한자로 써놓은 항목을 눈여겨보자. '격물, 치지, 성의, 정심, 수신, 제
가, 치국, 평천하'. 주희는 이 여덟 항목을 '8조목'이라고 불렀다. 8조목
이 바로 세 강령을 실현하는 과정에서 이루어야 할 구체적인 사항이다.
흔히 주변에서 '수신제가치국평천하'라는 말을 자주 듣게 된다. 자기 집
하나 간수하지 못하면서 무슨 일을 하냐는 얘기도 듣게 된다. 《대학》의
8조목을 인용한 사례들이다.

'격물치지'는 사물의 참된 모습을 밝혀 명확한 지식을 얻는다는 뜻이
다. 격물치지는 일종의 과학적 사고방식이라고 할 수 있다. 사물에 격한
다는 '격물'은 사물에 부딪쳐 궁극적 이치를 파악한다는 말이다. '성의'
는 자기의식을 명확하게 한다는 말이다. 성의를 위해서는 격물치지에
의한 사물의 인식이나 지식이 필수적이다. 왜냐하면 이성과 지혜에 의
해 지탱되지 않고 감정과 기분에 치우친 자기의식은 결코 안정적일 수
없고, 결국에는 마음대로 하는 것으로 흐를 수 있기 때문이다.

누군가 나를 주시하면 사람들은 과장한다. 착한 척, 멋있는 척하는 이
유는 누군가 나를 보고 있기 때문이다. 그러나 사람들은 그것이 위선임
을 안다. 군자는 다르다. 누가 보지 않아도 홀로 있어도 자신의 마음을

정성스럽게 하고 몸을 삼간다. 홀로 있어도 열 눈이 나를 바라보고 열 손가락이 나를 가리키고 있는 것처럼 삼가는 것이다. 성의 하면 정심 할 수 있게 된다. '정심'은 뜻한 바를 공정하게 한다는 말이다. 자기의식이 명확하고 안정되어 있지 않으면 자신의 목표에 집중할 수 없고 나아가 공정을 유지할 수도 없다.

수신제가 치국평천하

《대학》의 8조목은 서로 꼬리에 꼬리를 문다. 하나의 단계는 다음 단계로 나아가기 위한 조건이 된다. 정심 다음은 '수신'이다. 수신은 위엄 있는 태도를 엄정하게 하고 말과 행동을 신중하게 한다는 말이다. 이를 위해 정심이 필요하다. 지향이 공정하지 않으면 자기 몸을 추스를 수 없다. '제가'는 가장으로서 가족과 친족을 통제하여 평화롭고 안락하게 한다는 말이다. 제가를 위해서는 수신이 필수적이다. 자기 자신을 추스르고 모범을 보이지 않는 가장이 어떻게 일가를 통제할 수 있겠는가?

여기서 집, 즉 가(家)의 개념은 지금과 다르다. 고대 중국의 가는 본인의 형제, 자매, 자식, 조카, 숙부모, 피고용인 등을 포함한 대가족 혹은 분가한 대친족을 가리켰다. 우리 식으로 하면 가문에 해당된다. 가장은 인간관계의 통제 외에 가문의 재산 관리, 대외관계 등 여러 종류의 업무를 처리해야 했으므로, 제가는 결코 쉬운 일이 아니었다. 이때 필요한 것은 치우치지 않음이다. 치우치면 불공평하게 되고 불공평하면 불화가 생긴다. 형제가 재산 때문에 다투고 친척들이 서로 적대하는 것도 모두 치우침 때문이다.

편견은 자신을 망친다. 자신이 올바르지 않으니 집안을 망친다. 보이지 않는 부분을 보고, 나쁜 점에서 좋은 점을 찾아 북돋아주며, 나쁜 점을 고쳐 좋아지게 하는 것이 가장의 책무다. 집안을 잘 다스리면 한 나라를 다스릴 수 있다. 제가가 잘되면 다음에는 군주나 대신으로서 한 국가의 정치와 부딪히게 된다. 국가 정치가 잘되어 치적이 크게 오르면 마지막으로 천자나 재상으로서 천하의 통제에 임한다. 그래서 자신의 포부를 펼치고, 모든 사람이 하늘이 부여한 '밝은 덕'을 발휘할 수 있게 하여 태평하고 안락한 세계가 되도록 최선을 다한다. 이것이 '치국, 평천하'다. 평천하는 명명덕을 이루는 것이다. 《대학》은 평천하의 방법으로 앞서 언급했던 혈구지도를 든다.

평천하 다음 단계는 무엇일까? '명명덕'이다. 명명덕이 되면 다음 단계인 '백성을 새롭게 하는 것'으로, 그리고 마지막 목표인 '지극한 선에 머무는 것'으로 나아가게 된다.

다스리고자 한다면
먼저 자신을 다스려라

《대학》의 주장을 정리하면 이렇다. 군자는 우선 자신을 지적으로, 감정적으로 다스릴 수 있도록 학문을 연마한 후에 사람을 다스리고 천하를 다스려야 한다. 《대학》에는 개인적으로 사물의 이치를 캐고 깨닫는 기초 수준에서부터 천하를 화평하게 다스리는 최고 수준에 이르기까지 아주 논리적으로 연결되어 있다. 단계별로 '개인적인 차원에서 해야 할 것(격물에서 수신까지)→집안 차원에서 해야 할 것(제가)→국가 차원에서 해야 할 것(치국, 평천하)'으로 발전하면서 구체적인 과제를 제시하고 있다.

《대학》은 개인의 학문과 정치를 논리적이고 체계적으로 설명한다. 그 중심에는 사람이 있다. 한 개인의 변화는 집안, 사회, 국가를 넘어 전 세계적인 변화를 이끈다. 내가 바뀌면 천하가 바뀐다. 그래서 《대학》이 주장하는 바는 개인의 소중함이다. 나는 천하를 바꾸는 인물이 될 수 있다. 그런데 여기에 조건이 있다. 천하를 바꿀 사람이 되려면 자신이 먼저 변해야 한다. 나는 리더가 될 수 있다. 리더의 덕목을 갖추면.

《대학》은 군주가 되려면 자기 스스로를 변화시키라고 했다. 리더가 되기 위해 갖추어야 할 덕목과 자세에 대해 논한 것이다. 조선의 철학자 김시습은 〈애민의(愛民議)〉에서 군주가 백성을 사랑해야 하는 이유에 대해 말했다. 다음의 두 글을 읽고 리더가 되기 위해 필요한 것이 무엇인지 생각해보자.

• • •

사물에는 근본과 말단이 있고, 일에는 처음과 끝이 있다. 일의 선후를 알면 도에 가깝다.

온 세상에 밝은 덕을 밝히고자 하는 사람은 먼저 자신의 나라를 다스린다. 자신의 나라를 다스리고자 하는 사람은 먼저 자신의 집안을 반듯하게 한다. 자신의 집안을 반듯하게 하고자 하는 사람은 먼저 자신의 몸을 닦는다. 자신의 몸을 닦고자 하는 사람은 먼저 자신의 마음을 바로잡는다. 자신의 마음을 바로잡고자 하는 사람은 먼저 자신의 의지를 성실하게 한다. 자신의 의지를 성실하게 하고자 하는 사람은 먼저 자신의 앎을 최대한 확충한다. 앎의 확충은 사물을 탐구하는 데 있다.

사물을 탐구한 뒤에 앎에 도달한다. 앎에 도달한 뒤에 의지가 성실해지게 된다. 의지가 성실해진 뒤에 마음이 올바르게 된다. 마음이 올바르게 된 뒤에 몸이 닦인다. 몸이 닦인 뒤에 집안이 반듯해진다. 집안이 반듯해진 뒤에 나라가 다스려진다. 나라가 다스려진 뒤에 온 세상이 태평해진다.

천자로부터 일반 백성에 이르기까지 몸을 닦는 것을 근본으로 여긴다. 근본이 흐트러져 있는데 말단이 다스려지는 일은 없다. - 《대학》 제장 중에서

◆ ◆ ◆

《서경(書經)》에서 이르기를 백성은 나라의 근본이라고 한다. 무릇 백성을 받들어야 한다. 군주가 백성의 어려움을 생각해야 민심이 군주를 따른다. 그래야 영원토록 군주로 자리할 것이다. 군주가 백성과 거리를 두고 허세를 부리면 민심은 금방 흘어진다.

궁궐 창고의 쌀은 백성의 몸이요, 군주가 입고 신는 옷과 신발은 백성의 살이며, 군주가 먹고 마시는 음식과 술은 백성의 땀이다. 궁궐의 마차는 백성의 힘이요, 세금은 백성의 피와 같다. 백성은 수확한 것의 10분의 1을 세금으로 내는데, 세금을 내는 이유는 윗사람을 받들기 위해서다.

군주는 나라를 밝은 덕으로 다스려야 한다. 음식을 먹을 때 백성들이 먹는 것을 생각하고, 옷을 입을 때 백성들이 입는 것을 생각해야 하며, 궁궐에 살아도 모든 백성이 편안하게 사는 것을 생각해야 한다. 그리고 가마를 타고 갈 때도 모든 백성의 화평을 생각해야 한다. 옛날부터 말하길, 이 옷이 음식이 모두 백성의 피땀이다.

백성을 다스릴 때 백성을 사랑하고 백성의 처지를 항상 살펴야 한다. 군주는 백성에게 아무런 도움이 되지 않는 엉뚱한 일을 벌이는 것을

부끄러워해야 한다. 번거롭게 백성을 노역에 동원하여 백성의 시간을 빼앗으면 백성의 원성이 높아지고 백성의 화평이 깨져 하늘의 재앙을 불러오게 된다.

기근을 없애고 부모에게 효도한 자에게 응분의 보상을 하지 않고 오히려 흩어져 어려움에 처하게 만든다면 구렁텅이에 빠뜨리는 것이 아니겠는가.

- 김시습, 〈애민의〉 중에서

• • •

나는 천하를 바꿀 수 있다
〈대학〉

8

우물에 빠진 아이를 보면 왜 구하고 싶어지는가

맹자 《맹자》

서울대 사상고전 100선에 선정된 핵심 포인트

7편으로 구성. 맹자는 당시의 극심한 사회 변화 속에서 절대 군주 중심의 강력한 국가·공리주의를 배격하고 성선설에 기초하여 지식인들의 자율적인 도덕원리에 입각한 인정론(仁政論)과 왕도(王道) 사상을 피력했다. 《맹자》에는 이와 같은 맹자 사상의 전모가 주로 그의 제자 또는 당시 군주들과의 대화 속에 생생한 필치로 전개되고 있다. ─ 송영배 서울대학교 명예교수

칼로 베를 자르다

맹자는 아버지를 일찍 여의고 홀어머니 밑에서 가난하게 자랐다. 어머니의 지극한 교육열에 힘입어 공자의 손자인 자사(子思)의 문하에 들어가 공부했다. 그런데 공부를 시작한 지 오래지 않아 어머니가 보고 싶어 집으로 돌아왔다. 어떻게든 아들을 공부시켜 인재를 만들고자 했던 어머니의 소망이 무너지려는 순간이었다. 어머니가 물었다. "공부는 마쳤느냐?" 맹자가 대답했다. "아닙니다. 어머니가 보고 싶어 왔습니다." 어머니는 즉시 칼을 들어 짜고 있던 베의 날실을 끊어 버렸다. 맹자가 놀라 물었다. "어머니, 왜 그러십니까?" 어머니가 말했다. "네가 공부를 그만둔 것은 내가 오랫동안 고생해서 짜던 베를 자르는 것과 같다." 맹자는 그 길로 되돌아가 학문에 전념했다.

중국 전한(前漢) 시대 말 유향(劉向)이 지은 《열녀전(列女傳)》에 나온 이야기다. 맹자(孟子, BC 372?~BC 289?)의 어머니는 자식 교육을 위해 단호했고 헌신적이었다. 아들의 교육을 위해 세 번 이사를 했다는 '맹모삼천지교(孟母三遷之教)' 역시 어머니의 지극한 교육열을 보여주는 격언이다. 어머니의 정성과 자신의 노력이 결합하여 맹자는 큰 학자가 되었다. 맹자는 공자 다음으로 추앙받는 사람이다. 그렇지만 맹자는 매우 심한 좌절을 겪기도 했다. 세상을 돌아다니며 자신의 사상을 설파했지만 어느 곳에서도 받아들이지 않았기 때문이다.

그러나 맹자는 꺾이지 않았다. 맹자는 어려움을 긍정했다. 어려움은 새로움의 시작이기 때문이다. 어려움을 이겨낸 자만이 새로운 단계, 새로운 세상에 진입할 수 있다. 맹자는 어떻게 어려움을 이겨냈을까? 맹자의 삶과 사상은 용기의 표본이었다. 《맹자(孟子)》는 그러한 맹자의 삶과 사상을 전해주는 소중한 책이다.

세상을 바꾸는 의지, 용기

맹자는 항상 생존을 걱정해야 했던 시대에 살았다. 맹자는 그 시대에 대해 이렇게 말한다.

백성들은 굶주리고 들에는 굶어 죽은 시체가 나뒹군다. 위로는 부모를 섬기기에 부족하고 아래로는 처자를 먹여 살리기에 부족하다. 풍년에도 내내 고생하고 흉년에는 죽음을 면하지 못한다. 신하로서 자기 임금을 시해하는 자가 있고 자식으로서 자기 아비를 시해하는 자가 있다.

맹자가 살았던 전국시대(戰國時代)에 사회를 바꾸자고 이야기하는 것은 대단히 위험했다. 그러나 맹자는 위험을 감수했다. 맹자는 부조리한 현실에서 개인의 이익을 추구하는 이들을 경멸했다. 맹자의 용기는 우리가 생각하는 단순한 용기와 다르다. 맹자의 용기는 외부에서 온 것이 아니라 내부에서 온 것이다. 중요한 것은 당당함이다. 내가 당당하면 누구 앞에서도 당당할 수 있다. 용기는 당당함에서 온다.

제자인 공손추(公孫丑)가 물었다. "선생님께서는 무엇을 잘하십니까?" 맹자가 답했다. "나는 남의 말을 잘 이해한다. 그리고 나는 나의 호연지기를 잘 기른다." 호연지기(浩然之氣)는 하늘의 도와 정의에 뿌리를 둔 공명정대한 기운이다. 호연지기를 기르면 아무 거칠 것이 없어 하늘과 땅 사이에 가득 차게 된다. 이 기운 역시 밖에서 얻어지는 것이 아니라 스스로의 힘으로 키워나가는 것이다. 호연지기가 길러져야 사람은 당당해진다.

당당하게!
당당하게!

맹자는 비굴하게 부귀와 지위를 구걸하지 않고, 어떤 시련에도 자신의 뜻을 펼쳤다. 맹자는 왕 앞에서도 당당했고 떳떳했다. 제나라 선왕(宣王)과 나눈 대화를 보자. 신왕이 물었다. "탕왕(湯王)이 걸왕(桀王)을 가두고

무왕(武王)이 주왕(紂王)을 쳤다는데, 그런 일이 있었습니까?" 걸과 주는 중국의 대표적인 폭군이다. 걸과 주의 학정이 심해지자 그들의 부하였던 탕과 무가 그들을 몰아냈다. 맹자가 대답했다. "그런 이야기가 있습니다." 심드렁한 답변이다.

맹자는 선왕이 질문하는 의도를 간파하고 있었다. 선왕이 다시 물었다. "신하가 자기 임금을 죽이는 것이 있을 수 있는 일입니까?" 이것이 선왕의 의도다. 아무리 폭군이라도 어찌 신하가 임금을 몰아낼 수 있느냐. 이에 맹자가 대답했다. "인(仁)과 의(義)를 해치는 자를 도둑놈이라고 합니다. 도둑놈은 일개 사내에 불과합니다. 저는 사내를 잡아 죽였다는 얘기는 들어보았지만 임금을 죽였다는 얘기는 듣지 못했습니다." 걸과 주는 인과 의를 해쳤기 때문에 임금이 아니라는 말이다. 심지어 맹자는 "임금이 잘못하면 간언을 하고, 여러 차례 간언을 해도 듣지 않으면 그 임금을 바꾸라"고까지 했다. 임금 앞에서 감히 누가 이런 말을 할 수 있겠는가.

맹자는 백성이 가장 귀하고 그다음이 나라이며 임금은 가장 가벼운 존재라고 했다. 따라서 백성을 잃으면 임금의 자격이 없다. 민심을 잃은 걸과 주는 임금이 아니라 도둑놈일 뿐이다. 백성의 마음을 얻으려면 "백성들이 원하는 것을 모아주고 백성들이 싫어하는 것을 하지" 말라고 했다. 이것이 맹자가 말하는 '왕도정치'다.

물고기를 버리고
곰발바닥을 취하리라

우리는 항상 선택의 기로에 놓인다. 이때 문제는 선택의 기준이다. 그런데 만약 삶과 죽음을 결정짓는 선택이라면 우리는 무엇을 택할까? 맹자는 무엇을 택했을까? 그 시작은 물고기와 곰발바닥이다.

물고기는 내가 바라는 바다. 곰발바닥도 내가 바라는 바다. 그러나 이 둘을 다 가질 수 없다면 물고기를 버리고 곰발바닥을 취하리라. 사는 것은 내가 바라는 바요, 의 또한 내가 바라는 바다. 그러나 이 둘을 함께 얻을 수 없기에 사는 것을 버리고 의를 취하리라. 사는 것보다 더 깊이 바라는 바가 있기에 구차히 삶을 얻으려 하지 않는다. 죽는 것은 내가 싫어하는 바이지만 죽는 것보다 더 싫어하는 것이 있기에 환난(患難)을 피하지 않는 것이다. 만일 사람이 바라는 것이 사는 것보다 더 절실한 것이 없다면 살기 위해 모든 방법을 쓰지 않으랴? 또 사람의 싫어하는 것이 죽는 것보다 더 절실한 것이 없다면 환난을 피하기 위해 무엇인들 하지 않으랴? 그렇지만 그 방법을 따르면 살 수 있는데도 그것을 하지 않음이 있고 그 방법을 따르면 환난을 피할 수 있음에도 그것을 하지 않음이 있다. 사는 것보다 더 절실하게 바라는 것이 있을 수 있고 죽음보다 더 절실하게 싫어하는 것이

우물에 빠진 아이를 보면 왜 구하고 싶어지는가
맹자 《맹자》

있을 수 있다. …… 한 그릇의 밥과 한 그릇의 물을 얻으면 살고 얻지 못하면 죽는다. 그러나 혀를 차고 꾸짖으면서 주면 길가는 사람도 받지 않으며, 발로 차면서 주면 걸인도 받으려 하지 않는다.

맹자도 살고 싶어 한다. 그러나 사는 것보다 더 중요한 가치가 있기에 삶 대신 의를 택한다. 죽는 것 역시 마찬가지다. 죽음보다 더 싫어하는 것이 있기에 차라리 죽음을 택한다. 그 선택은 스스로를 존귀하게 여김이다. 스스로가 존귀하기에 맹자는 스스로의 가치를 버리지 않는다.

우물에 빠진 아이 구하기

용기는 위대한 사람들만의 것일까? 맹자는 아니라고 대답한다. 맹자의 가장 큰 믿음은 너와 내가 모두 할 수 있다는 데 있다. 맹자만이 아니라 우리 모두 존귀하다. 너도 할 수 있는 사람이고 나도 할 수 있는 사람이기에 우리는 세상을 바꿀 수 있다. 그 이론적 바탕이 성선설이다. 성선설은 '인간의 본성은 원래 착하다'는 학설이다. 맹자는 인간의 본성이 착하다는 증거로 '우물에 빠진 아이'를 예로 든다. "사람마다 남에게 차마 하지 못하는 마음이 있다는 것은 어린아이가 우물에 빠지려는 것을 보는 순간 모두들 겁을 먹고 측은한 마음이 생기는 것에서 알 수 있다.

그런 마음이 생겨나는 이유는 그 어린아이의 부모와 친교를 맺으려 하기 때문이 아니다. 동네 사람들과 벗들에게 칭찬을 받으려고 하기 때문도 아니다. 그 아이가 지르는 소리가 듣기 싫어서 그런 것도 아니다." 어린아이가 우물에 빠지려는 모습을 본 순간 누구든지 순수한 마음이 생긴다. 바로 이런 마음 때문에 사람들은 아이를 구하려고 한다.

맹자는 사람들에게 네 가지 순수한 마음이 있다고 했다.

> 측은해하는 마음은 인(仁)의 실마리이고, 부끄러워하는 마음은 의(義)의 실마리이며, 사양하는 마음은 예(禮)의 실마리이고, 옳고 그름을 가리는 마음은 지(智)의 실마리다. 사람이 네 가지 실마리를 지니고 있는 것은 그들이 팔다리를 가진 것과 같다.

이것이 맹자가 말한 '사단(四端)', 즉 인간의 본성에서 나오는 네 가지 마음이다. 그런데 왜 사람들은 실제로는 모두 착하지 않을까? 맹자는 비유를 들어 설명한다.

> 우산(牛山)의 나무는 아름다웠다. 그런데 우산은 큰 나라의 교외에 있기 때문에 도끼로 그 나무들을 찍어냈으니 아름다워질 수 있겠는가? 밤낮으로 자라고 비와 이슬의 윤택함을 받아 싹이 돋는 일이 없지 않았지만 소와 양을 끌어다 자라는 족족 먹이곤 했다. 그래서 저

렇게 밋밋한 산이 되었다. 사람들은 그 밋밋한 것을 보고 거기에는 재목이 있어본 일이 없었다고 생각한다. 그것이 어찌 산의 본성이겠는가? 사람의 본성에 인의를 따르는 마음이 없겠는가? 본래의 마음을 베어버리는 일은 도끼로 나무를 다루는 것과 같다. 매일매일 찍어내는데 어찌 아름다워지겠는가?

사람의 마음과 행동이 악해진 이유는 도끼로 산의 나무를 찍어버리듯 사람들 스스로가 그렇게 하기 때문이다. 사람들이 스스로 인간 본성을 찾으려 한다면 모두는 다시 착해질 수 있다. 맹자의 용기, 기상은 본래 선한 것을 잘 기른 결과다.

맹자의 관심은 바른 정치에 있다. 어떻게 바른 정치를 할 수 있는가? 맹자는 제나라 선왕의 일화를 소개한다. 제나라 선왕이 제사의 희생물로 끌려가는 소가 벌벌 떠는 모습을 보았다. 선왕은 차마 그 모습을 볼 수 없었다. 그래서 말했다. "아무런 죄가 없는 소가 끌려가는 것을 차마 보지 못하겠구나." 그리고 소를 놓아주라고 했다. 이 일화를 들은 맹자가 말했다. "옛날 임금들은 차마 하지 못하는 마음이 있었기 때문에 차마 하지 못하는 정치가 있었다. 남에게 차마 하지 못하는 마음으로 차마 하지 못하는 정치를 하면 천하를 다스리는 일은 손바닥에서 물건을 굴리는 것처럼 쉬운 일이 될 것이다." 백성의 처지를 지나치지 못하는 마음, 못 본 척하지 않는 정치, 이것이 맹자가 주장한 왕도정치의 시작이다.

맹자는 부조리한 것을 부조리하다고 말하는 것이 호연지기이며 용기라고 말한다. 맹자가 말한 호연지기는 루쉰(魯迅)의 소설 《아Q정전》의 주인공 아Q의 자세와 대비된다. 아Q는 현실에서 모욕을 당해도 자신의 상상 속에서 "내가 이겼어!"라며 정신 승리를 외친다. 다음의 두 글을 읽고 우리가 가져야 할 올바른 마음이 무엇인지 생각해보자.

◆ ◆ ◆

"왕의 신하 중에 자기 아내와 자식을 벗에게 부탁하고 초나라로 가서 머물던 사람이 있다고 합시다. 그 사람이 돌아와 보니 자기의 아내와 자식이 추위와 굶주림에 떨고 있다면 어떻게 해야겠습니까?"
"절교하지요."
"사사(전국의 감옥과 재판을 맡아보는 관리)가 그 부하들을 다스리지 못한다면 어떻게 하시겠습니까?"
"파면시키지요."
"사방의 국경 안이 다스려지지 않는다면 어떻게 하시겠습니까?"
왕은 좌우에 있는 사람들을 돌아다보고 다른 말을 했다.

– 맹자, 《맹자》 〈양혜왕장구(梁惠王章句)〉 중에서

아Q가 마음속으로 생각한 것을 나중에 하나하나 다 입 밖으로 말했기 때문에 아Q를 놀리던 사람들은 그에게 일종의 정신적인 승리법이 있다는 것을 거의 다 알게 되었다. 그 뒤로는 그의 노란 변발을 잡아챌 때마다 사람들이 먼저 그에게 이렇게 말했다.

"아Q, 이건 자식이 애비를 때리는 게 아니라 사람이 짐승을 때리는 거다. 네 입으로 말해봐. 사람이 짐승을 때린다고!"

아Q는 두 손으로 자신의 변발 밑동을 움켜잡고 머리를 비틀면서 말했다.

"벌레를 때린다. 됐지? 나는 벌레 같은 놈이다. …… 이제 놔 줘!"

벌레가 되었어도 건달들은 놓아주지 않았다. 전과 똑같이 가까운 아무데나 그의 머리를 대여섯 번 소리 나게 짓찧었고, 그런 뒤에야 만족해하며 의기양양하게 돌아갔다. 그들은 이번에는 아Q도 꼼짝하지 못할 거라고 생각했다. 그러나 10초도 지나지 않아 아Q도 만족해하며 의기양양하게 돌아갔다. 그는 자기가 자기 경멸을 잘하는 제일인자라고 생각했다. '자기 경멸'이라는 말을 빼고 나면 남는 것은 '제일인자'다. 장원(壯元)도 '제일인자'가 아닌가?

"네까짓 것들이 뭐가 잘났나!?"

아Q는 이처럼 여러 가지 묘법을 써서 적을 극복한 뒤에는 유쾌하게 술집으로 달려가 술을 몇 잔 마시고 또 다른 사람들과 한바탕 시시덕거리고 한바탕 입씨름을 하여 또 승리를 얻고, 유쾌하게 사당으로 돌아와 머리를 거꾸로 처박고 잠이 들었다.

― 루쉰, 《아Q정전》 중에서

9

삶과 사상이 일치하다

정약용 《목민심서》

서울대 사상고전 100선에 선정된 핵심 포인트

《흠흠신서(欽欽新書)》, 《경세유표(經世遺表)》와 함께 다산 정약
용의 3대 저작의 하나로서 총 12편으로 구성되어 있다. 〈임관(任
官)〉, 〈율기(律己)〉, 〈봉공(奉公)〉, 〈애민(愛民)〉, 〈이전(吏典)〉, 〈호
전(戶典)〉, 〈예전(禮典)〉, 〈병전(兵典)〉, 〈형전(刑典)〉, 〈공전(工典)〉,
〈진황(賑荒)〉, 〈해관(解官)〉의 12편으로 구성되어 있으며, 지방
관으로서 가져야 할 기본자세와 실천해야 할 정책의 내용을 서
술했다. 지방 사회의 폐단을 개혁하기 위한 수령의 적극적 역
할을 강조한 저술이다.

　　　　　　　　　　　　　　　－정옥자 서울대학교 명예교수

탯줄도 마르지 않았는데

노전에서 젊은 아낙 그칠 줄 모르고 통곡하네

관청 문을 향해 슬피 울다 하늘 향해 부르짖네

전장에 나간 남편 돌아오지 않을 수 있어도

남자가 스스로 그걸 잘랐다는 말 들어본 적 없소

시아버지 돌아가 상복 입고 갓난아이 탯줄도 마르지 않았는데

삼대가 군적에 올랐다네

짧은 언변으로 아무리 호소해도 범 같은 문지기 버티고 있고

이정은 으르렁대며 마구간에서 소마저 끌고 가는구나

정약용(丁若鏞, 1762~1836)은 유배지인 강진에서 〈애절양(哀絶陽)〉이라는 시를 지었다. 태어난 지 사흘 만에 아이는 군적에 올라갔다. 내가 이것 때문에 곤경을 겪는다며 남자는 자신의 생식기를 스스로 잘랐다. 〈애절양〉은 양(陽), 즉 남자의 생식기를 자른 것을 슬퍼한다는 뜻이다. 관리의 횡포와 부패에 백성은 다시 아이를 낳지 않겠다고 자신의 생식기를 잘라버렸다. 이것이 정약용이 살았던 시대의 모습이었다.

그래서 정약용은 1818년 《목민심서(牧民心書)》를 지어 경종을 울렸다.

성인의 시대가 이미 멀어졌고 그 말씀도 없어져서 그 도가 점점 어두
워졌다. 백성을 다스리는 자들은 오직 거두어들이는 데만 열을 올린
다. 백성은 시들고 병들어 서로 쓰러져 진구렁을 메우는데, 백성을
기른다는 자는 고운 옷과 맛있는 음식으로 자기 배만 살찌우고 있으
니 어찌 슬프지 아니한가.

백성을 기르는 자, 그래서 조선시대 지방의 수령을 목민관(牧民官)이
라 불렀다. 정약용은 목민관이 무엇을 어떻게 해야 하는지를 말한다.

큰 도둑은 그냥 두고
좀도둑만 문죄하십니까

《목민심서》는 지방의 수령이 임지에 부임하는 것에서부터 시작한다. 수
령의 역할은 부임지 백성의 삶을 윤택하게 하는 것이다. 과연 그런가?
정약용은 말한다.

어리석은 자는 불학무식해서 산뜻한 옷에 좋은 갓을 쓰고 좋은 안장
에 날랜 말을 타는 것으로 위풍을 떨치려고 한다. …… 금침(침구)과
솜옷 외에 책 한 수레를 싣고 간다면 맑은 선비의 행장(여행짐)이 될
것이다. 요즈음 수령으로 부임하는 사람들은 겨우 책력(책으로 된 달

력) 한 권만 가지고 가고, 그 밖의 서적들은 한 권도 행장 속에 넣지 않는다. 임지에 가면 으레 많은 재물을 얻게 되어 돌아오는 행장이 반드시 무겁기 마련이니 한 권의 책일망정 부담이 된다고 여기기 때문이다. 슬프다, 그 마음가짐의 비루함이 이와 같으니, 어찌 또 목민인들 제대로 할 수 있을 것인가.

'유전무죄(有錢無罪) 무전유죄(無錢有罪).' 법 앞에 평등하다는 말이 우습다. 백성에게 손해를 끼치고도 그것이 단지 정책이었다며 거리낌도 부끄럼도 없는 관료들을 우리는 기억한다. 천하의 큰 도둑이 누구인가? 《목민심서》는 분명히 꼬집는다.

관리가 한 도둑을 심문하면서 "네가 도둑질하던 일을 말해보라"고 하니 도둑이 짐짓 모르는 척하면서 "무엇을 도둑이라 합니까?"라고 묻는다. 관리가 말하기를, "네가 도둑인데 그것을 모르느냐! 궤짝을 열어 재물을 훔치는 것이 도둑이다"라고 하니 도둑이 웃으면서 말하기를, "당신 말대로면 제가 어찌 도둑일 수 있겠습니까. 당신 같은 관리가 진짜 도둑입니다. …… 벼슬은 이익을 따라 나오고 인사는 뇌물로써 이루어집니다. 원섭과 곽해 같은 큰 호족이 한낮에 살인을 하여도 뇌물 꾸러미가 한번 들어가면 법이 어찌 있으며, 황금에 권력이 있으니 백일도 빛을 잃어 다시 나와서 의기양양하게 거리를 나다니는 세상입니다. 마을의 천한 백성들은 벌을 돈으로 속죄하여 더욱 가난의 고초를 겪어서 머리는 흩어지고 살갗은 깎여 집칸도 유지하지 못하고 처자를 팔 지경에 이르러 바다에 빠지고 구렁에 묻혀도 살피고 근심할 줄 모르니, 신이 노하고 사람이 원망하여도 돈의 신령스러움이 하늘에 통하여 그 벼슬의 명예가 크게 일어나고 큰 저택은 구름처럼 이어 있고 노래와 풍악 소리는 땅을 울리고 종들은 벌 떼 같고 계집들은 방에 가득하니, 이것이 참으로 천하의 큰 도둑입니다. …… 큰 도둑은 불문하고 민간의 거지들과 좀도둑만 문죄하시는 것입니까?"라고 하니 관리가 도둑을 놓아주었다.

윗물이 맑아야 아랫물이 맑다. 비리는 위에서 아래로 줄줄이 엮인다. 내가 깨끗한 척해도 아랫사람은 이미 알고 있다. 정약용은 말한다.

아전을 단속하는 근본은 자기 자신을 규율함에 있다. 자기의 몸가짐이 바르면 명령하지 아니하여도 일이 행하여질 것이요, 자기의 몸가짐이 바르지 못하면 비록 명령을 하더라도 행하여지지 아니할 것이다. 백성은 토지를 논밭으로 삼지만 아전들은 백성을 논밭으로 삼는다. 백성의 껍질을 벗기고 골수를 긁어내는 것을 농사짓는 일로 여기고 머릿수를 모으고 마구 거두어들이는 것을 수확하는 일로 삼는다. 이러한 습성이 이어져서 당연한 것으로 여기게 되었으니, 아전을 단

속하지 아니하고서 백성을 다스릴 수 있는 자는 없을 것이다. 그러나 자기에게 허물이 없어야 다른 사람을 나무랄 수가 있는 것이 천하의 이치이니, 수령의 소행이 다른 사람을 따르게 하지 못하면서 오직 아전 단속하기를 위주로 한다면 명령해도 반드시 행하여지지 않으며 금지해도 반드시 그쳐지지 않고 위엄이 떨쳐지지 않을 것이며 법이 서지도 않을 것이다.

《목민심서》가 더 크게 울리는 이유

깨끗하기만 하면 되는 것일까? 거기에 더해져야 할 것은 현명함이다. 능력 없는 자가 큰 자리에 있으면 고통받는 것은 백성뿐이다.

농기구를 만들어서 백성의 농사를 권장하고 직기를 만들어서 부녀자의 길쌈을 권장하는 것은 수령의 직무다. 옛날 한나라의 조과는 씨 뿌리는 기계와 씨 뿌리는 데 쓰는 그릇을 만들고 파종법을 가르쳐서 백성의 노력이 크게 줄었다. 명나라의 진유학은 확산현을 맡아 다스릴 때 옷감 짜는 기계 800여 량을 만들어 가난한 부인들에게 주었다. 이것들은 모두 옛사람들의 꽃다운 업적이다. 지금은 더욱 정교한 기계가 나오는데 유독 우리나라 백성만이 듣지 못하고 있다. 수령은 다스리고 남는 시간에 사물의 법칙을 연구하여 농기구, 직기를 만들고 백성을 가르쳐 백성의 노력을 줄이는 것이 좋지 않겠는가.

백성이 궁핍하지 않도록 하는 것, 그것이 위정자의 임무다. 경제가 어려울 때 새로운 성장 동력을 만드는 것이 지도자의 일이다. 사람들이 일하고 교육받고 병을 고칠 수 있게 제도적인 장치를 마련하는 것이 지도자다. 어느 이익집단에 휘둘리지 않고 국가와 지역의 정책을 결정하는 것이 지도자다. 《목민심서》가 더 큰 울림을 주는 이유는 목민관의 개인에 관한 문제에 한정되지 않았기 때문이다. 목민관이 갖추어야 할 덕목을 《목민심서》는 빠짐없이 이야기한다.

조선판 노블레스 오블리주

《목민심서》에서 정약용은 목민관이 갖추어야 할 도리, 목민관의 덕목을 제시했다. 특히 〈율기〉, 〈봉공〉, 〈애민〉 등 세 편에서 목민관의 기본 덕목을 조목조목 제시했다. 〈율기〉 편에서는 목민관에게 필요한 규율과 그 실천 방안을 논한다. 정약용은 '바른 몸가짐과 청렴한 마음'으로 '절약'하고 '청탁을 물리치라'고 했다. 〈봉공〉 편에서는 목민관이 직무를 수행하면서 늘 마음속에 간직하고 지켜야 할 사항을 다룬다. 정약용은

'덕을 널리 펼치고' '법을 지키는' 것과 아울러 '예로써 사람을 대하라'고 했다. 또한 '세금을 거두어들일 때는 부자부터' 해야 하고 이때 '아전들의 부정과 비리가 없도록' 해야 한다고 했다. 〈애민〉 편에서는 목민관이 노인, 어린이, 곤궁한 사람들을 어떻게 보살펴야 하는지에 대해 논한다. 정약용은 '노인을 공경'하고 '어린이를 사랑'하며 '외롭고 가난한 사람을 구제'해야 한다고 했다. 또한 '병자를 구호'하고, 특히 수재와 화재 같은 '재난에 최우선적으로 최선을 다해 대처'해야 한다고 했다. 정약용이 말한 목민관의 덕목은 하나의 예외도 없이 오늘날에도 유효하다.

정약용은 18세기에 39년을 살았고 19세기에 36년을 살았다. 18세기의 정약용은 동부승지, 병조참의 등을 지낸 고위 관료였고, 19세기의 정약용은 500여 권에 달하는 방대한 책을 쓴 학자였다. 19세기가 시작되는 1801년 귀양길에 오르면서 정약용의 삶은 전환기를 맞는다. 조선 역사에서 18세기 후반은 정조의 등장과 함께 중흥의 기틀을 마련하고자 하는 몸부림이 뜨거웠던 때였다. 1800년 순조의 즉위와 함께 시작된 19세기는 세도정치, 서양의 침략, 문호 개방으로 이어지는 쇠퇴의 시대였다. 쇠퇴로 전환되는 시기에 정약용은 개혁을 통해 조선을 바꾸어보고자 강렬한 문제 제기를 했다. 그것은 절규이기도 하고 호소이기도 했다.

삶과 작품이 일치하는 사람이 있고 일치하지 않는 사람이 있다. 우리가 공자를 성인이라 부르고 소크라테스를 철인이라 하는 이유는 그들의 삶과 사상이 하나였기 때문이다. 정약용 역시 삶과 사상이 일치했다.

노블레스 오블리주를 실천한 칼레의 시민들

정약용은 관료로서의 경험과 귀양지에서 목격한 백성의 삶을 종합하여 《목민심서》를 짓고 목민관의 덕목을 제시했다. 그 덕목은 조선판 노블레스 오블리주였다. 그렇다면 대한민국의 노블레스 오블리주는 누가 제시할 것인가?

정약용은 지도자가 갖추어야 할 자세를 제시한다. 베트남 혁명을 이끈 호치민은 생전에 《목민심서》를 곁에 두고 즐겨 읽었다고 한다. 조선 중기의 정치가 허균(許筠)은 백성이 어떤 과정을 거쳐 저항을 하게 되는가를 밝혔다. 다음의 두 글을 읽고 나라를 다스림에 있어 지도자의 역할이 얼마나 중요한지 생각해보자.

* * *

관리가 한 도둑을 심문하면서 "네가 도둑질하던 일을 말해보라"고 하니 도둑이 짐짓 모르는 척하면서 "무엇을 도둑이라 합니까?"라고 묻는다. 관리가 말하기를, "네가 도둑인데 그것을 모르느냐! 궤짝을 열어 재물을 훔치는 것이 도둑이다"라고 하니 도둑이 웃으면서 말하기를, "당신 말대로면 제가 어찌 도둑일 수 있겠습니까. 당신 같은 관리가 진짜 도둑입니다. …… 벼슬은 이익을 따라 나오고 인사는 뇌물로써 이루어집니다. 원섭과 곽해 같은 큰 호족이 한낮에 살인을 하여도 뇌물 꾸러미가 한번 들어가면 법이 어찌 있으며, 황금에 권력이 있으니 백일도 빛을 잃어 다시 나와서 의기양양하게 거리를 나다니는 세상입니다. 마을의 천한 백성들은 벌을 돈으로 속죄하여 더욱 가난의 고초를 겪어서 머리는 흩어지고 살갗은 깎여 집칸도 유지하지 못하고 처자를 팔 지경에 이르러 바다에 빠지고 구렁에 묻혀도 살피고 근심할 줄 모르니, 신이 노하고 사람이 원망하여도 돈의 신령스러움이 하늘에 통하여 그 벼슬의 명예가 크게 일어나고 큰 저택은 구름처럼 이어 있고 노래와 풍악 소리는 땅을 울리고 종들은 벌 떼 같고 계집들은 방에 가득하니, 이것이 참으로 천하의 큰 도둑입니다. …… 큰 도둑은 불문하고 민간의 거지들과 좀도둑만 문죄하시는 것입니까?"라고 하니 관리가 도둑을 놓아주었다.

— 정약용, 《목민심서》 중에서

◆ ◆ ◆

천하에서 백성이 가장 두렵다. 백성을 홍수나 화재, 호랑이나 범보다 더 두려워해야 하는데 윗자리에 앉아 있는 자들은 백성을 업신여기고 가혹하게 부려먹으니 이 어찌 된 일인가?

부당한 명령일지라도 순순히 받아들여 윗사람에게 부림을 당하는 사람들이 항민(恒民)이다. 항민은 두려워할 것이 없다. 살갗이 벗겨지고 등골이 빠지도록 갈취당해 벌어들이는 모든 것을 바치면서 탄식을 하고 위엣 놈들을 증오하는 사람이 원민(怨民)이다. 이러한 원민도 굳이 두려워할 필요는 없다.

고기를 팔고 장사를 하는 등 눈에 띄지 않는 곳에 있으면서 다른 마음을 쌓고, 때가 무르익으면 뜻하는 바를 실현하려는 욕망을 품고 있는 자가 호민(豪民)이다. 호민이야말로 크게 두려워해야 할 존재다.

호민은 나라의 허술한 틈을 엿보고 일의 형편을 이용할 때를 노린다. 때가 되어 밭두렁 위에서 소리를 지르면 원민이 즉시 소리만 듣고도 모여들어 소리를 함께 지른다. 항민도 제 살길을 찾느라 호미, 곰방메에, 창, 창자루 등을 가지고 쫓아가서 무도한 놈들을 베어버린다. …… 하늘이 벼슬아치를 세운 뜻은 백성을 돌보게 하기 위함이었지 사사로운 욕심을 채우라는 것이 아니었다. 진나라와 한나라 말미의 난리는 마땅

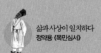

히 일어나야 할 일이 일어난 것이지 어쩌다 일어난 불행이 아니다. 그런데도 윗사람들이 태평스럽게 두려워할 줄 모르니 우리나라에는 호민이 없기 때문이다.

-허균, 〈호민론(豪民論)〉 중에서

◆ ◆ ◆

10

현실에서 인간의 의지를 구하라

순자 《순자》

서울대 사상고전 100선에 선정된 핵심 포인트

32편으로 구성. 순황(순자)에 의하면 인간이란 근원적으로 사회적 동물이다. 그는 사회적 분업 원리를 통한 엘리트(군자) 중심의 군주국가체제를 옹호했으며, 인간에 의한 자연의 이용과 지배를 정당화하고 교육과 사회제도의 중요성을 설파함으로써 제자백가의 사상을 비판 종합하여 진한(기원전 221년) 이후 중국에서 중앙집권적 관료 국가의 성립과 출현에 기틀을 마련했다. 이런 순황의 사상을 《순자》에서 만날 수 있다.

― 송영배 서울대학교 명예교수

먹을 가까이 하면
검어진다

니체(Friedrich Wilhelm Nietzsche)는 묻는다. "당신은 사막을 옥토로 바꿀 만큼 풍성한가? 아니면 옥토를 사막으로 바꿀 만큼 메말랐는가?" 메마름과 풍성함 역시 마음에 있건만, 마음은 또 극단을 오간다. 사실 우리도 우리 마음을 믿지 못한다. 그러나 우리는 또 믿는다. 우리를 부정하고는 삶을 살아갈 수 없다. 그렇다. 내 안에 괴물이 있음을 인정해보자. 그렇지만 또 희망을 가져보자. 희망이 아니라 확신을 가져보자. 인간에 대해 긍정해보자. 순자(荀子, BC 298?~BC 238?)는 인정하고 긍정했다. 순자는 내 마음에 삿됨을 인정하고 그것을 바꾸는 방법을 찾았다.

> 푸른색은 남빛 쪽에서 나왔지만 남빛보다 푸르고 얼음은 물이 얼려진 것이지만 물보다 차갑다. 곧은 나무에 먹줄을 댈 수 있지만 그것을 불에 쬐고 구부려 수레바퀴를 만들면 굽어 자로 잴 수 없고, 그것을 볕에 말려도 전과 같이 곧아지지 않는다. 나무가 먹줄의 도움을 받아 곧아지고 쇠붙이가 숫돌을 통해 날카로움을 갖는 것처럼 군자가 날로 지식을 넓히고 반성하면 지혜가 밝아지고 행동에 그릇됨이 없을 것이다.

먹을 가까이 하면 검어진다. 예를 가까이 하면 예를 갖춘 사람이 된다. 그러나 그것을 놓아버리는 순간 예와 멀어진다. 사람다움을 포기하는 순간 사람은 괴물이 된다. 순자는 우리에게 마음속 심연에 있는 괴물과 맞서 싸우라고 한다. 순자는 전국시대 제자백가의 여러 학설을 비판하면서 핵심을 섭취했다. 그래서 중국의 고대 사상을 집대성한 학자로 평가받고 있으며, 그 점에서 서양의 아리스토텔레스와 비교된다. 순자가 지은 《순자(荀子)》는 고대 중국의 저작 가운데 보기 드물게 논리적이고 체계적인 글이다. 《논어》와 《맹자》는 대화체이고 《도덕경》은 운문체인 반면에 《순자》는 체계적으로 써내려간 논문 모음집 형식을 취하고 있다.

인간은 악하다. 그러나 의지가 있다

순자의 사상을 이해하려면 성악설에서 시작해야 한다. 성악설은 인간을 부정하는 학설일까? 그렇지 않다. 순자는 인간을 긍정한다. 그런데 왜 인간의 본성이 악하다고 했을까? 순자는 말한다.

인간은 나면서부터 이익을 추구하기 마련이므로, 그대로 내버려두면 서로 싸우고 빼앗아 양보란 있을 수 없다. 나면서부터 남을 미워

하고 시기하게 마련이므로, 그대로 내버려두면 남을 해치고 상하게 할 줄만 알 뿐, 신의나 성실성은 없을 것이다. …… 사람은 배고프면 배불리 먹고 싶고, 추우면 따뜻하게 입고 싶으며, 고단하면 쉬고 싶어 한다. 그런데 배고파도 먼저 먹지 못하는 것은 어른에게 양보해야 하기 때문이다. …… 사람이 착한 일을 하고자 하는 것은 그 본성이 악하기 때문이다. 박하면 후하기를 원하고, 추하면 아름답기를 원하며, 좁으면 넓기를 원하고, 가난하면 부유하기를 원하며, 천하면 귀하기를 원하는데, 자기 속에 없는 것은 반드시 밖에서 구하고자 한다. 부유해지면 재물을 원치 아니하고, 귀해지면 권세를 원치 않게 되는 것이니, 사람은 자기 속에 있는 것은 절대로 밖에서 구하려 하지 않는다.

순자와 맹자는 인간의 본성을 정반대로 파악했다. 똑같은 인간의 모습을 보면서도 서로 세상을 바라보는 관점이 달랐기 때문이다. 맹자가 인간의 본성을 선하다고 주장한 이유는 전국시대의 황폐화된 인간성에 반대하면서 사람들에게 새로운 희망을 불어넣기 위해서였다. 반면 순자는 현실을 있는 그대로 관찰했다. 현상적으로 보면 인간은 분명 사악한 요소가 많다. 전국시대 같은 약육강식의 시대에는 악한 인간의 모습이 더욱더 두드러지게 나타난다. 그러나 순자의 문제의식은 '인간의 본성은 악하다'는 사실의 규명이 아니었다. 순자가 강조한 것은 인간의 본

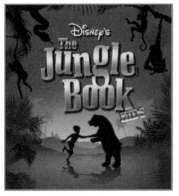

키플링의 《정글북》

성은 악하기 때문에 이를 바로잡을 수 있도록 노력하자는 것이었다.

인간의 본성이 바뀌는 방법

키플링의 소설 《정글북》에서 모글리는 늑대에게 키워져 늑대처럼 행동하고 늑대처럼 울부짖는다. 아기가 태어나 인지능력이 생기면 자신을 키워주는 부모의 행동을 따라 한다. 누구를 모델로 삼느냐에 따라 아기는 전혀 다른 사람이 된다. 순자는 사람이 후천적인 교육에 의해 달라진다고 이야기한다. 그렇다면 무엇으로 사람을 교화할 것인가? 순자는 그 방법으로 '예'를 제시한다.

예는 무엇 때문에 생긴 것인가? 사람은 태어나면서부터 욕망이 있다. 그래서 욕망을 채우지 못하면 욕망을 추구하지 않을 수 없다. 그러나 욕망을 추구하는 데는 절제와 한계가 없으니 다툼이 일어난다. 다투면 사회가 혼란하게 되고 사회가 혼란하면 어려운 상황이 생기게 된다. 선왕들이 이러한 혼란을 싫어하여 예의를 제정했다. 예로써 분별하게 하고 사람들의 욕망을 길들였으며 사람들이 바라는 바

를 공급해 주었다. …… 그래서 예가 생겨났다.

예는 사람을 악한 마음에서 벗어나게 해준다. 욕망을 길들여 함께 사는 세상을 만들어준다. 그리고 예를 어떻게 닦느냐에 따라 사람은 달라진다. 순자는 말한다. "거리를 지나는 사람도 모두 우임금처럼 될 수 있다. 우가 임금이 된 까닭은 인의와 올바른 규범을 실천했기 때문이다. 인의와 올바른 규범은 누구나 알 수 있고 또 할 수 있는 도리다. 따라서 모든 사람이 인의와 규범을 알 수 있는 소질과 실천할 수 있는 재능을 가졌으니, 누구든 다 우임금처럼 될 수 있음은 분명하다."

순자는 예를 통해 인간의 마음과 행동을 규제하고 이끌어야 한다고 했다. 더 나아가 '예의 정치'를 주장했다. 순자가 말하는 예는 공자의 예와 조금 다르다. 공자의 예는 주나라 주공(周公)이 만든 고대의 예이고, 주로 사대부 이상의 사람들을 중심으로 한 예였다. 반면 순자의 예는 무조건 고대의 예는 아니었다. 왜냐하면 고대의 예는 현실에 맞지 않을 수 있기 때문이었다. 또한 순자의 예는 모든 사람들에게 적용된다. 이런 면에서 순자가 말하는 예의 정치는 공자보다 훨씬 '현실적이고 포괄적'이다.

동양의 순자,
서양의 아리스토텔레스

순자의 사상은 일찍부터 고대 그리스의 철학자 아리스토텔레스와 비교되었다. 아리스토텔레스는 고대 그리스 철학을 집대성한 사람으로 서양 사상에 결정적인 영향을 미쳤다. 두 사람의 주장을 비교해보자. 순자가 말하길, "물과 불은 기는 있지만 생명이 없고, 초목은 생명은 있지만 지각이 없으며, 짐승은 지각은 있지만 예의가 없으니, 오직 사람만이 기도 있고 생명도 있으며 지각도 있고 예의도 있다. 그러므로 천하에서 가장 귀한 것이다. 그러나 힘으로 말하면 소를 당할 수 없고, 달리기로 말하면 말을 당하지 못하는데, 그럼에도 말과 소를 부리니 어째서인가? 사람은 무리를 지을 수 있으나 소나 말은 그러지 못하기 때문이다. 사람은 어째서 무리를 지을 수 있는가? 상하의 분별이 있기 때문이다. 상하의 분별은 어떻게 이루어지는가? 의에 의해서 분별된다. 의로써 분별하면 조화가 서고, 조화가 서면 하나가 된다. 하나가 되면 힘이 증가하고, 힘이 증가하면 강해지고, 강해지면 만물을 이기니, 그래서 집을 지어 안거할 수 있는 것이다". 순자는 인간이 동물과 달리 집단을 이루고 사회를 구성하며, 그곳에서 제도, 즉 '예'를 만들고 국가를 구성한다고 주장한다.

아리스토텔레스가 《정치학(Politika)》에서 말하길, "인간은 태어날 때

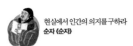

부터 정치적 동물이다. …… 어째서 인간이 모든 동물들, 꿀벌이나 군집생활을 하는 동물들보다 한층 더 정치적인가는 분명하다. …… 동물 중에서 언어를 가지고 있는 것은 오로지 인간뿐이기 때문이다. 단순한 소리라면 그것은 기쁨이나 괴로움을 표시하는 징표이기 때문에 다른 동물들도 마찬가지로 가지고 있다. …… 그러나 언어는 유리한 것이나 해로운 것, 올바른 것과 그렇지 못한 것을 분명하게 하기 위해서 존재하는 것이다. 왜냐하면 선과 악, 올바름과 사악함 등에 대해서 지각을 가진다는 점이 다른 동물에 비해서 인간에게만 고유한 것이기 때문이다. 가정이나 국가를 만들 수 있는 이유는 선과 악 등에 관한 공통된 지각을 가지고 있기 때문이다". 아리스토텔레스는 사람이 다른 동물에 비해서 우월할 수 있는 이유가 사회와 국가를 구성하여 생활하기 때문이라고 말한다.

문제 제기 방식, 논증 방법에서 순자와 아리스토텔레스는 매우 비슷하다. 내용만 비슷한 것이 아니라 순자가 중국 사상사에서 차지하는 위치와 아리스토텔레스가 서양 사상사에서 차지하는 위치 역시 비슷하다.

제자백가의 핵심을 섭취하다

순자는 유학의 실천 도덕에 합리성을 부여하면서 다른 사상을 종합했다. 그런 면에서 순자의 사상은 유학의 한 갈래다. 하지만 순자의 사상은 공자에서 맹자로 이어지는 '전통 유학'과 다르다. 전통 유학을 계승한 부분도 있고 그러지 않은 부분도 있다. 성악설이 그 하나다. 순자의 사상이 전통 유학과 또 다른 점은 '하늘에 대한 사상'이다. 전통 유학에서 하늘은 인격자다. 인간에게 본성을 부여하고 통치의 원리와 정통성을 부여해주는 존재다. 이 때문에 천재지변이 나타나면 하늘이 노했다고 하면서 불안해한다. 비가 오지 않으면 하늘에 제사를 지낸다. 반면 순자는 인격자로서 하늘을 부인한다. 천재지변은 자연현상에 불과하다. 모든 것은 인간의 손에 의해 결정되는 것이지 하늘이 인간의 삶을 주재한다는 것은 미신에 불과하다.

순자는 유학사에서 '찬밥' 신세였다. 특히 송나라 때 주희가 성리학(性理學)을 완성하면서 순자의 학설은 이단시되었다. 그러나 우리는 오히려 순자에 대한 사마천의 평가에 귀를 기울일 필요가 있다.

순자는 혼탁한 세상의 정치, 대도를 따르지 않고 미신에 몰두하며 길조와 흉조 따위나 믿음으로써 나라를 망치는 무도한 군주가 연이어 나타나는 것을 증오했다. 천박한 유학자들은 소견이 좁았고, 장자 같은 사람들은 호방한 척하면서 풍속을 어지럽히고 있었다. 그래서 순자는 유학, 묵가, 도덕가의 실천상 장단점을 논하여 수만 자에 달하는 전서를 남겼다.

현실에서 인간의 의지를 구하라
순자 《순자》

순자는 인간이 이기적 존재이기 때문에 인간의 마음과 행동을 예의를 통해 규제하고 이끌어야 한다고 주장했다. 반면 맹자는 인간의 본성이 선하기 때문에 스스로 깨달아 본성을 찾으려고 노력하면 선해질 수 있다고 했다. 다음의 두 글을 읽고 인간의 본성에 대해 생각해보자.

◆ ◆ ◆

예는 무엇 때문에 생긴 것인가? 사람은 태어나면서부터 욕망이 있다. 그래서 욕망을 채우지 못하면 욕망을 추구하지 않을 수 없다. 그러나 욕망을 추구하는 데는 절제와 한계가 없으니 다툼이 일어난다. 다투면 사회가 혼란하게 되고 사회가 혼란하면 어려운 상황이 생기게 된다. 선왕들이 이러한 혼란을 싫어하여 예의를 제정했다. 예로써 분별하게 하고 사람들의 욕망을 길들였으며 사람들이 바라는 바를 공급해주었다. 욕망이 세상에 미치지 못하게 하고 세상이 욕망에 굴복하지 않게 하여 욕망과 세상이 서로 조화롭게 발전하게 했다. 그래서 예가 생겨났다. 그러므로 예는 가르치는 것이다.　－순자, 《순자》 〈예론(禮論)〉 중에서

◆ ◆ ◆

인간의 선함은 물이 아래로 흐르는 것과 같다. 선하지 않은 사람이 없고 아래로 흘러가지 않는 물이 없다. — 맹자, 《맹자》〈고자장구(告子章句)〉 중에서

사람이라면 누구나 남에게 차마 하지 못하는 마음이 있다. 옛날 임금들은 차마 하지 못하는 마음이 있었기 때문에 차마 하지 못하는 정치가 있었다. 남에게 차마 하지 못하는 마음으로 차마 하지 못하는 정치를 하면 천하를 다스리는 일은 손바닥 위에서 물건을 굴리는 것처럼 쉬운 일이 될 것이다. 사람마다 남에게 차마 하지 못하는 마음이 있다는 것은 어린아이가 우물에 빠지려는 것을 보는 순간 모두들 겁을 먹고 측은한 마음이 생기는 것에서 알 수 있다. 그런 마음이 생겨나는 이유는 그 어린아이의 부모와 친교를 맺으려 하기 때문이 아니다. 동네 사람들과 벗들에게 칭찬을 받으려고 하기 때문도 아니다. 그 아이가 지르는 소리가 듣기 싫어서 그런 것도 아니다. 이로 미루어보건대 측은하게 여기는 마음이 없으면 사람이 아니고, 부끄러워하는 마음이 없어도 사람이 아니다. 또한 사양하는 마음이 없어도 사람이 아니고 시비를 가리는 마음이 없어도 사람이 아니다.

— 맹자, 《맹자》〈공손추장구(公孫丑章句)〉 중에서

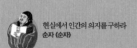

현실에서 인간의 의지를 구하라
순자 《순자》

11

지켜지지 않는 원칙은 변칙일 뿐이다

한비자 《한비자》

서울대 사상고전 100선에 선정된 핵심 포인트

55편으로 구성. 크고 작은 모든 사회적 갈등(예, 범죄, 전쟁 등)의 궁극적 해소를 위하여 한비자는 '절대 국가의 공권력' 창출을 요청했다. 주관성(사적 이해관계)이 개입될 소지가 있는 온정적 인물 정치를 극력 배격하고, 특히 '관료주의에 의한 국가 권력의 농단' 가능성에 주목하여 군주에 의한 관료들의 통제술[법술(法術)]을 천착하고, 객관적 법도에 의한 엄격한 법치[법(法)]를 통한 군주의 절대 공권력[세(勢)]의 확보를 말하는, '기계적, 전체주의적 국가 공리주의'의 전형을 우리는 《한비자》에서 만나게 된다.

─ 송영배 서울대학교 명예교수

시기심 때문에 죽다

진나라가 한나라를 공격했다. 중국 전국시대, 하루도 전쟁이 그치지 않았던 시대이지만 이번 전쟁은 목적이 별났다. 진시황(秦始皇)이 한나라의 학자 한비자(韓非子, BC 280?~BC 233)를 만나고 싶어 전쟁을 일으켰던 것이다. 일전에 진시황은 우연히 한비자가 쓴 〈고분(孤憤)〉과 〈오두(五蠹)〉를 보았다. "아아! 과인이 이것을 지은 사람을 만나 함께 사귈 수 있다면 죽어도 한이 없겠구나!" 그래서 진시황은 즉각 한나라를 공격하도록 명령했다. 한나라 왕은 당초 한비자를 등용하지 않았으나 위급해지자 한비자를 진나라에 사신으로 보냈다. 진시황을 설득하여 전쟁을 중단시키기 위해서였다. 진시황은 한비자를 보고 무척 기뻐했다. 이때 한비자와 같이 순자 밑에서 공부했던 이사(李斯) 등이 진시황에게 말했다. "한비자는 한나라의 공자입니다. 지금 왕께서 제후를 병탄하고자 하시는데, 한비자는 끝내 진나라를 위해 일할 사람이 아닙니다. 그것이 사람의 정입니다. 지금 왕께서 한비자를 등용하지 않고 오래 붙잡아두었다가 돌려보내신다면 후환을 남기는 일입니다. 죄를 걸어 처형하느니만 못합니다."

들고 보니 맞는 말이었다. 그래서 진시황은 한비자를 하옥시켜 죄를 묻게 했다. 그때 이사는 한비자에게 약을 보내 자살하게 했다. 한비자는

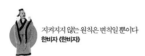

지켜지지 않는 원칙은 변칙일 뿐이다
한비자 《한비자》

자신의 억울함을 개진하려고 했으나 끝내 뜻을 이루지 못하고 죽었다. 얼마 후 진시황은 한비자를 하옥시킨 것을 후회하여 사면하려고 했다. 그러나 이미 한비자는 죽은 후였다. 이렇게 대학자 한비자는 동창생인 이사에 의해 타국 감옥에서 쓸쓸하게 죽어갔다. 자신이 품었던 웅장한 뜻을 한 번도 펼치지 못하고 말이다.

사마천의 《사기》에 실린 한비자의 최후다. 사마천은 한비자를 한마디로 이렇게 평가했다. "말을 더듬어 자신의 주장을 말로는 잘 표현하지 못했으나 저술은 잘했다." 글을 잘 쓴다는 한비자가 쓴 책이 《한비자(韓非子)》다. 한비자는 일찍이 이사와 함께 순자의 문하에서 배웠다. 그때 이사는 자기가 한비자만 못하다고 스스로 인정했다고 한다. 이사가 한비자를 죽인 것은 자기보다 뛰어난 사람에 대한 시기심 때문이었다.

동양의 마키아벨리, 아니 그보다 더 뛰어난

한비자는 흔히 서양의 마키아벨리(Niccoló Machiavelli)와 비교된다. 마키아벨리는 서양 정치사상사에서 현실주의 사상가로 유명하다. 마키아벨리는 다섯 개의 나라로 분리되어 혼란을 겪던 이탈리아의 부국강병을 위해 여러 방안을 제시했다. 그런데 마키아벨리가 《군주론(Il principe)》에서 보여준 관점과 실례들은 '도덕주의자의 관점'에서 보면 냉혹하기

그지없었다. 마키아벨리는 나라를 지키기 위해 배신도 잔인함도 필요하다고 했다. 나라를 위해서 악행을 서슴지 말라는 마키아벨리의 사상을 수많은 학자들이 비판했다. 한동안 《군주론》은 금서가 되기까지 했다. 그러나 마키아벨리의 사상 뒤에는 암담한 현실을 타개해보려는 애국의 의지가 있었다.

한비자에 대한 평판도 마키아벨리에 대한 평가와 비슷한 점이 많다. 《한비자》는 조국 한나라의 앞날을 걱정하면서 어떻게 조국을 강대국으로 만들 것인가를 고민한 결과물이다. 전국시대의 막바지에 한비자의 조국 한나라는 점차로 국력을 상실하여 거의 망하기 직전이었다. 이런 상황에서 조국을 진심으로 걱정하는 사람이라면 어떤 방책을 내놓겠는가? 당연히 현실 인식은 냉정할 수밖에 없다. 위기에 처한 조국을 살리기 위해서는 '인의의 정치', '예의 정치'를 주장할 수 없었다. 한비자의 사상은 이런 객관적인 조건에서 나왔다.

법을 엄격히 펴나가라

한비자는 현실을 아주 냉정하게 바라보았다. 한비자는 일관되게 군주의 중요성을 강조했다.

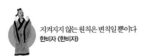

지켜지지 않는 원칙은 변칙일 뿐이다
한비자 《한비자》

만물에 귀중한 것이 많지만 나라와 백성을 다스리는 군주의 몸이 가장 귀중하다. 군주의 지위는 지극히 높다. 군주의 위엄은 매우 중요하다. 군주의 세력은 매우 융성하다. 이 네 가지는 다른 것과 비교될 수 없고 다른 곳에서 찾을 수도 없으며 다른 이에게 의지할 수도 없다. 그러므로 스스로 잘 생각하여 분별이 생기면 군주의 지위를 지킬 수 있고 나라를 편안하게 할 수 있다.

군주가 귀한 이유는 신하가 따르기 때문이다. 군주는 먼저 자신의 존귀함을 자각해야 한다. 군주의 명에 신하는 복종한다. 복종하지 않는다면 군주는 위엄을 잃는다. 군주는 신하의 생사여탈권을 쥐고 있다. 등용하느냐 버리느냐는 군주에 달렸다. 그러므로 나라를 강하게 하고 나라를 안정시키기 위한 가장 중요한 주체는 군주다. 그래서 한비자는 군주의 중요성을 역설한다. 그럼 군주는 무엇에 의지해야 하는가? 참담한 현실을 바꾸기 위해 어떤 원칙을 세워야 하는가? 한비자는 객관적이고 포괄적인 법을 통치의 근거로 천명한다. 질서가 무너지고 자의적인 살인이 횡행하던 그때 사회를 유지하고 백성을 보호하는 방법은 법을 세우는 것이었다.

그러나 법을 세움에는 원칙이 있어야 했다. 법은 성인이나 옛 제도에 근거해 만들어져서는 안 된다. 중요한 것은 현재다. 법은 객관적이어야 한다. 누가 보아도 명확해야 하고 분명해야 한다. 법의 적용은 신분이나 직책에 구애받지 말고 누구에게나 공평해야 한다. 그래야만 의미를 가질 수 있다. 한비자는 상앙(商鞅)의 예를 들어 자신의 주장을 폈다.

진나라를 돌아보면 신하들은 법을 지키지 않았고 자신의 이익을 챙겼다. 까닭에 나라는 황폐하고 군사는 약해졌다. 군주는 힘을 잃으니 신하들은 명령을 듣지 않았다. 까닭에 상앙은 군주인 효공(孝公)에게 나라의 법과 관습을 고치고 군주의 길을 바로하며 죄지은 자를 발고하는 사람에게 상을 주고 생업을 등한히 하는 사람에게 벌을 주며 농업을 장려하게 했다. 그러나 이러한 개혁은 처음엔 잘 지켜지지 않았다. 그때 진나라에서는 죄가 있어도 뇌물로 죄를 면할 수 있었고, 공이 없어도 힘 있는 신하의 비위에 들어맞으면 출세할 수 있었다. 까닭에 법을 무시하고 죄를 짓는 자가 많았다. 이에 상앙이 법을 어긴 자는 가차 없이 처벌하고 다른 사람의 죄를 발고한 자에게는 상을 내리자 백성들이 감히 법을 어기려 하지 않았다. 엄격한 법 적용에 벌을 받는 자가 늘어나니 백성들은 상앙을 원망했다. 그 소리가 군주인 효공에게 이르렀지만 오히려 효공은 상앙을 더욱 신임하고 그 법을 엄격히 펴나갔다. 백성들은 죄를 지으면 벌을 받음을 알게 되고 간악을 발고하니 죄짓는 자와 벌 받는 자가 줄어들었다.

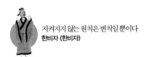
지켜지지 않는 원칙은 변칙일 뿐이다
한비자 《한비자》

군주의, 군주에 의한, 군주를 위한 나라

국가가 강해지려면 무엇보다 왕권이 강해져야 한다. 법도 실제로 강한 왕이 없으면 만들어질 수도 적용될 수도 없다. 이 때문에 한비자는 절대적 왕권을 주장한다. 또한 절대적 왕권의 실현을 위해 '형명동참(刑名同參)'과 '신상필벌(信賞必罰)'의 방법을 제시한다. 형명동참이란 신하들을 평가할 때 신하들이 말한 것과 실제 이루어놓은 것을 대조해서 평가한다는 뜻이다. 모든 신하들을 엄격하게 이 원칙에 근거해서만 평가하고, 그 평가에 근거하여 잘한 자는 상을 주고 못한 자는 반드시 벌을 준다. 이것이 신상필벌이다. 이렇게 하면 신하들은 함부로 말을 못 하고, 또 맡은 일에는 최선을 다하게 된다.

왕권을 유지하고 나라를 바로 세우는 방법은 신하를 잘 부리는 것이다. 잘 부리려면 공정해야 한다. 그 시작이 죄를 지은 자에게 벌을 주고 공을 세운 자에게 상을 주는 것이다. 공정은 말처럼 쉽지 않다. 때문에 한비자는 공정을 무엇보다 강조한다.

> 명민한 군주는 그 신하를 기름에 반드시 법으로써 한다. 신하를 바로잡음에 책임을 묻는다. 때문에 아무리 어질고 평판이 높다 하여도 죄가 있으면 그 죄를 용서하지 말아야 하고, 큰 죄가 있으면 사형에 처

하고 비록 작은 죄라 할지라도 벌을 내려야 한다. 형벌을 내림에 죽을죄를 면해주거나 용서해주면 군주의 힘은 약해지고 나라도 위험에 처하게 되며 나라에 권세를 잡는 자가 나타나게 된다.

이밖에도 온갖 방법을 동원해서 신하를 통제해야 한다. 왕은 자신의 의중을 철저하게 감추어야 하고, 시험하기 위해서 일부러 신하에게 아는 것을 물어봐야 한다. 이 사람과 저 사람을 서로 비교 평가하고, 가끔 거짓말로 신하를 떠보기도 해야 한다. 왕은 자신을 드러냄에 신중해야 한다. 왕이 자신을 드러내면 신하는 왕의 뜻에 영합하려 한다. 군주가 먼저 의견을 말하면 아첨하려 한다. 신하의 의견을 듣고 좋은 것을 쓰고 신하가 스스로 자신의 일에 최선을 다하도록 하는 것이 왕의 도다. 군주가 자신을 드러내지 않으면 신하는 그 마음을 몰라 자신의 능력을 모두 발휘할 수밖에 없다.

다양한 학파의 장점을 취하다

한비자는 다양한 학설을 연구했다. 순자에게서 객관적인 현실 인식, 합리주의적 정신, 법에 가까운 개념으로서 예에 대한 인식 등을 배웠다. 노자와 장자의 사상에서 '무위이무불위(無爲而無不爲)의 정치술', '우민

정치' 등을 배웠다. '무위이무불위'란 하지 않지만 못할 것이 없다는 뜻이다. 왕이 하지 않는 것처럼 보이지만 하지 못할 것이 없는 정치라는 말이다. 한비자는 '형명법술(刑名法術)'의 학을 깊이 연구하고 좋아했다. 여기서는 부국강병의 정치술로서 엄격한 법에 의한 통치, 신하를 부리는 방법 등을 받아들였다. 이처럼 한비자는 당시에 존재했던 다양한 학파의 사상을 깊이 연구하고 장점을 취했다.

한비자는 원래 '한자(韓子)'라고 불렸다. 그러나 송나라 때 책 이름이 《한비자》로 바뀌었다. 당송 팔대가의 한 사람으로 필명이 높았던 한유(韓愈)가 '한자'로 불렸기 때문이다. 송나라 때 유학의 세력이 커지면서 법가였던 한비자가 한유에게 밀려 원래의 이름을 빼앗겼던 것이다.

생각 플러스

한비자는 약소국에서 태어난 백성으로서 부국강병에 대한 열망을 밝혔다. 우리나라의 독립운동가 김구는 나라를 잃은 식민국가에서 조국의 독립을 위해 싸우며, 한없이 문화가 융성한 국가를 꿈꾸었다. 두 사람의 글을 읽고 진정으로 '강한 국가'란 무엇인지를 생각해보자.

· · ·

성인이 나라를 다스림에 세 가지 방법이 있다. 첫째는 이로움이다. 아랫사람에게 이롭게 함으로써 나라를 위함에 힘을 다하도록 하는 것이다. 둘째는 권위다. 상벌을 분명히 함으로써 아랫사람이 사사로이 개인의 이익을 도모하지 못하게 하는 것이다. 셋째는 명분이다. 법을 바로 세워서 위와 아래가 침범하지 못하게 하는 것이다. 이 세 가지를 중히 여기면 나라는 반드시 잘 다스려질 것이다.

— 한비자, 《한비자》〈궤사(詭使)〉 중에서

명민한 군주는 그 신하를 기름에 반드시 법으로써 한다. 신하를 바로잡음에 책임을 묻는다. 때문에 아무리 어질고 평판이 높다 하여도 죄가 있으면 그 죄를 용서하지 말아야 하고, 큰 죄가 있으면 사형에 처하고 비록 작은 죄라 할지라도 벌을 내려야 한다. 형벌을 내림에 죽을죄를 면해주거나 용서해주면 군주의 힘은 약해지고 나라도 위험에 처하게 되며 나라에 권세를 잡는 자가 나타나게 된다. — 한비자, 《한비자》〈애신(愛臣)〉 중에서

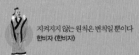

지켜지지 않는 원칙은 변칙일 뿐이다
한비자 《한비자》

나는 우리나라가 세계에서 가장 아름다운 나라가 되기를 원한다. 가장 부강한 나라가 되기를 원하는 것은 아니다. 내가 남의 침략에 가슴이 아팠으니 내 나라가 남을 침략하는 것을 원치 아니한다. 우리의 경제력은 우리의 생활을 풍족히 할 만하고 우리의 군사력은 남의 침략을 막을 만하면 족하다. 오직 한없이 가지고 싶은 것은 높은 문화의 힘이다. 문화의 힘은 우리 자신을 행복하게 하고 나아가 남에게 행복을 주겠기 때문이다. 지금 인류에게 부족한 것은 무력도 아니요, 경제력도 아니다. 자연과학의 힘은 아무리 많아도 좋으나 인류 전체로 보면 현재의 자연과학만 가지고도 편안히 살아가기에 넉넉하다. 인류가 현재 불행한 근본 이유는 인의가 부족하고 자비가 부족하고 사랑이 부족한 때문이다. 이 마음만 발달이 되면 현재의 물질력으로 20억이 다 편안히 살아갈 수 있을 것이다. 인류의 이 정신을 배양하는 것은 오직 문화다. 나는 우리나라가 남의 것을 모방하는 나라가 되지 말고 이러한 높고 새로운 문화의 근원이 되고 목표가 되고 모범이 되기를 원한다. 그래서 진정한 세계의 평화가 우리나라에서 우리나라로 말미암아서 실현되기를 원한다.

-김구, 〈나의 소원〉 중에서

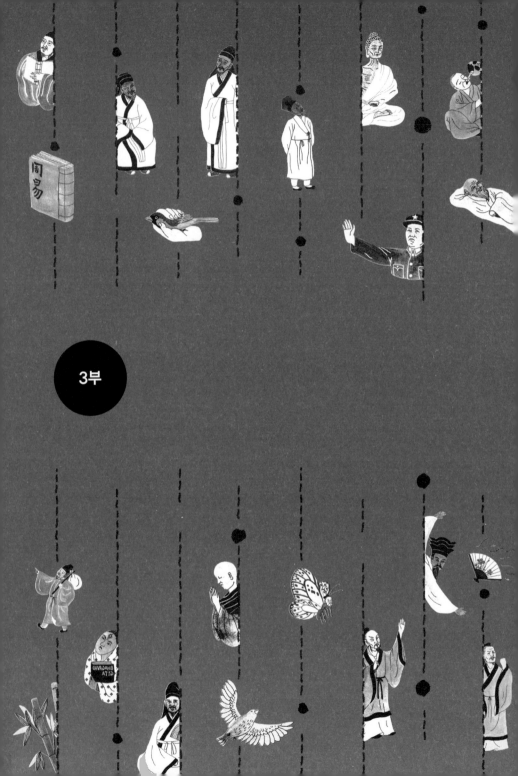

3부

세상의 배꼽

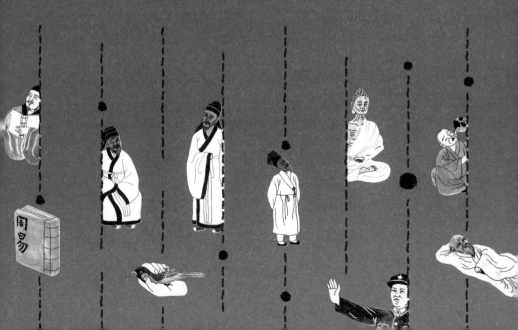

하늘에 떠 있는 수많은 별을 보며 "저 많은 별들이 어떻게 생겨 난 것일까?" 하는 의문을 가지게 된다. 이 의문은 인류가 이 세상에 탄생했을 때부터 시작되었다. 중국 신화에 따르면 이 세계는 원래 달걀처럼 생겼 고 그 안에 음과 양의 기운이 가득 차 있었다고 한다. 그런데 반고(盤古)가 나타 나 알껍데기를 깨자 하늘과 땅 그리고 별이 생겨났다. 이 신화는 우주 만물이 음 과 양의 기운에서 생겼음을 말해준다.

고대 그리스에서는 철학자들이 우주 만물은 물, 불 등과 같은 물질에서 시작되었 다고 주장했다. 우주 만물의 근원을 무엇으로 보느냐에 따라 세계관이 달라진다. 우주 만물의 근원을 물로 보는 사람과 불로 보는 사람은 물과 불의 관계처럼 서 로 타협하기가 쉽지 않다.

3부에서는 《주역》을 비롯해서 성리학자 네 명의 글인 주희의 《근사록》, 서경덕의 《화담집》, 이황의 《성학십도》, 이이의 《성학집요》를 해설했다. 《주역》은 우주 만 물이 음과 양의 두 기(氣)가 운동하여 생겨났다고 한다. 성리학자들은 이런 생각 에 동의한다.

성리학은 이(理)와 기로써 우주 만물의 근원을 설명한다. 성리학자들은 '우주 만 물은 기로 이루어져 있고, 음과 양의 기가 운동하여 만물이 생겨났다'는 점에서 는 같은 생각을 가지고 있다. 그러나 이와 기가 어떤 관계인가 하는 점에서 의견 이 달라진다. 전통적 성리학자들은 이가 기와 다른 별도의 존재이고 이가 기를 낳았다고 말한다. 이 점에서는 주희, 이황, 이이의 입장이 같다. 이때의 이는 우 주, 사회, 인간을 관통하는 이치를 말한다. 우주와 사회의 이상적 질서, 인간이 가진 순수한 마음 등이 모두 이에 해당한다. 그런데 이가 움직여 작용할 수 있는 가라는 질문으로 가면 의견이 갈라진다. 주희와 이이는 이가 움직이지 않는다고 생각한 반면에 이황은 움직인다고 보았다. 서경덕은 아예 이가 존재하지 않는다고 보았다. 존재하는 것은 오로지 기뿐이다. 서경덕은 이란 기가 운동하는 원리, 법칙에 불과하다고 말한다. 존재하는 것은 사물일 뿐이지 어찌 운동의 원리와 법칙이 사물과 별도로 존재할 수 있겠는가.

성리학자들은 이와 기로 우주 만물의 근원을 설명하면서 자기 시대의 문제와 치열하게 부딪치고 현실의 문제를 해결하고자 했다. 이를 앞세우는 것은 이상적 세계를 지향한 이상주의자의 입장이었다. 반면에 기를 앞세우는 것은 현실의 개혁을 주장한 현실주의자의 입장이었다. 이들 사이에 현실 문제의 해법을 둘러싼 치열한 논쟁이 벌어졌다. 성리학의 이기 논쟁을 공리공론으로 치부하는 경향이 있다. 일제강점기에 일본의 어용학자들이 조선의 전통을 왜곡하고 일제의 식민 통치를 합리화하고자 그렇게 치부했다. 오늘날까지도 그런 인식이 남아 있는 것은 우리 시대가 아직도 일제 식민지 잔재를 청산하지 못했음을 증거하는 것이리라.

12

변화는 어떻게 이루어지는가
《주역》

서울대 사상고전 100선에 선정된 핵심 포인트

《주역》은 원래 중국 고대 주(周: 기원전 11~9세기) 이래 점치는 데 쓰인 책이다. 그 최초의 체계인 《역경(易經)》은 기원전 11세기경에 기본 틀을 갖추었다. 그리고 기원전 3세기 한(漢) 초에 10편의 주석서 [10익(十翼)]가 마련되면서 《역전(易傳)》으로 확정되었다. 우주와 사회 변화의 총 원리인 태극(太極)과 그것을 움직여나가는 상보·대립적인 두 계기인 양(陽)과 음(陰)의 조합과 배열의 순서에 의해 자연 세계와 인간 세계의 변화를 설명하는 《역전》은 중국적 사유체계를 이해하는 데 필수적인 책이다.

－송영배 서울대학교 명예교수

《주역》,
점치는 책인가

이순신의 명량대첩은 세계 해전사의 금자탑이다. 12척의 배로 133척의 적선에 맞서 31척을 격파한 전투가 명량대첩이다. 이런 승리도 놀랍지만 이순신이 7년간 임진왜란의 일상을 낱낱이 기록하여 《난중일기(亂中日記)》를 남겼다는 사실이 더욱 놀랍다. 세계의 어떤 장군도 이런 기록을 남기지 못했다. 그런데 《난중일기》에 보면 《주역》으로 점을 치는 이야기가 자주 등장한다. 1596년 1월 10일 《난중일기》는 이렇게 기록한다. "맑은 날이었지만 서풍이 강하게 불었다. 적이 나타날지 안 나타날지를 알아보기 위해 점을 쳤다. '임금을 보고 모두 기뻐하는 것과 같다'는 좋은 괘가 나왔다." 점을 친다는 것은 하늘의 뜻을 물어보기 위함이다. 하늘의 뜻을 물어본다는 것은 어쩌면 인간의 겸허함인지도 모른다. 모든 것을 인간의 마음대로 할 수 있다는 오만이 가득하다면 점을 칠 이유가 없다.

《주역》은 가장 오래된 점치는 책이다. 그러나 단순히 점만 보는 책으로 이해해서는 안 된다. 《주역》에는 세상을 살아가는 지혜와 철학이 담겨 있다. 프로이트(Sigmund Freud)의 제자로 잘 알려진 세계적인 심리학자 카를 융(Carl Gustav Jung)은 30년 동안이나 《주역》을 연구했다. 융은 《주역》 서문에 이렇게 썼다. "내가 이 일을 시작한 이유는 고대 중국의

카를 융

사유 방식이 눈에 보이는 것 이상을 가지고 있다고 나 스스로 생각하기 때문이다." 《주역》에는 눈에 보이는 것 이상의 것이 있다. 융은 《주역》이 지혜를 사랑하고 진정으로 자기를 알려는 사람에게 알맞은 책이라고 했다. 《주역》은 철두철미하게 자신을 알 것을 주장하는 책이다. 경박한 사람이나 미숙한 사람을 위한 책도 아니고 합리적인 지식인을 위한책도 아니다. 자기가 하는 일을 깊이 생각하려고 노력하는 사람, 즉 성찰하는 사람에게만 적합한 책이다.

《주역》을 만나는 일은 어렵지 않다. 척전법(擲錢法)을 사용하면 된다. 100원짜리 동전을 꺼내 던져보라. 앞면이 나오면 양이라 하고 뒷면이나오면 음이라고 하자. 여섯 번을 던져서 차례대로 음(──)과 양(+)을 기록한다. 모두 양이 나오면 건위천(乾爲天) 괘이고, 모두 음이 나오면 곤

위지(坤爲地) 괘이며, 세 번 음이 나오고 세 번 양이 나오면 천지비(天地否) 괘다. 《주역》에서 이들 괘에 대한 설명을 찾아 읽으면 된다. 그런데 그 의미를 이해하기 쉽지 않다. 그래서 그냥 읽어서는 그 온전한 의미를 체득할 수 없다. 오직 깊은 고뇌가 있어 그 고뇌를 호소해야만 《주역》은 자신의 음성을 들려준다.

우리가 읽기 나름이다

공자는 평생에 걸쳐 《주역》을 연구했다. 얼마나 《주역》을 자주 보았던지 책을 묶은 가죽 끈이 세 번 떨어졌다. 공자는 평생의 연구 성과를 《주역계사전(周易繫辭傳)》으로 남겼다. 공자는 《주역》의 효능에 대해 이렇게 말했다. "《주역》에는 성인의 도가 네 개 있다. 《주역》을 이용해 말하려는 자는 그 풀이를 숭상하고, 《주역》을 이용해 움직이려는 자는 그 변화를 숭상하고, 《주역》을 이용해 도구를 만들려는 자는 그 모양을 숭상하고, 《주역》을 이용해 미래를 알려는 자는 그 점을 숭상한다."

공자는 《주역》의 효능이 다양함을 말한다. 그러나 좁혀서 보면 두 가지로 이해할 수 있다. 《주역》은 인간사에 대한 철학적 성찰을 위한 책이거나 아니면 미래 사건에 대한 예측을 위한 책이다. 《주역》에 대해 "지나간 것을 통해 미래를 살피고, 미미한 것과 그윽한 것을 드러내며, 마땅한 이름을 지어 분별하여 말을 바로 하고 사를 판단하면 갖추어진다" 라고 하는 평가가 있다. 이 평가에 따르면 《주역》은 인간사를 성찰하는 철학적 사유다. 그런가 하면 "시초(점에 쓰이는 톱풀이나 대나무)의 수를 궁구하여 다가오는 사건의 성격을 아는 것을 점이라 하고, 변화를 완벽하게 아는 것을 일이라고 한다". 그러므로 "《주역》을 알면 마음 깊은 곳까지 꿰뚫어보아 천하의 뜻과 통하고, 일의 기미를 궁구하여 천하의 일을 능히 이루며, 신묘한 힘을 얻어 서두르지 않아도 빨리 가고 재촉하지 않아도 이른다"라는 평가가 있다. 이 평가에 따르면 《주역》의 효능은 미래의 예측이다. 어떤 쪽으로 읽어도 무방하다면 중요한 것은 《주역》을 대하는 인간의 태도다.

동양사상의 원류

세종대왕은 한글을 창제한 후 정인지(鄭麟趾)에게 창제의 정신을 풀이하는 해설문을 쓰게 했다. 정인지는 훈민정음의 창제 원리가 천지인삼재(天地人三才)의 묘합이라고 썼다. '천지인'은 《주역계사전》에 쓰인 말이다. 공자는 말했다. "변화는 진퇴의 상이고 강유(剛柔)는 낮과 밤의 상이다. 육효의 움직임은 천지인삼재의 도다." 모음과 자음은 소리의 음과 양이고, 초성과 중성과 종성은 소리의 삼재다. 한글과 《주역》이 이렇게 연결된다. 이황이 선조의 성리학 공부를 돕기 위해 지었다는《성학십도》의 첫 번째 그림에 붙인《태극도설(太極圖說)》은 이렇다. "무극(無極)이 태극(太極)이다. 태극이 움직여서 양을 낳고, 움직임이 극한에 이르면 고요해져서 음을 낳으며, 고요함이 극한에 이르면 다시 움직인다. 한 번 움직임과 한 번 고요함이 서로 뿌리가 되어 음과 양으로 나뉘어 양의(兩儀)가 된다." 이것은《주역계사전》에 나오는 "역(易)에는 태극이 있고 태극이 양의를 낳으며 양의가 사상(四象)을 낳고 사상이 팔괘(八卦)를 낳는다"에 토대한 것이다.

《주역》은 동양 사상의 보고(寶庫)다.《주역》을 읽으면 노자가 보인다. "음과 양이 지속적으로 반복되는 것, 이것이 도"라는《주역》의 원리를 살짝 바꾸면 "뒤집어지는 것이 도의 움직임"이라는《도덕경》의 내용이 된다. 또 "힘들게 일하고서 내세우지 않고 공을 세우고서 자랑하지 않는 것은 후덕의 극치이고 그 공을 아랫사람에게 돌리는 것이다. 덕은 성대하고 예는 공손하다. 겸손한 사람은 공손을 다하여 자리를 보존한다"라는 겸괘(謙卦)에 관한 공자의 해설을 뒤집으면 "공을 이루었으면 몸은 물러선다"는《도덕경》의 내용이 된다.

노자만이 아니다.《주역》에는 맹자도 보이고 한비자도 보인다. "장차 반역하려는 사람은 그 말이 부끄럽고, 마음에 의심이 있는 자는 그 말이 갈라지며, 훌륭한 자는 말수가 적고, 저급한 사람은 말이 많다. 착한 사람을 모함하는 자는 그 말이 종잡을 수 없고, 지킬 것을 잃어버린 자는 그 말이 비굴하다"라는 《주역계사전》의 구절은 《맹자》의 〈지언(知言)〉에서 되풀이된다. 또 "난리가 일어나는 시발점은 잘못된 언어다. 임금이 비밀을 지키지 않으면 신하를 잃고, 신하가 비밀을 지키지 않으면 몸을 잃는다"는 절괘(節卦)에 대한 공자의 해설은 조금만 바꾸면 한비자의 말이 된다.

《주역》은 동양의 변증법이다. 해가 지면 달이 뜨고 달이 지면 해가 뜬다. 해와 달이 번갈아 떠서 밝음이 생긴다. 추위가 가면 더위가 오고 더위가 가면 추위가 온다. 추위와 더위가 번갈아 와서 1년이 이루어진다. 가는 것은 굽은 것이요, 오는 것은 펴는 것이다. 수축과 팽창의 상호작용에 의해 이치가 생긴다. 영원히 반복되는 자연의 운행을 한마디로 정리하면 '낳고 또 낳는 것'이다.

1000년에 한 명이 이해할 수 있는 책

정약용은 오랫동안 유배 생활을 하면서 《주역》을 공부했다. 그러나 자신의 미래를 점쳐보기 위해 공부한 것은 아니었다. 정약용은 말했다. "갑자년(1804년)부터 《주역》 공부에 전념하여 지금까지 10년이 되었지만 하루도 시초를 세고 괘를 만들어 어떤 일을 점쳐본 적이 없습니다." 그러면 왜 정약용은 오랫동안 《주역》을 공부했을까? 《주역》의 목적은 상제(上帝)에게 어떻게 해야 할지를 듣는 것이다. 점을 치는 이유는 상제의 말씀을 듣고자 하는 것이다. 인간은 상제의 뜻을 청취하기 위해 상징을 고안했다. 그것이 역의 괘상들이다. 상제는 하느님 혹은 신령님이다. 그래서 점법에서는 자연의 흐름과 일치하는 마음의 특별한 상태를 요구한다. 자연의 흐름과 일치하지 않는다면 대자연이든 상제든 말씀을 구할 수 없다. 따라서 점치는 자는 아무나 될 수 없다. 특별한 수련이 필요하다. 그 수련의 경지가 무심(無心)이다. 정약용은 한 편지에서 이렇게 말했다. "《주역》을 공부할 때는 반드시 조용한 장소를 먼저 구해야 합니다. 닭 우는 소리, 개 짖는 소리, 아기 보채는 소리, 아낙네 탄식하는 소리 등이 가장 꺼려집니다. 어떻게 해야 그런 곳을 얻을 수 있을까요?"

정약용은 쉰일곱 살이 되었을 때 《주역사전(周易四箋)》을 마무리했다. 정약용은 《주역사전》에 대해 "하늘의 도움을 얻어 지어낸 책"이라고 했다. 덧붙여 "절대로 사람의 힘으로 알아내지 못하고 지혜로운 생각만으로도 알아낼 수 없는 것이다. 이 책에 마음을 기울여 오묘한 뜻에 통달할 수 있는 사람은 자손이나 친구 중에도 1000년에 한 번쯤 만날 정도로 어려울 것이다"라고 했다. 《주역》에 통달할 수 있는 사람은 1000년에 한 명 나올까 말까 하다는 얘기다. 그래서 정약용은 《주역사전》에 대해 "이 책만이라도 후세에 전해진다면 나머지 책들은 없애버려도 괜찮다"라고 했다. 공자의 《주역계사전》이 《주역》을 스스로 읽을 수 있게 하는 자습서라면 정약용의 《주역사전》은 완벽한 참고서다.

《주역》은 음과 양을 들어 천지자연의 변화를 설명한다. 이것을 깨달으면 하늘과 땅의 이치는 물론 죽음과 삶의 이치를 알게 된다고 한다. 세상은 변한다. 순식간에 변하기 때문에 우리는 그 변화를 예측할 수 없고, 그래서 미래에 대해 불안한 마음을 갖는다. 여전히 많은 사람들이 《주역》을 뒤적이며 점을 치는 이유다. 그러나 《주역》이 우리에게 말하고자 하는 이야기는 변화하는 세상에 대처하는 자세다. 즉 《주역》은 우리에게 변화에 대비하라고 말한다.

변화는 어떻게 이루어지는가
《주역》

《주역》에는 우주의 운동 원리가 담겨 있다. 대립물인 음과 양이 운동하여 우주 만물이 생겨나고 변화한다는 것이다. 반면 고대 그리스 시대의 철학자 파르메니데스(Parmenides)는 우주 만물이 변화하지 않는다고 했다. 다음 글들을 읽고 변화에 대해 생각해보자.

＊＊＊

(주역) 한 번은 음이고 한 번은 양인 것을 일컬어 도라고 한다.

(풀이) 음과 양이 바뀌어 움직이는 것은 기이고, 그 움직이는 이치를 도라고 한다.

(주역) 역에는 태극이 있고 태극이 양의를 낳으며, 양의가 사상을 낳고 사상이 팔괘를 낳는다.

(풀이) 1은 언제나 2를 낳는 것이 자연의 이치다. 역은 음과 양의 변화를 가리키고, 태극은 음과 양이 변화하는 이치다.

– 《주역계사전》과 주희의 풀이

＊＊＊

· · ·

남아 있는 이야기는 하나뿐이다.
길은 하나이지만 표시는 여럿이다.
생겨나지도 않고 없어지지도 않는 것들이다.
온전하고, 흔들리지 않고, 완결되어 있다.
과거도 미래도 없고 현재만 있다.
하나로 이어지는데, 태어나는 것을 찾겠는가?
어떻게, 어디에서 자라났는가?
자라난다고 하는 것이 잘못이다.
그렇게 말할 수도, 생각할 수도 없다.
무엇 때문에 움직이고 자라서
처음보다 나중이 크고, 없던 것이 생기겠는가?
온전하게 있거나 아니면 없거나 한다.

– 파르메니데스의 '철학 시'

· · ·

변화는 어떻게 이루어지는가
(주역)

13

성리학의 바이블

주희 《근사록》

서울대 사상고전 100선에 선정된 핵심 포인트

중국의 성리학 집대성자인 주희가 친구 여조겸과 함께 성
리학을 공부하는 데 긴요한 622대목을 발췌하여 분류·편
찬한 책이다. 1권에서는 자연과 인간의 본질에 관해 설명
하고 있고 2권에서는 유학적 삶의 태도에 관한 문제를 주
로 다루고 있다. 예로부터 성리학 입문서로 뛰어나다는 평
을 받았고 조선 성리학의 형성에 미친 영향도 크다.

— 허남진 서울대학교 철학과 교수

위대함과 좋음은
무엇이 다를까

영화 〈아마데우스〉의 두 축을 이루는 인물은 살리에르와 모차르트다. 살리에르는 모차르트에 대한 시기에 몸부림친다. 살리에르는 자신도 좋은 작곡가였음에도 모차르트의 위대함에 치를 떤다. 위대함과 좋음의 차이는 무엇일까? 그 차이는 새로움과 기성에 있을지 모른다. 기성의 체제 안에서 잘 만들어진, 잘 쓰인, 잘 다듬어진 것들을 우리는 좋다고 말한다. 그러나 그 시대를 집약하여 새로운 시대를 연 예술과 사상을 우리는 위대하다고 말한다. 위대함과 좋음의 차이는 새로운 시대를 여느냐, 아니면 기성의 시대에 잘 맞느냐의 차이일 것이다. 그러나 어떤 새로움도 하늘에서 떨어지지 않는다. 전 시대는 현 시대를 예비하고 현 시대는 다가올 시대를 다시 예비한다. 새로워지는 것은 전과 달라진 것이다. 이전이 없다면 새로움도 없다. 문제는 과거라는 우물에서 새로움을 만들어낼 그 무언가를 길러내느냐 마느냐.

중국 송나라의 유학자 주희(朱熹, 1130~1200)를 기점으로 유학은 신유학(新儒學)이라는 새로운 시대로 접어든다. 주희는 옛것을 집대성하여 새로운 시대를 열었다. 유학의 경전을 '사서오경(四書五經)'이라고 한다. 오경은 《시경》, 《서경》, 《역경》, 《예기(禮記)》, 《춘추(春秋)》를 말한다. 사서는 《논어》, 《대학》, 《중용》, 《맹자》를 말한다. 주희 이전까지 유학은 오경

모차르트와 살리에르

에 집중되어 있었다. 한나라 때는 오경박사(五經博士)를 두어 유학을 보급했다. 주희는 사서를 확정하면서 새로운 유학을 열었다. 그 새로운 유학을 신유학이라고도 하고 '성리학' 또는 '주자학'이라고도 한다.

《근사록(近思錄)》은 주희가 친구인 여조겸(呂祖謙)과 함께 앞선 학자들인 주돈이(周敦頤), 정호(程顥), 정이(程頤), 장재(張載)의 글에서 학문과 일상생활에 필요한 부분을 뽑아서 편집한 책이다. '근사록'이라는 제목은 《논어》의 〈자장(子張)〉 편에 나오는 "가까운 것부터 생각한다[근사(近思)]"라는 구절에서 따왔다. 이 책을 지은 계기, 과정, 목적을 비롯해 이 책의 주된 내용 등에 대해 주희는 서문에서 밝혔다.

순희 을미년(1175년) 여름, 여조겸이 내가 있는 한천정사에 열흘 동안 머물렀다. 우리는 함께 주돈이, 정호, 정이, 장재의 책을 읽고 그들의 학문이 넓고 크며 횅하고 두터워서 끝이 없음에 감탄했다. 처음 배우는 사람들이 입문하는 방법을 모를까 걱정하여 도의 근본을 익히고 일상생활에 알맞은 내용을 가려 함께 엮었다. …… 학자들이 천도(天道)와 성품에서 실마리와 힘쓸 곳을 찾고, 자기의 처신과 남을 다스리는 방법을 구하고, 이단을 분별하고 성현을 본받는 일의 대략을 알 수 있도록 나타내었다. 그러므로 궁벽한 시골에 살아 배움에 뜻이 있으나 지도할 좋은 선생이나 벗이 없는 후학이 진실로 이 책을 얻어 마음을 다해 공부하면 족히 배움의 길에 들어갈 것이라 여겨진다.

한시도
현실 세계를 떠날 수 없다

주희는 사서를 정했다. 왜 그랬을까? 거기에는 남다른 뜻이 있었다. 한나라 시대에 중국에 들어온 불교는 당나라, 송나라를 거치면서 중국 전역에 넓게 퍼졌다. 또한 제자백가의 하나였던 도가는 위진남북조시대에 지식인들 사이에 광범위하게 퍼졌고 송나라에 들어와서도 그 영향력이 결코 약해지지 않았다. 유학은 주로 정치적인 분야에 집중하여 철학에 대해서는 상대적으로 소홀했다. 그래서 많은 유학자들이 철학을 연구할 때는 불교와 도가 사상을 참조했다. 따라서 당시 유학에는 불교와 도가의 영향이 컸다. 주희가 걱정한 것이 바로 이 점이었다. 주희는 불교나 도가와 다른 유학의 정통성을 확보해야 한다고 생각했다. 그래서 주희는 '도통설(道統說)'을 내세웠다. 도통설에 따르면 유학은 공자에서 시작되어 자사, 맹자로 이어졌고, 송나라에 들어와서는 정호, 정이 형제로 계승되었다. 이런 도통의 흐름을 보여주는 것이 사서다. 사서의 확정은 동시에 유학의 정통성을 확보하기 위한 노력이었다.

다른 한편으로 주희는 방대한 철학체계인 성리학을 완성했다. 성리학은 불교나 도가의 영향으로부터 유학을 지켜내기 위한 노력이었다. 주희는 유학에 부족했던 철학을 발전시켰다. 송나라 이전의 유학은 학자들에게 매력이 없었다. 유학이 국가의 통치 이념이 되면서 입신출세를 위한 학문이 되었기 때문이다. 당시 유학자들이 하는 일은 다른 사람이 해석해놓은 유학 경전을 이해하고 암기하는 지루하고 따분한 것이었다. 따라서 인간의 삶과 죽음, 우주의 본질과 인간의 본성 등을 다루는 불교에 유학은 적수가 되지 못했다. 그래서 많은 학자들이 불교에 심취하고 도가에 빠져들었다.

주희는 우주 만물이 무엇으로 이루어져 있는지, 그리고 우주 만물의 근원이 무엇인지를 다루었다. 이때 등장하는 개념이 '이'와 '기'다. 우주 만물은 기로 이루어져 있다. 인간과 사회와 자연, 즉 우리가 사는 현실 세계는 기로 이루어져 있다. 그렇다면 기만 존재하는가? 주희는 기와는 다른 이도 역시 존재한다고 했다. 더욱이 이가 기를 낳는다고 하여 우주 만물의 근원은 이라고 했다. 주희는 이란 우주와 사회와 인간을 관통하는 근본 이치라고 말한다. 사람의 순수한 마음과 도리, 사회와 자연의 이상적 질서가 이다. '이'가 '기'를 낳았다 함은 사람의 순수한 마음과 도리 그리고 사회의 이상적 질서가 현실 세계를 변화시킬 것이라는 의미를 내포한다. 이것은 주희의 희망이자 이상이었다. 주희의 철학은 그 자신의 희망과 이상의 표현이었다.

그런데 주희 철학의 의의는 이를 내세운 것이 아니라 기의 중요성을 밝힌 것이었다. 주희는 평생을 두고 불교와 도가에 맞서면서 현실 세계의 중요성을 강조했다. 불교와 도가는 현실 세계를 헛된 것, 허망한 것, 거짓된 것으로 보았다. 그래서 속세를 떠나 은둔하는 삶을 선택했다. 주희는 불교와 도가의 현실 인식에 반대한다. 현실 세계는 기로 이루어져 있어 허망하거나 헛되지 않다. 더욱이 현실 세계 안에는 이상적 질서인 이가 있다. 우리는 단 한시도 현실 세계를 떠나 살아갈 수가 없다. 현실 세계가 어지러울수록 현실을 떠나는 삶이 아니라 현실을 변화시키는 삶을 살아야 한다. 현실 세계 안에서 이를 발견하고 이에 맞게 현실 세계를 바꾸어가야 한다. 현실 세계와 부딪혀 현실 세계 안의 이를 연구하라. 그래서 주희는 《대학》의 '격물치지(사물에 부딪혀 앎에 이름)'를 높이 평가했다.

성리학의 모태,
주돈이, 정호, 정이, 장재

성리학은 주희 혼자만의 힘으로 완성된 것이 아니다. 주희는 주돈이, 정호, 정이, 장재 등의 이론을 계승하는 한편, 이를 더욱 깊이 연구했다. 그리고 그에 근거하여 자신의 독자적이고 체계적인 이론을 세웠다. 그래서 주희는 그들의 책에서 뽑아《근사록》을 편찬했다.

주희는 장재의 사상으로부터 '기' 개념을 받아들였다. 장재는《정몽(正蒙)》에서 "태허(太虛)는 형체가 없으니 기의 본래 모습이며, 기가 모이고 흩어지며 다양한 변화가 일어난다"고 했다. 태허는 천지 만물의 근원을 가리킨다. 주희는 장재의 주장으로부터 기가 운동하여 우주 만물이 생겨났음을 받아들였다. 또한 주희는 주돈이의 사상으로부터 '태극'이라는 개념을 받아들였다. 주돈이는《태극도설》에서 "양이 변하고 음이 합해져 수화목금토(水火木金土)의 오행이 생긴다. 오행의 다섯 기운이 순조롭게 퍼져서 사시(四時)의 운행이 이루어진다. 오행은 음양에 하나 되고 음양은 태극에 하나 되니, 태극은 무극이다"라고 했다. 태극은 태허와 같이 우주 만물의 근원을 가리키는 말이다. 그 태극에서 음과 양의 기가 생긴다고 했다. 주희는 주돈이로부터 태극의 개념을 받아들이며, 태극이 바로 이라고 했다.

주희는 정호와 정이 형제로부터 이와 기를 인간의 행동에 적용하는 수양론을 받아들였다. 두 사람의 글을 모은 《이정집(二程集)》에서 정호는 "타고난 그대로를 성(性)이라 한다. 성은 곧 기이며 기가 곧 성이다. 타고난 그대로를 말한다"라고 했다. 같은 《이정집》에서 정이는 "성은 선하지 아니함이 없다. 그런데 선하지 않음이 있음은 기질 때문이다. 성이 곧 이다. 이인즉, 요순에서부터 평범한 사람에 이르기까지 똑같다"고 했다. 성을 기로 보느냐 이로 보느냐의 차이는 있지만 성을 누구나 타고난다는 점에서는 같다. 정호, 정이 형제는 누구나 태어나면서 받은 성을 깨닫기 위해 스스로 몸과 마음을 닦아야 한다고 했다. 주희는 이 수양론과 함께 정이가 말한 "성이 곧 이〔성즉리(性卽理)〕"라는 개념을 받아들여 중심적 사상으로 내세웠다. 주희의 철학을 성리학이라고 하는 이유가 여기에 있다.

《근사록》에서 시작하여 《근사록》으로

《근사록》은 집대성이다. 주희는 과거의 유학을 모아 새로운 성리학을 열었다. 공자가 죽고 유학은 여러 갈래로 나뉘었다. 또한 유학은 현실과 밀접했지만 철학적인 사유에서 맹점을 드러냈다. 《근사록》의 의의는 이 두 가지 면에서 찾아진다. 《근사록》을 통해 주희는 유학의 계통을 세운다. 이는 마치 집안의 족보를 정리하는 것과 같다. 즉 사상의 체계와 인

성리학의 바이블
주희 《근사록》

물의 체계가 확립되었음을 의미한다. 두 번째, 《근사록》은 유학의 새로운 철학적 사유를 종합하고 심화시킬 계기를 마련했다. 즉 성리학이라는 새로운 유학의 토대가 되는 길을 열었던 것이다. 《근사록》은 지나간 것을 익혀 새것을 안다는 온고지신(溫故知新)의 현실적 실체였다. 그래서 유학을 공부하는 사람은 《근사록》에서 다시 시작하게 되었다. 《근사록》〈여씨후서(呂氏後序)〉에는 이렇게 적혀 있다.

> 만일 낮고 가까운 것을 비천하게 여기고 높고 먼 것으로만 가려 하고 차례와 준거의 절도를 무시하고 나아가려 한다면 공허하게 되어 의지할 곳이 없을 것이다. 이를 어찌 근사라 하겠는가? 이 책을 펴는 자 마땅히 그것을 먼저 깨쳐야 할 것이다.

《근사록》은 성리학이 유학의 정통으로 우뚝 서면서 학문하는 사람들의 필독서가 되었다. 이는 중국에서뿐만 아니라 조선이나 일본에서도 마찬가지다. 옛 유학자들은 유학 경전을 깊이 공부하기 전에 《근사록》을 읽고, 또 유학 경전을 공부한 다음에도 다시 《근사록》을 읽으면서 성리학에 다가갔던 것이다.

주희는 기의 운동에 의해 변화가 일어난다고 했다. 독일의 철학자 헤겔(Georg Wilhelm Friedrich Hegel)은 정신의 자기운동에 의해 변화가 일어난다며, '정-반-합'의 3단계를 통한 변증법적 발전의 철학을 주장했다. 다음의 두 글을 읽고 변화의 이치에 대해 생각해보자.

◆ ◆ ◆

염계 선생이 말했다. "무극이 곧 태극이다. 태극이 움직여서 양이 생긴다. 움직임이 끝나면 고요하게 되고 고요함에서 음이 생긴다. 고요함 뒤에는 다시 움직임이 있다. 한 번 움직이고 한 번 고요하니 움직임과 고요함이 서로 그 뿌리가 되어 음으로 나뉘고 양으로 나뉘어 양의를 이루는 것이다. 양이 변하고 음이 합하여 물, 불, 나무, 쇠, 흙이 생긴다. 이 다섯 가지의 기운, 즉 오행의 기운이 퍼져 네 계절의 변화가 온다. 오행은 곧 하나의 음양이고, 음양은 곧 하나의 태극이다. 그리고 태극은 무극인 것이다. 오행은 생길 때 각각의 성질을 갖는다. 무극의 성질과 음양오행의 성질이 묘하게 합하고 뭉쳐서 하늘의 성질과 닮으면 수컷이 되고 땅의 성질과 닮으면 암컷이 된다. 수컷과 암컷이 서로 감응하여 만물을 낳아 기르니, 만물이 생겨나고 생겨나서 그 변화가 끝이 없다. …… 시작이 있으면 끝이 있으니 생겨나고 없어지는 이치를 아는 것이 중요하다. 변화의 이치는 지극하구나."

– 주희, 《근사록》 중에서

세계사는 세계사적 시간 안에 이루어지는 정신(geist)의 전개다. 정신의 전개는 자연이 자기를 공간 안에서 전개하는 것과 비슷하다. 세계사를 살펴보면 세계사에는 다양한 변화가 일어나고 그 변화의 각 단계에서 인간 행동으로 채색된 거대한 그림, 즉 민족, 국가, 개인이 다양하게 조합되어 있는 그림들이 차례로 진열되어 있음을 알게 된다. …… 개인과 민족은 일정 기간 존속하다 얼마 안 가서 사라져버리는 변화 속에 있다. …… 변화는 하나의 사물이 사라짐과 동시에 새로운 사물이 생겨남을 말한다. 예컨대 삶의 귀결은 죽음이지만 죽음에서 삶이 생겨나는 것과 같은 이치다. 이것을 윤회라고 하는데 동양에서 발견한 위대한 사상이다. …… 그러나 정신은 자신의 육신을 불태워 죽이고서 그 사체에서 삶으로 되돌아오는 것이 아니다. 그리고 잿더미가 된 몸속에서 젊어지는 것도 아니다. 정신은 점차적으로 고양되고 정화되어서 이전보다도 더 순수한 정신으로서 앞의 형태를 부정하면서 탄생하는 것이다. …… 다시 말해서 정신의 변화와 발전은 이전과 동일한 형태로의 환원이 아니라 정신 자체를 새롭게 가공하는 것이다. 정신은 자기 발전의 사업을 완수하기 위해 자신의 재료를 풍부하게 한다. …… 정신은 창조를 완료하여 스스로 만족스러운 것이 되자마자 새로운 것으로 변화하기 위해 기존의 것을 부정하고 스스로 새롭게 가공되는 재료가 된다. …… 정신이 어떠한 힘을 가지고 있는가는 정신의 산물, 즉 교양, 문화와 같은 정신의 생산물을 통해서만 알 수 있다. 정신은 자기 활동을 즐기면서 자기 자신만 문제로 삼는다.

－헤겔, 《역사철학 강의》 중에서

14

만물은 어디에서 와서
어디로 가는지 아는가

서경덕 《화담집》

서울대 사상고전 100선에 선정된 핵심 포인트

조선 중기 기 철학의 완성자인 서경덕의 성리학설과 시문을 그의 제자들이 편집한 책이다. 우리는 이 책에서 중국 성리학의 단순한 수용이 아닌 한국 성리학의 독자적인 이해 과정과 정치한 철학적 사유의 백미를 볼 수 있을 뿐만 아니라 자연과 인생을 관조하며 담담하게 살아가는 철학자의 삶의 모습도 아울러 볼 수 있다.

– 허남진 서울대학교 철학과 교수

벼슬을 하지 않는 이유

황진이는 비록 기생이었지만 성품이 고결하여 화려한 것을 싫어했다. 그리하여 비록 관가에서 주연(酒宴)이 있다 해도 빗질과 세수만 하고 나갈 뿐, 화장을 하거나 옷을 차려입지 않았다. 또 방탕한 것을 싫어하여 시정잡배 같은 자들은 천금을 준다 해도 돌아보지 않았다. 선비들과 함께 어울리는 것을 즐겼고, 글을 좋아하여 당시(唐詩)를 읊었다. 일찍이 서경덕의 학문을 흠모하여 그 문하에 들어가 함께 담소를 나누었다.

'오성과 한음'으로 유명한 한음 이덕형(李德馨)이 지은 《송도기이(松都記異)》에 실린 이야기다. 서경덕(徐敬德, 1489~1546)은 배우고자 하는 사람이 있으면 출신을 따지지 않고 가르쳤다. 황진이도 서경덕의 제자가 되어 배웠다. 어느 날 황진이가 서경덕에게 "송도에 삼절(三絶)이 있습니다" 하고 말했다. 서경덕이 "삼절이 무엇이냐?" 하고 묻자 황진이가 "박연폭포와 선생님과 저입니다" 하고 답했다. 이에 서경덕이 크게 웃었다.

서경덕은 조선 11대 임금인 중종 때의 사람이다. 여러 차례 왕이 불렀지만 거절하고 조용한 시골에서 학문에만 전념했다. 후배 학자인 홍인우(洪仁祐)가 그 이유를 물었다. 서경덕이 대답했다. "선비가 벼슬을 하거나 은둔하는 이유는 한 가지가 아니다. 자신의 도를 행할 준비가 되었지만 시대가 맞지 않아 그 도를 숨기고 사는 데 불평이 없는 사람이 있다. 세상이 새로워질 수 있는 상황이 되었지만 자신의 덕(德)이 새롭지 못하여 분수를 헤아려 자숙하는 사람도 있다. 훌륭한 임금이 있어 자기가 배운 바를 시험할 만하지만 산림에 묻혀 구속 없이 사는 걸 좋아하는 사람도 있다. 자신의 덕을 아직 다 성취하지 못했지만 백성들이 잘못되는 걸 앉아서 지켜볼 수 없어서 부득이 세상에 나와 일을 하는 사람도 있다." 홍인우가 "선생님은 어떤 경우입니까?" 하고 묻자 서경덕은 말없이 웃을 뿐이었다. 《화담집(花潭集)》은 1605년(선조 38년)에 제자들이 서경덕의 시와 논문을 모아 편찬한 책이다.

▌천기를 알다

이이는 서경덕과 이황을 비교하면서 서경덕은 스스로 깨친 사람이고 이황은 옛 학자의 글을 연구하여 깨친 사람이라고 했다. 서경덕은 《대학》에 대해 묻는 제자에게 "글자로 쓰인 내용은 옛사람들의 생각의 찌꺼기에 불과하니, 진짜로 중요한 것은 스스로 알아내는 일이다"라고 말했다. 서경덕이 독학한 것은 집안이 가난했기 때문만은 아니었다. 열네 살 때 선생을 모시고 공부한 적이 있었는데, 어느 날 선생에게 의문 나는 것을 물었지만 선생은 대답하지 못했다. 결국 서경덕은 보름 동안 스스로 생각하여 의문을 해결해야 했다. 그 이후로 스승을 두지 않고 스스로 터득해가는 공부를 했다.

서경덕은 매우 총명한 사람이었다. 스스로 "스무 살이 되면서부터 한번 저지른 실수를 두 번 저지르지 않았다"고 말할 정도였다. 그러나 그의 공부 방법은 한마디로 무식(?)했다. 열여덟 살 때 《대학》을 읽다가 사물을 연구하여 앎에 이른다는 뜻의 '격물치지'의 대목에 이르러 학문의 방법을 크게 깨달았다. 서경덕은 격물치지의 방법을 실천했다. 알고 싶은 사물이 있으면 그 이름을 적어 방 벽에 붙여놓고 사색과 관찰을 했다. 그 사물을 알 수 있을 때까지 몇 날 며칠이고 식음을 전폐하고 연구했다. 서경덕은 끊임없이 주변에서 일어나는 현상들에 대해 연구와 관찰을 했다. 그는 "주변에서 원리를 만날 수 있는데 사람들은 원리가 있는 곳을 찾고자 한다"고 말했다. 서경덕은 자신의 학문이 "모두 고심하며 전력을 다해 얻어낸 것"이라고 했다. 그만큼 스스로 터득하여 진리에 이르는 길은 험난한 것이었다. 서경덕은 "나는 스승을 얻지 못해 공부하는 데 지극한 어려움을 겪었다. 후인들은 나의 말을 따르면 공부하기가 나처럼 힘들지 않을 것이다"라고 했다.

서경덕은 스무 살을 전후한 3년 동안의 공부를 통해 '천기(天機)', 즉 근본적인 진리를 알아냈다고 했다. 서경덕은 자신의 논문에 붙여 이렇게 말했다. "이 논문들은 여러 성인들이 다 전하지 않은 경지까지 이해한 것을 담고 있다. 중간에 잃어버리지 않고 후세 학자들에게 전해주고 온 세상에 두루 알리면 먼 곳에서든 가까운 곳에서든 우리나라에 학자가 있었음을 알게 될 것이다."

세상은 스스로 움직인다

서경덕은 우주 만물의 근원에 대해 이렇게 썼다. "태허(太虛)는 맑고 형체가 없다. 이를 일컬어 선천(先天)이라 한다. 태허의 크기는 끝이 없고, 태허에 앞서는 시작도 없다. 그 맑고 텅 비어 고요한 태허가 기의 근원이다." 태허는 선천이라 했다. 선천은 우주 만물이 탄생하기 이전 시기를 말한다. 이 세상에 아무것도 생겨나기 이전의 상태가 태허이고, 그 태허가 곧 기라고 했다. 그러므로 기 이외의 다른 것은 존재하지 않는다.

　이런 관점은 주희에서 시작된 전통적 성리학과 다르다. 주희 역시 우주 만물은 기로 이루어져 있음을 인정한다. 그러나 기와 전혀 다른 이가 존재한다고 말한다. 더욱이 그 이가 기를 낳는다고 했다. 그러므로 전통적 성리학의 입장에서 볼 때 우주 만물의 근원은 이다. 이에 대해 서경덕은 비판한다. "기 바깥에 이가 없다. 이는 기의 주재(主宰)다. 주재는 바깥에서 와서 하는 것이 아니다. 주재한다 함은 기가 작용하는데 저절로 그렇게 될 수 있게 한다는 의미다. 이는 기보다 앞설 수 없다." 이는 기와 별도로 존재하는 것이 아니라 기가 운동하는 원리 또는 법칙일 뿐이다. 어찌 사물의 운동 법칙이 사물보다 먼저 존재할 수 있겠는가.

그러면 우주 만물은 어떻게 생겨났을까? 서경덕은 기가 문득 도약하고 문득 열린다고 말한다. 누가 시켜서 그렇게 하는 것이 아니라 스스로 그렇게 한다. 기가 스스로 운동하여 우주 만물이 생겨났다. 그 과정을 서경덕은 이렇게 썼다.

하나의 기가 나뉘어 음기와 양기가 된다. 양기가 진동하여 하늘이 되고 음기가 모여서 땅이 된다. 양기가 진동하면서 그 정수(精髓)가 해가 되고, 음기가 모이면서 그 정수가 달이 된다. 나머지 정수가 흩어져 별이 된다. 그런 작용이 땅에서 일어나면 불과 물이 된다. 그것을 가리켜 후천(後天)이라 한다.

후천은 우주 만물이 생겨난 이후의 시기를 말한다. 또한 서경덕은 생성(生成)과 극복(克服)의 관점에서 기의 운동을 설명하기도 했다.

하나의 기[일기(一氣)]라고 했지만 하나는 이미 둘을 품고 있으므로 하나가 둘을 낳지 않을 수 없다. 커다란 하나[태일(太一)]라고 했지만 하나는 둘을 지니고 있다. 하나가 둘을 생성하지 않을 수 없다. 둘은 스스로 생성하고 극복한다. 생성이 극복이고, 극복이 생성이다. 기의 미세한 움직임에서부터 큰 진동에 이르기까지 생성과 극복이 그렇게 하게 한다.

기가 스스로 운동하여 우주 만물이 생겨났다. 기로 이루어진 현실 세계의 바깥에 있는 힘은 필요하지 않다. 그것이 전통적 성리학의 이든 기독교의 하느님이든 서양철학자들이 주장하는 최초의 원인이든, 현실 세계 바깥에 있는 그 어떠한 것도 현실 세계를 움직이는 힘이 되지 못한다. 현실 세계는 오직 스스로 움직여 생겨나고 변화하고 발전한다.

부채를 부치면 바람이 생기는 이유

서경덕은 기의 운동으로 다양한 사물 현상을 설명한다. 부채를 부치면 바람이 생겨난다. 왜 그럴까? 서경덕의 설명을 들어보자.

> 부채를 부치면 바람이 생기니 바람은 어디로부터 나오는가. 만약 부채에서 나온다고 말하면 부채 속에 언제 바람이 있었는가. 만약 부채로부터 나오지 않는다고 말하면 바람은 어디서 나오는가. 부채에서 나온다고도 할 수 없고 부채에서 나오지 않는다고도 할 수 없다. 허공에서 나온다고 하면 부채가 없는데 어떻게 갑자기 허공이 바람을

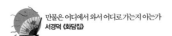

생기게 할 수 있겠는가. 나는 이렇게 말해서는 안 된다고 생각한다. 부채는 바람을 쳐낼 수 있는 것이지 부채가 바람을 일으키는 것이 아니다. …… 바람이란 기다. 기가 공간에 꽉 차 있음은 물이 골짜기에 가득 차 있는 것과 같다. …… 부채를 휘두르면 부채가 기를 치게 되고 기가 움직임을 받아 물결치듯 바람이 되는 것이다.

사람의 삶과 죽음에 대한 설명 역시 마찬가지다. 서경덕은 어떤 사람의 죽음을 추모한 〈만인(挽人)〉을 썼다. "만물은 어디에서 왔다가 어디로 가는가. 음기와 양기가 모이고 흩어지는 이치가 오묘하구나. 구름이 생겼다 없어졌다 하는 것을 깨쳤는가, 깨치지 못했는가. 맑은 휴식이 오는 것을 보니 달이 차면 기우는 것이구나." 사람의 삶과 죽음은 음기와 양기가 모였다 흩어지는 것일 뿐이다. "음기와 양기가 모이면 삶을 얻고 그것이 흩어지면 죽음에 이른다." 서경덕은 이런 이치를 사람들이 깨쳤는지, 아직 깨치지 못했는지 묻는다.

서경덕이 죽음을 맞이하는 자세를 기록한 글이 전해온다. 서경덕은 죽기 2년 전부터 큰 병을 앓았다. 그래서 자신의 죽음이 멀지 않았음을 알고 있었다. 1546년 7월 7일에 병석에 누워 있던 서경덕은 제자들에게 목욕을 시켜달라고 했다. 그때 한 제자가 물었다. "지금 어떤 생각을 하십니까." 서경덕이 답했다. "삶과 죽음의 이치를 오래전에 알았으므로 생각이 편안하다."

서경덕은 기만이 존재한다는 기일원론(氣一元論)을 주장했다. 고대 그리스의 철학자 에피쿠로스(Epicouros)와 고대 로마의 철학자 루크레티우스(Lucretius)는 일체의 만물이 원자로 이루어져 있다고 했다. 다음의 글들을 읽고 유사점을 생각해보자.

태허는 맑고 형체가 없다. 이를 일컬어 선천이라 한다. 태허의 크기는 끝이 없고 태허에 앞서는 시작도 없다. 그 맑고 텅 비어 고요한 태허가 기의 근원이다. 기는 태허에 널리 퍼져 꽉 차 있으므로 태허에는 한 가닥의 터럭도 들어갈 공간이 없다. …… 그 맑은 본체를 말로 표현하여 하나의 기라고 한다. …… 움직임과 고요함, 닫힘과 열림이 없을 수 없는데 스스로 그렇게 한다. 하나의 기라고 했지만 하나는 이미 둘을 품고 있으므로 하나가 둘을 낳지 않을 수 없다. …… 하나가 둘을 낳는데 둘은 음과 양, 그리고 움직임과 고요함을 뜻한다. 하나는 음과 양의 시작이다.

- 서경덕, 《화담집》〈원이기(原理氣)〉 중에서

모든 것들이 무로 소멸되지 않으려면 그 요소들은 나눌 수 없고 변화하지 않아야 한다. 우주는 무한하다. 왜냐하면 유한한 것은 한계를 갖기 때문이다. 우주는 원자와 허공 때문에 무제한적이라고 할 수 있다. …… 원자들은 영원히 운동한다. 이 모든 운동은 출발점을 갖지 않는다. 왜냐하면 원자들과 허공은 모두 영원히 존재하기 때문이다.

― 에피쿠로스, 〈헤로도토스에게 보내는 편지〉 중에서

자연은 모든 사물을 만들고 자라나게 하고 늘어나게 한다. 그 과정이 끝나면 원래의 성분으로 되돌아가게 하는 것이 우리가 이름 지어 일컫자면 물질, 생명의 알갱이, 사물들의 씨앗이다. …… 물질을 이루는 기본 요소는 아주 단단한 것들이어서 영원히 정복될 수도 없고 파괴할 수도 없다. 그것들은 시간을 통해서 날아다닌다. 모든 것들이 움직이는 장소인 공백, 공간, 공허는 정해진 한계가 없다. 모든 영역에서 우주는 무한하며 속박되지 않는다. ― 루크레티우스, 〈사물의 본성에 대하여〉 중에서

15

마음을 집중하여 공손하게 배워라

이황 《성학십도》

서울대 사상고전 100선에 선정된 핵심 포인트

조선의 대표적 성리학자인 퇴계 이황이 만년에 쓴 글로 수신이
정치의 근본이 됨과 수신의 방법, 그 철학적 근거를 밝히고 군주
의 도덕적 수양을 당부하고 있다. 퇴계는 성리학의 요체를 열 개의
도식으로 나타낸 다음 자신의 해설을 덧붙이고 있는데 우리는 여
기서 성리학적 사유의 핵심과 도덕적 명분의 확립이라는 시대적
과제를 대하는 퇴계의 진지한 태도를 아울러 볼 수 있을 것이다.

— 허남진 서울대학교 철학과 교수

짐승 우리에서 벗어나니
즐거움이 살아난다

나는 시골 사람이므로 산림을 돌아다니는 삶의 즐거움을 일찍 알았다. 나이 들어 망령되게 세상일에 나아가 나그네 생활을 했다. 스스로 돌아오지 못하고 거의 죽을 뻔했다. 나이가 더욱 들어 병이 깊어져 세상은 나를 버리지 않았지만 부득이 나는 세상을 버려야만 했다. 비로소 짐승 우리와 새장 같은 곳에서 벗어나 농촌에 돌아오니 산림의 즐거움이 다시 살아났다. 내가 묵은 병을 고치고 깊은 시름을 풀면서 궁색한 노년 생활을 편히 보낼 곳이 여기 말고 또 어디에 있겠는가.

이황(李滉, 1501~1570)은 고향으로 돌아온 기쁨을 〈도산잡영(陶山雜詠)〉에 썼다. 벼슬살이는 짐승 우리, 새장과 같고 벼슬살이를 하다 거의 죽을 뻔했다고도 했다. 사실 이황은 벼슬을 하면서 심각한 시련을 겪지 않았다. 오히려 본인이 스스로 여러 차례 벼슬에서 사퇴했다. 임금의 명령으로 마지못해 벼슬을 하다가도 곧 사표를 내곤 했다. 이이가 나서서 사퇴를 만류했던 일화가 전해온다. 이이가 말했다. "선생께서 국정을 의논하는 자리에 계시면 큰 도움이 됩니다. 벼슬이란 백성을 위한 것이지, 어찌 자기를 위한 것이겠습니까." 이황이 말했다. "벼슬하는 사람은 원래 백성을 위해야 하는데, 백성에게 이익은 주지 못하고 그것을 걱정하다 자기를 해치게 된다면 그것은 할 수 없는 일이다." 그러자 이이가 마지막 카드를 꺼내 들었다. "선생께서 조정에 있으면서 아무 일도 하지 않아도 임금께서 마음을 의지하셔서 든든하게 생각하고 사람들의 마음이 즐거이 따를 것입니다." 아무 일 안 해도 좋으니 조정에 머물러 있기만 해달라고까지 간청했으나 이황은 끝내 사퇴했다. 이황은 벼슬보다 학문을 즐긴 사람이었다. 훗날 이이는 이황에 대해 "학문에만 미친 사람"이라고 했다.

《성학십도(聖學十圖)》는 1568년, 이황이 예순여덟 살 때 벼슬에서 완전히 물러나며 선조에게 올린 글이다. 성인이 되기 위한 공부의 지침과 설계를 열개의 그림에 담은 것으로, 이황의 학문적 고뇌와 성취를 담고 있다.

말세의 세상을 바꾸려면

이황은 왜 벼슬을 마다하고 학문에만 전념하고자 했을까? 그것은 이황의 시대 인식과 관련이 있다. 이황은 자기 시대를 말세라고 보았다. 말세인 세상을 바꾸려면 학문을 해야 한다는 것이 이황의 생각이었다. 이황은 "말세에도 하늘의 뜻은 바뀌지 않았다"고 했다. 정치적, 사회적 상

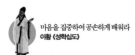

마음을 집중하여 공손하게 배워라
이황 《성학십도》

황으로 세상은 말세가 되었지만 하늘의 뜻, 성인의 가르침은 달라지지 않았다. 이황이 개탄한 것은 학문이 처한 상황이었다. 이황은 앞 시대의 학자들에 대해 자주 논평했다. 이색(李穡), 정몽주(鄭夢周), 권근(權近), 김종직(金宗直), 서경덕 등이 논평의 주 대상이었다. 이황의 논평에 따르면 이색은 불교에 대해 많이 썼다. 정몽주는 충절을 지켰지만 저술이 없다. 권근은 천인합일(天人合一)의 원리를 말했지만 논리적 결함이 많다. 김종직은 학문은 하지 않고 문장을 다듬기만 했다. 서경덕은 성현의 생각과 다른 방향으로 나아갔다. 이황의 인물 논평의 기준은 성리학이었다. 성리학은 고려 중·후기에 우리나라에 들어왔지만 정착되지 못했다. 신진 사대부의 대부라는 이색은 여전히 불교와의 관계를 끊지 못했다. 유학의 이념으로 개국한 조선에서도 상황은 달라지지 않았다. 사림파의 거두라는 김종직은 문장만 다듬을 뿐이었고, 서경덕은 아예 성리학과 다른 방향으로 가버렸다. 말세의 시대를 극복하려면 성리학의 가르침을 밝혀야 한다. 그래서 이황은 벼슬을 멀리하고 학문 연구에 몰두하고자 했다.

　이황은 성리학적 세계관으로 이 세상을 바라보고 해석하고자 했다. 그런 점에서 보면 이황에 이르러서 성리학이 우리나라에 정착했다고 할 수 있다. 《성학십도》는 《태극도설》로부터 시작한다. 《태극도설》은 성리학을 완성한 주희가 그린 그림과 해설로서 《주역》에 나오는 '태극이 음과 양의 두 기를 낳고 두 기가 만물을 낳는다'는 뜻을 밝힌 것이다. 이 그림은 현실을 있는 그대로 보고자 하는 성리학적 세계관의 기초다. 이황은 이 그림을 첫머리에 둔 이유에 대해 이렇게 썼다. "주희가 《근사록》에서 《태극도설》을 첫머리에 둔 의도와 같습니다. 성인의 도를 배우고자 하는 사람은 근본을 여기에 두고 추구해야 합니다."

이황은 평생 성리학을 연구하면서 성리학이 우리나라에 정착될 수 있도록 힘썼다. 죽음을 앞둔 어느 날 제자들에게는 이렇게 말했다. "평소에 그릇된 견해를 물리치며 자네들과 종일 강론하는 것이 쉬운 일은 아니었다." 이황은 평생 해온 일을 두 가지로 압축했다. 하나는 그릇된 견해를 물리치는 일이었다. 주희의 학설과 다른 학설에 맞서서 성리학을 제대로 세우고자 했다는 말이다. 다른 하나는 자신이 연구한 성리학을 교육을 통해 널리 확산시키는 일이었다. 그런데 이 두 가지가 쉬운 일이 아니었다고 했다. 개척자의 어려움에 대한 토로라 할 것이다.

이황이 싸워야 했던 첫 번째 '그릇된 견해'는 서경덕의 학설이었다. 서경덕은 존재하는 것은 기뿐이고 이는 기의 운동 원리일 뿐이라는 기일원론을 주장했다. 서경덕의 주장은 주희의 학설과 달랐다. 주희는 이와 기가 모두 존재한다고 했다. 특히 이를 중시했다. 기가 인간과 사회와 자연, 한마디로 우리가 사는 이 세상을 구성하는 것이라면 이는 인간의 순수한 마음, 사회와 자연의 이상적 질서를 의미한다. 그런데 이것이 존재하지 않는다면? 말세인 세상을 바꿀 수 없다고 이황은 생각했다. 이황은 반박했다. "이는 기와 별도의 존재이고 이가 기를 낳는다." 이황의 철학은 그의 이상주의를 반영한다. 말세인 세상에도 하늘의 뜻은 바뀌지 않았듯이, 세상은 어지럽고 혼탁해도 이상은 엄연히 존재한다. 세상이 아무리 타락해도 이상은 세상과 별도로 존재하므로 결코 다치지 않는다. 변하지 않는 이상이 존재하므로 세상은 바뀔 수 있다.

이황 철학의 탁월함

이황은 뜻밖에도 제자와 논쟁을 해야 했다. 문제의 발단은 사소했다. 정지운(鄭之雲)의 《천명도설(天命圖說)》을 이황이 극히 일부 수정해주었다. 수정한 내용은 이렇다. "사단은 이의 발동(發動)이고 칠정은 기의 발동이다." 사단은 인의예지(仁義禮智)를 가리키는 말로, 맹자는 사단을 인간의 순수한 마음이라고 했다. 이황은 사단이 이의 발동, 즉 이가 움직이고 작용하여 생겨난다고 보았다. 칠정은 인간의 감정을 가리킨다. 칠정은 기가 발동한 것이다. 어느 날 제자인 기대승(奇大升)이 우연히 이 문구를 보고 스승인 이황에게 물었다. "이가 발동할 수 있습니까?" 1558년 이황이 쉰여덟 살이 되던 해의 일이다.

기대승은 이가 움직이거나 작용할 수 없다고 보았다. 그런데 이가 움직여 작용하지 않는다면? 이황은 이가 존재하지 않는 것이 된다고 보았다. 그래서 이황은 제자를 설득하지 않을 수 없었고 이렇게 시작된 제자 기대승과의 논쟁은 무려 8년간 계속되었다. 이것이 유명한 '사단 칠정론(四端七情論)' 논쟁이다. 이 논쟁이 왜 중요했을까? 이황은 《성학 십도》〈심통성정도설(心統性情圖說)〉에 이렇게 썼다.

사단은 이가 발동하고 기가 따르는 것으로 순수한 착함이지 악함이 없습니다. 그러나 이가 발동하여 미처 이루어지지 못하고 기에 가려 진 뒤에는 착하지 않음으로 흘러갑니다. 칠정은 기가 발동하면서 이 가 올라탄 것입니다. 이것도 착하지 않음이 아닙니다. 기가 발동하 여 중화(中和)를 이루지 못하고, 이를 어그러뜨리면 악함이 되는 것 입니다.

이른바 '이기호발설(理氣互發說)'이다. 순수한 마음은 오직 이가 발동 해서 생긴다. 이런 순수한 마음조차 기에 의해 흐려질 수 있다. 그런데 이가 발동하지 않는다면 순수한 마음의 근원이 없어진다. 기만 발동한 다면 이를 어그러뜨리고 악함만이 존재할 수도 있다. 이것이 이황의 우 려였다.

이황은 '이의 발동'이 주희의 학설이라고 생각했다. 그래서 기대승이 문제를 제기했을 때 주희의 글을 샅샅이 뒤져 '이의 발동'을 주장하는 문구를 찾아냈다. 그러나 사실 주희는 이가 발동한다는 데 부정적이었 다. 상식적으로 보아도 순수한 마음, 이상적 질서처럼 형체가 없는 것이

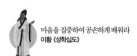

움직이고 작용한다는 것을 생각할 수 없다. 그러면 이상적인 사회는 어떻게 이루어질 수 있는가? 이 질문에 주희는 똑 부러진 답을 내놓지 못했다. 이황은 '이의 발동'이 그 질문에 대한 답변이라고 생각했다. 여기에 이황이 구상한 철학의 탁월함이 있다. 그리고 이 지점에서 이황은 주희의 철학을 넘어섰다. 성리학을 수기치인, 즉 '자기 스스로를 닦고 백성을 다스리는' 학문이라고 한다. 그러면 왜 수기가 중요할까? 기에 가려지고 기에 의해 어그러진 이를 발동하는 것이기 때문이다.

공부하는 방법

《성학십도》의 결론을 한 단어로 압축하면 '경(敬)'이다. 경은 성현의 가르침을 배우고 익히며 자신을 닦는 방법이다. 주희는 자신을 닦는 수기의 방법으로 '경'과 '격물치지'를 말했는데, 비율로 나타내면 경에 70퍼센트, 격물치지에 30퍼센트의 힘을 쏟아야 한다고 했다. 그러나 이황은 경에 방점을 찍었다. 경은 '존경', '공경'의 뜻이다. 성현의 가르침을 존경해 따르는 일이다.

경은 오늘날 우리가 공부할 때 지침으로 삼을 만한 것이기도 하다. 이황은 말한다.

이것을 하는 방법은 엄숙하고 고요한 마음으로 배우고 묻고 생각하고 분별하여 이를 궁리하는 것입니다. 남이 보고 듣지 않는 곳에서는 경계하고, 혼자만 있는 은밀한 곳에서는 성찰함이 더욱 정밀해야 합니다. 그래서 어느 한 그림(《성학십도》의 한 그림)을 두고 생각할 때에는 오로지 이 그림에만 마음을 쏟아 다른 그림이 있다는 것을 알지 못하는 것처럼 해야 합니다. 어떠한 일을 배울 때에도 오로지 이 일에 마음을 다하여 다른 일이 있다는 것을 알지 못하게 해야 할 것입니다.

이황은 옛 성현들의 이론 속에 나라를 다스리는 근본이 있다고 했다. 반면 이이는 임금이 앞장서서 세상을 바꿔야 한다고 했다. 다음의 두 글을 읽고 두 사람의 정치관 차이를 생각해보자.

◆ ◆ ◆

처음에 글을 올리고 학문을 논한 말들이 전하께 감동을 주지 못하고 분발하게 해드리지도 못했습니다. 그 뒤로도 전하께 여러 번 아뢴 말씀이 조금도 도움이 되지 못하였으니, 미력한 신이 무엇을 더 말씀드려야 할지 모르겠습니다. 옛 성현들은 성학을 밝히고 도설(圖說)을 만들어 도에 들어가는 문과 덕을 쌓는 기초를 가르쳤습니다. …… 성현들이 그리고 해설한 것 중 두드러진 일곱 개에 신이 만든 세 개의 그림을 보태 《성학십도》를 만들었습니다. 신이 그린 세 개의 그림 역시 옛 성현들이 만든 것을 풀이해놓은 것일 뿐, 신이 창조한 것은 아닙니다. 각 그림 아래에 신의 의견을 덧붙였습니다. …… 비록 열 폭밖에 안 되는 종이에 실린 그림과 해설이지만 이것을 보고 생각하고 익히면서 공부하신다면 도를 깨달아 성인이 되는 요령을 얻을 것이옵니다. 그리고 핵심과 근본을 바로잡아 나라를 다스리는 근원이 다 여기에서 나옵니다. 오직 전하께서 정신을 가다듬어 뜻을 더하셔서 처음부터 끝까지 여러 번 반복하되 하찮은 것이라도 소홀히 하지 않고 익히신다면 나라에나 신하와 백성에게나 매우 다행한 일이라 하겠습니다.

－이황, 《성학십도》 〈성학십도를 올리는 글〉 중에서

제왕(帝王)의 도는 백성의 마음에 근본을 두는 것입니다. …… 제왕의 학문에서는 제왕이 기질을 변화시키는 것이 가장 절실한 일입니다. 제왕의 정치에서는 제왕이 성심성의를 다해 현명한 인재를 등용하는 것이 가장 급선무입니다. …… 시운이 쇠퇴했음을 한탄하시어 다스리는 일에 온 힘을 다하십시오. 현명한 인재와 선비를 예로써 대하시고, 대신들을 웃어른처럼 공경하시며, 여러 신하들을 친구처럼 여기십시오. 백성들을 염려하시고 백성들이 상처받지 않도록 주의하십시오. 지금 신이 본분을 잊고 전하께 호소를 드리는 이유는 하늘이 땅이 되는 것과 같은 세상의 변화를 보고자 하기 때문입니다. …… 세상인심이 변하는 것은 흐르는 물과 같습니다. 전하께서 하실 수 있는데도 힘쓰지 않아 백성들의 원망이 높아만 갑니다. 어찌 두렵지 않겠습니까. …… 신이 책을 올리며 몇 말씀 덧붙인 이유는 전하께서 기질을 바꾸려는 노력을 하지 않으시고 현명한 인재를 등용하지 않으신다면 이 책을 올리더라도 헛일이 될 것이기 때문입니다.

　　　　　　　　　　　－이이, 《성학집요》 〈성학집요를 올리는 글〉 중에서

마음을 집중하여 공손하게 배워라
이황 《성학십도》

16

현실을 바꾸지 않으면 어찌 학문이랴

이이 《성학집요》

서울대 사상고전 100선에 선정된 핵심 포인트

퇴계의 《성학십도》에 대응되는 율곡 이이의 저작으로 성리학의 과제와 얼개를 밝힌 후 학문의 기초가 되는 수기의 방법에서부터 위정자의 자세까지 조목조목 자세히 설명하고 있다. 이 책 자체로도 성리학의 대강과 한국 성리학의 특징을 잘 볼 수 있지만 퇴계의 《성학십도》와 비교하면서 보면 주리(主理)와 주기(主氣)라는 한국 성리학의 두 흐름이 지닌 미묘한 차이까지도 알 수 있을 것이다.

– 허남진 서울대학교 철학과 교수

공자와 부처 중
누가 성인입니까

내가 금강산을 떠돌던 어느 날, 깊은 골짜기를 헤매는데 조그만 암자가 나타났다. 나이 든 승려가 단정히 앉아 있었다. 승려는 나에게 주의를 기울이지 않았다. 암자를 둘러보니 아무것도 없고 아궁이에 불을 땐 지 오래된 것 같았다. "여기서 무얼 하십니까?" 노승은 대답이 없었다. 다시 물었다. "무엇으로 허기를 때우십니까?" 노승은 소나무를 가리키며 "이것이 내 양식이다"라고 말했다. 나는 대뜸 물었다. "공자와 부처 중에 누가 성인입니까? 불교는 오랑캐의 가르침이어서 이곳에선 시행할 수 없습니다." 노승이 말했다. "순임금은 동쪽 오랑캐 출신이고 문왕은 서쪽 오랑캐 출신인데, 그들도 오랑캐란 말이냐?" 내가 말했다. "불교의 핵심적 교리는 우리 유학을 벗어나지 않는데 굳이 유학을 버리고 불교에서 찾는 이유가 무엇입니까?" 노승이 말했다. "유학에도 '내 마음이 곧 부처'라는 말이 있느냐?" 나는 말했다. "맹자가 인간의 본성이 선함을 말하는데 '마음이 곧 부처'라는 말과 다르지 않습니다. 뜻은 같지만 우리 유학의 견해가 훨씬 낫습니다." 노승은 수긍하지 않았다.

대뜸 무례한 질문을 한 사람은 열아홉 살의 소년 이이(李珥,

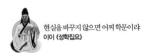

현실을 바꾸지 않으면 어찌 학문이랴
이이 《성학집요》

1536~1584)였다. 이이의 〈풍악증소암노승(楓嶽贈小庵老僧)〉이란 글에 실려 있는 이야기다. 이이는 어머니 신사임당의 죽음으로 인해 정신적 방황을 하고 있었다. 어머니 신사임당은 스승이자 삶의 문제를 함께 의논하는 정신적 지주였다. 그 어머니가 사라졌다. 이이는 삶의 문제에 대한 해답을 불교에서 찾으려 했다. 그래서 승려가 되기 위해 금강산으로 올라갔다. 그러나 불교에서 해답을 찾을 수 없었다. 노승과의 대화는 이이가 다시 유학 쪽으로 기울었음을 보여준다. 그래서 금강산에 올라간 지 1년 만에 하산했다.

이후 이이는 "성인을 모범으로 삼아 터럭만큼이라도 성인에 미치지 못하면 나의 일은 끝나지 않은 것이다"라는 결심으로 학문과 정치를 병행하며 큰 뜻을 이루려 했다. 《성학집요(聖學輯要)》는 이이가 마흔 살에 (1575년) 지어 임금에게 올린 글이다. 이이는 이 책에서 유학 사서의 하나인 《대학》을 텍스트로 하여 옛 성현들의 글을 모으고 자신의 사상을 덧붙였다.

경장해야 한다

왜 이이는 《대학》을 텍스트로 하여 글을 모은 것일까? "옛 성현들이 《대학》을 지어 규모를 세움으로써 성현들의 모든 교훈이 이 책을 벗어나지

않았습니다. 이 책이야말로 요점을 잡는 데 근본입니다." 그리고 《대학》
은 학문으로 들어가는 문이라고도 했다. 그런데 이이의 관심은 학문에
만 있지 않았다. 오히려 《대학》에서 다루는 '치국평천하', 즉 정치에 있
었다. 이 점은 다음 말에서 확인할 수 있다. "몸과 마음을 바르게 닦는
수신이 치국보다 앞선다는 말은 단지 그 순서가 그렇다는 말일 뿐이다.
만약에 수신이 지극해진 후에야 비로소 정치를 할 수 있다고 하면 옛 성
왕들의 덕성이 이루어지기 전에는 국가를 어디에 두어야겠는가?" 수신
후 치국이란 말의 순서가 그럴 뿐이지 현실에서는 당장의 정치가 중요
하다는 말이다.

　그러면 정치의 요체는 무엇인가? 이이는 말한다. "기강이 해이해져
서 선비의 기풍이 구차해지고, 재상과 벼슬아치들은 빈자리만 채우고
자기 일을 게을리하며, 백성은 곤궁하고 고달프다면 이것은 나라가 망
하려는 징조입니다. 이때에는 마땅히 서둘러서 개혁하여야 합니다." 이
이는 자기 시대를 이렇게 보았다. 《경연일기(經筵日記)》에서는 더 구체화
했다. "우리 조선은 나라를 세운 지 200년이 되어 중쇠기(中衰期)에 이르
렀다. 앞서 권세 부리는 간신들이 혼탁한 짓을 저지른 것이 많아서 오늘
날에 이르러 마치 노인이 원기를 모두 소진하여 회복하기 어려운 것과
같은 상황이다. …… 지금 흥하느냐 망하느냐 하는 기로에 서 있는 시
기다."

　이 시기에 무엇을 해야 하는가? 이이는 시급히 오래된 법과 제도를

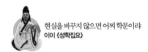
현실을 바꾸지 않으면 어찌 학문이랴
이이 《성학집요》

뜯어고치자고 했다. 이것을 《성학집요》에서 '경장(更張)'이라고 했다. 이이는 옛것을 새롭게 하면 인심이 불안해져 혼란과 위험이 온다는 주장을 일축했다. "임금은 나라에 의지하고 나라는 백성에 의지하기" 때문에 백성을 잃으면 나라가 의지할 데가 없다. 그러므로 단 한 가지 폐단도 고치지 못하면서 말로만 "백성을 편안하게 하려 한다"고 해보아야 백성의 원망이 더 높아질 뿐이다. 때가 바뀌면 그때에 맞추어 법과 제도를 고쳐야 한다. 이것을 이이는 '변통(變通)'이라 했다. 변통이야말로 가장 시급한 일, 즉 시무책(時務策)이다.

조선의 성리학을 세우다

이이는 공자와 주희를 비교하며 이렇게 썼다.

공자는 여러 성인들의 언행을 모아서 집대성했고 주희는 모든 현인들의 언행을 모아 집대성했습니다. 성인은 태어나면서부터 도리를 알고 행하여 아무 자취도 없기 때문에 성인의 언행은 갑자기 배울 수 없습니다. 주희는 오랫동안 공부를 해서 쌓아나갔기 때문에 모범으로 삼을 수 있습니다. 주희를 먼저 배워야만 공자를 배울 수 있습니다.

이이는 성리학을 연구했고, 조선을 성리학의 이상이 실현된 국가로 만들고자 했다. 그런 면에서 이이는 이황과 다르지 않다. 그러나 조선을 어떻게 바꾸어나갈 것인가 하는 점에서 이황과 달랐다. 이이는 이황의 철학을 비판했다. 친구인 성혼(成渾)에게 보낸 편지에 이렇게 썼다. "(이황은) 환하게 꿰뚫어 이치를 깨닫는 경지에까지 이르지 못했다. 그래서 본 것을 다 밝혀내지 못했고, 주장에도 잘못된 점이 있다. '이도 발동하고 기도 발동한다'고 하거나 '이가 발동하고 기가 따른다'고 하는 주장은 아는 것이 병이 된 주장들이다." 이이가 보기에 발동하는 것은 오로지 기뿐이다.

'이의 발동'이냐 '기의 발동'이냐 하는 이기 논쟁은 현실 인식과 현실을 변화시키는 방법을 둘러싼 논쟁이다. 기는 인간과 사회와 자연, 즉 우리가 사는 현실을 구성하는 것이다. 이는 인간의 순수한 마음, 사회와 자연의 이상적 질서를 말한다. 이황은 현실이 말세이지만 현실과 구분되는 이상적 질서가 존재하기 때문에 그것을 밝혀내 사람들을 교화한다면 이상적 세계가 이루어질 것이라 보았다. 그러나 이이는 이상적 질서가 현실과 동떨어져 존재하는 것이 아니라 현실 속에만 존재하기 때문에 현실을 바꾸지 않으면 이상적 세계는 이루어지지 않는다고 보았다. 이이가 경장론과 변통론을 내세워 줄기차게 개혁을 주장한 이유가 여기에 있다.

이이는 자신의 철학을 '이통기국(理通氣局)'으로 정식화했다. 성혼에

게 쓴 편지에서 이렇게 말했다.

이가 기를 타고 만물을 생성하므로 만물이 천차만별이라도 그 본연의 오묘한 이가 없는 곳이 없다. …… 맑은 곳과 혼탁한 곳, 순수한 곳과 얼룩진 곳, 찌꺼기와 재와 거름, 더러운 곳에도 이가 있어 그 본성이 된다. …… 이것을 이통이라 한다. 기는 형체를 가지고 있어서 본말이 있고 선후가 있다. 기는 쉬지 않고 운동하기 때문에 천차만별의 변화가 일어난다. 기가 만물을 생성할 때 본연의 모습을 잃지 않는 것도 있고 잃는 것도 있다. …… 이것을 기국이라 한다.

이는 기와 별도로 존재하지 않고 기를 통해 나타날 수밖에 없다. 현실의 모습, 즉 기가 아무리 다양해도 그 안에는 변함없는 이가 있다. 그러므로 현실을 개혁하여 이가 드러나도록 해야 한다. 이이는 '이통기국'을 자신의 발견이라고 자부했다. 그리고 아무리 주희가 말한다 해도 그것과 다르게 주장한다면 틀린 것이라고 단언했다. 이이는 성리학을 조선의 현실에 맞게 정정하여 자신의 철학을 세웠던 것이다.

3년간만 시행해보자

이이는 스물두 살 때 한성시(漢城試)에서 장원한 이후 스물아홉 살 때 생원시(生員試)와 식년문과(式年文科)에 장원할 때까지 아홉 차례의 시험에서 모두 장원을 했다. 스물여섯 살 때 아버지가 돌아가셔서 삼년상을 치르는 공백이 있었음에도 이이는 모든 시험에 거뜬히 장원을 했다. 이런 기록을 두고 사람들은 이이를 '구도장원공(九度壯元公)'이라 불렀다. 그러나 이이의 관직 생활이 순탄한 것은 아니었다. 이이는 조선의 개혁을 위해 헌신적으로 일했고 자신이 옳다고 생각한 일에 대해서는 비타협적으로 싸웠다. 임금이 잘못하면 "거칠고 음란하여 법도가 없는 임금과 같이 위태롭고 어지러운 길로 들어가고 있다"고 비판하는 것도 마다하지 않았다. 임금은 이이를 '과격하다'며 배척했다. 이이는 두 차례에 걸쳐 탄핵을 당하기도 했다. 특히 1572년 이이의 나이 서른일곱 살 때 조정이 동인과 서인으로 분열하면서 이이에 대한 견제는 더욱 심해졌다. 이이는 어느 편에도 가담하지 않고 양쪽을 타협시키려 애썼다. "선비가 분열하면 나라가 어지러워지고, 선비가 패망하면 나라가 망한다"는 논리를 내세워 붕당정치에 반대했다. 그러나 동인은 이이를 서인의 우두머리로 지목했다. 심지어 이이가 소년 시절 승려가 되기 위해 금강산에 다녀온 사실까지 탄핵의 대상으로 삼았다.

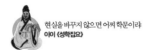

현실을 바꾸지 않으면 어찌 학문이랴
이이 《성학집요》

이런 가운데 이이는 수차례 개혁안을 올리면서 자신이 건의한 개혁안을 3년간 시행해보고 효과가 나타나지 않으면 임금을 속인 죄로 자신을 처벌하라고 단언하기까지 했다. 그러나 이이의 충정은 받아들여지지 않았다. 이이는 안타까움 속에서 마흔아홉 살의 나이로 요절하고 말았다.

당시 영의정까지 지낸 박순(朴淳)은 이이에 대해 이렇게 평가했다. "누가 이이를 보고 뜻만 컸지 꼼꼼하지 못하다고 했는가. 그 재주를 써보지도 않고 어떻게 함부로 평가를 하는가. 이이가 시행하고 조처하는 것을 보니 아무리 어려운 난제라도 조용히 밀고 나가는 것이 구름이 허공을 건너가듯 흔적이 없구나. 참으로 희귀한 인재다."

생각 플러스

이이는 앞 세대인 서경덕, 이황과 달리 '기 중심의 이기이원론'을 주장했다. 이이의 철학이 출현함으로써 '기일원론', '이 중심의 이기이원론', '기 중심의 이기이원론'이라는 세 개의 서로 다른 철학이 정립되었다. 다음의 글들을 읽고 세 철학의 차이점을 생각해보자.

• • •

끝이 없는 것을 태허라 하고 시작이 없는 것을 기라고 하는데, 태허는 곧 기다. 기의 처음은 '하나'이므로 '둘'을 품고 있다. 둘이 되면 움직임과 고요함, 열림과 닫힘, 생겨남과 사라짐이 없을 수 없다. …… 이는 기 바깥에 있는 별도의 실체가 아니고 기의 운동 원리일 뿐이다. 이가 기보다 앞서 있다는 것은 잘못된 말이다. 만약 이가 기보다 앞서 있다고 하면 기의 시작이 있는 것이다.
　　　　　　　　　　　　　　　　　　－서경덕, 《화담집》 〈이기설〉 중에서

공자와 주자가 태극이 음양을 낳는다고 했는데, 만일 이와 기가 본래 하나라고 한다면 태극이 곧 음양이라는 말이니 '태극이 음양을 낳는다'고 할 수 있겠는가. …… 만일 이와 기가 하나라면 공자께서 왜 형이상과 형이하로서 도와 기를 나누었겠는가. …… 주자는 "이와 기는 분명히 서로 다른 두 실체다. 다만 사물의 측면에서 본다면 이와 기가 한 덩어리가 되어 있어서 따로 떼어놓을 수가 없지만 이치로 본다면 사물은 없어도 사물의 이치는 있는 것이다"라고 했다. …… 성현

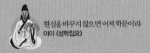

현실을 바꾸지 않으면 어찌 학문이랴
이이 《성학집요》

의 말씀으로 서경덕의 주장을 헤아려보니 하나도 맞는 곳이 없었다.
서경덕은 일생 동안 학문을 했지만 이(理)라는 한 글자를 제대로 알지
못했다.

-이황, 〈이와 기가 하나가 아님을 논증함〉 중에서

이는 기의 주재자다. 기는 이가 올라타는 것이다. 이가 아니면 기가 뿌
리내릴 곳이 없고, 기가 아니면 이가 의지할 곳이 없다. 이와 기는 서
로 다른 실체다. 그러나 이와 기는 서로 떨어져 있지 않다. 왜 이와 기
를 서로 다른 실체라고 하는가? 이와 기는 서로 분리되지 않고 묘하게
합쳐져 있으면서도 이는 스스로 이이고 기는 스스로 기이기 때문에 서
로 섞이지 않는다. 그래서 서로 다른 실체라고 한다. 그러면 왜 이와
기를 서로 떨어져 있지 않다고 하는가? 이와 기는 서로 떨어지지 않고
사이가 벌어지지 않으며 선후도 없고 떨어지거나 합해지는 일이 없다.
그래서 이와 기는 두 가지로 나누어 보이지 않는다.

-이이, 〈성혼에게 보내는 편지〉 중에서

◆ ◆ ◆

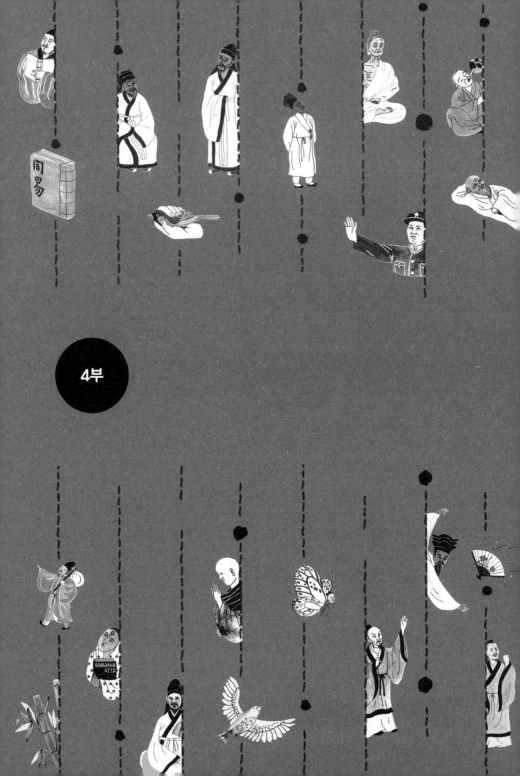

4부

마음과 세계

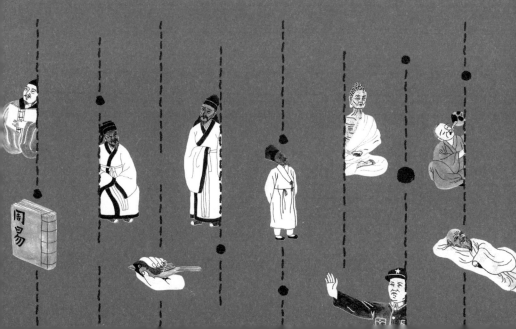

　　자장면을 먹으러 중국 음식점에 갔다가 짬뽕을 먹고 나온 경우가 있을 것이다. 왜 갑자기 생각이 바뀌었을까. 중국 음식점 하면 으레 자장면이 떠오른다. 그런데 옆 테이블에 앉은 사람을 보니 짬뽕을 맛있게 먹고 있다. 그래서 짬뽕을 먹게 된다. 이처럼 상황에 따라 생각이 바뀌는 경우가 있다.

　　이 경우 두 가지로 생각해볼 수 있다. 상황이 바뀌었으니 당연히 생각이 바뀌어야 한다고 할 수 있다. 반면에 생각이 확고하지 못하기 때문에 상황에 따라 흔들린다고 할 수 있다. 이 두 견해는 '마음과 세계'의 관계에 대한 생각 차이를 보여준다. '마음과 세계'의 관계는 철학의 오랜 주제 중 하나다. 특히 세상이 변동하는 시대에 이 주제가 주요하게 등장했다.

　　4부에서는 '마음과 세계'를 주제로 생각의 전환을 촉구한 다섯 편의 글을 해설했다. 중국의 승려 혜능의 《육조단경》, 양명학을 제창한 왕양명의 《전습록》, 임진왜란 때 승병을 이끌었던 서산대사 휴정의 《선가귀감》, 지동설로 유명한 홍대용의 《의산문답》, 잊혔던 인물 최한기의 《기학》이 그것이다.

　　불교 경전 연구에만 집중하여 대중과 멀어졌던 교종을 비판하며, "사람의 마음속에 부처가 있으니 자기 안의 부처를 발견하라"고 주장한 선종을 대중화한 사람이 혜능이다. 왕양명은 주희의 성리학이 지나친 규범화로 유학을 형해화하는 데 맞서 누구나 마음속에 가지고 있는 양지를 발견하라고 한다. 휴정은 불교계의 정화를 촉구하고 불교, 유학, 도가의 근본이 다르지 않음을 주장한다. 홍대용은 성리학적 차등의 관점에 맞서 상대적이고 평등한 관점을 가질 것을 촉구한다. 최한기는 아무런 실체도 근거도 없는 것에 바탕을 둔 학문을 버리고 실체와 근거가 확실한 학문을 하자고 한다.

이들의 주장 가운데는 후대에 받아들여진 것도 있고 그렇지 않은 것도 있다. 우리나라의 경우에는 대부분 받아들여지지 않았다. 휴정, 홍대용, 최한기의 주장은 잊혔다. 우리의 불행이다. 시대 전환의 고비 고비마다 우리의 것을 찾아내고 발전시켜 해답을 얻고자 하기보다 외부의 것을 가져다 해답을 찾으려 했다. 그 한계는 이미 드러났다. 최한기의 말처럼 외부의 것은 외부의 것을 설명하는 것이지 지금 이곳을 설명하는 것이 아니기 때문이다. 오늘날 우리 사회에서 고전 열풍이 불고 우리 조상들이 남긴 글에 대한 관심이 높아진 것은 다행스러운 일이다.

시대 상황에 따라 생각은 전환되어야 한다. 그래서 절대적인 것이란 없을지도 모르겠다. 그러나 최한기의 이 말은 절대라 해도 좋을 것이다. "시대의 움직임이 뜻한 바와 다르면 학문을 갈고닦을 일이다. 생각한 바와 어긋나는 사물을 만나면 학문을 고치고 바꿀 일이다."

17

마음 한 번 바꾸면
지옥도 극락이라

혜능 《육조단경》

서울대 사상고전 100선에 선정된 핵심 포인트

'단경'으로 약칭됨. 《단경》은 중국 남방 선종(禪
宗)의 창시자인 6대 대선사 혜능의 문인들이
그의 말씀과 행적을 엮어 펴낸 것으로, 중
국인의 저술로는 유일하게 불경으로 받
들어지고 있다. 그 《단경》에는 '모든 존재에
는 다 부처님이 될 바탕'이 있다는 '일체중생
(一切衆生) 개유불성(皆有佛性)'의 도리와 '명
심견성(明心見性)', '견성성불(見性成佛)' 등의 이치, 그
리고 일상생활 속에서도 '돌연히 깨달을 수 있다'는 돈오(頓
悟)의 도리 등과 같은, 인도식 불교와는 상당히 다른 중국 불
교의 특징이 잘 나타나 있다.

－송영배 서울대학교 명예교수

육조대사

한 사람이 광야에서 미친 코끼리를 만났다. 도망치던 사람은 옛 우물터를 발견했다. 다행스럽게 우물 안으로 등나무 줄기가 뻗어 있었다. 우물 안에 숨었으나 위기는 끝나지 않았다. 바닥에는 독사들이 우글거리고 있었다. 게다가 흰 쥐와 검은 쥐가 나타나 등나무 줄기를 갉아먹고 있었다. 그때 꿀을 따던 벌들이 흘린 몇 방울의 꿀이 그 사람의 입으로 떨어졌다. 그 순간 그는 꿀의 달콤함에 취해 자신의 위기를 잊었다. 흰 쥐와 검은 쥐는 흐르는 시간이다. 꿀은 욕심이다. 죽어가는 상황에서도 사람은 욕심을 끊지 못한다. 혜능은 그곳에서 벗어나라고 이야기한다.

대중들이여, 빛깔과 형상이 있는 육신은 성(城)이고 눈과 귀와 코와 혀는 문(門)이다. 밖으로 다섯 개의 문이 있고 안으로는 뜻의 문이 있다. 마음은 그곳의 땅이요, 본성은 그곳의 왕이다. 마음의 땅에 본성이 있으면 왕이 있는 것이고, 본성이 없으면 왕도 없다. 본성이 있으면 몸과 마음이 있고 본성이 가면 몸과 마음이 허물어진다. 그러므로 부처가 되고자 하면 자기의 본성을 향할 것이지 몸 밖을 향하여 구할 것이 아니다. 스스로의 본성이 미혹한 사람이 중생이요, 스스로의 본성을 깨달으면 부처다.

혜능(慧能, 638~713)은 마음속에 있는 본성을 깨달으라고 말한다. 중국 선종은 혜능 이전에 대중적으로 널리 퍼지지 않았다. 혜능에 의해 중국 선종은 크게 확산되어 중국 전역의 민중 속에 뿌리내리게 되었다. 혜능의 독특한 생애와 가르침을 담고 있는 책이 《육조단경(六祖壇經)》이다. 책 제목에 '육조'라는 말이 붙은 이유는 혜능이 중국 선종의 6대 조사이기 때문이다. 중국 선종은 소림사의 달마(達磨)로 시작하여 2대 조사 혜가(慧可), 3대 조사 승찬(僧璨), 4대 조사 도신(道信), 5대 조사 홍인(弘忍)을 거쳐 6대 조사 혜능으로 이어졌다.

깨달음으로 가는 길

불교는 크게 교종과 선종으로 갈린다. 교종은 불경에 실린 부처의 가르침을 탐구하는 종파이고, 선종은 참선과 수행을 통해 부처가 도달한 깨달음의 경지에 이르고자 하는 종파다. 선종은 참선을 통해 마음을 닦아서 자기 안에 있는 '부처의 본성'을 깨닫는 것을 목표로 한다. 혜능의 말을 들어보자.

> 수행자들이여, 세계의 허공은 모든 것을 포함한다. 해와 달과 별, 산과 물과 들, 풀과 나무, 착한 사람과 악한 사람, 천당과 지옥, 모든

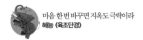

큰 바다와 수미산, 이 모든 것이 다 이 허공 속에 있다. 사람들의 성품이 공(空)한 것은 세상의 허공과 같다. 수행자들이여, 스스로의 본성은 모든 사물을 포함하기 때문에 크다. 모든 진리가 다 사람의 성품 속에 있다. 만일 모든 사람의 악함과 선함을 보더라도 본받거나 버리지 않고 거기에 물들어 걸리지 않으면 마음이 허공과 같나니, 이것이 큰 것이다.

문제의 본질은 '마음'이다. 마음은 허공과 같아서 모든 것을 담고 있다. 그래서 "속세의 사람이라도 마음만 깨끗하면 죄가 없는 것이요, 극락정토의 사람이라도 마음이 깨끗하지 못하면 허물이 있는 것이다". 문제의 근원은 자기 자신에게 있다. 또한 해결책도 자기 자신에게 있다. 마음을 어떻게 먹느냐에 따라 모든 외부의 사물이 달라진다. 기쁜 이에게는 아침이 축복이고 괴로운 이에게는 아침이 고통이다. 잠 못 드는 사람에게 밤은 불면이고 피곤한 이에게 밤은 휴식이다. 낮과 밤은 동일하게 사람에게 다가오지만 그것을 느끼는 사람의 감정은 제각각이다. 이런 이치를 깨달아 자신을 다듬고 자신의 마음속에 있는 본성을 찾아야 한다. 그것이 깨달음으로 가는 길이다.

돈도 점도
모두 진리다

사람마다 자신을 다듬는 방법은 다르다. 우리는 각자 소질을 가지고 있다. 한 사람이 모든 것을 잘할 수는 없다. 짧은 것이 있는가 하면 긴 것도 있다. 강한 부분도 있고 약한 부분도 있다. 중요한 것은 균형이다. 균형은 산술적으로만 잡히는 것이 아니다. 무엇을 중요하게 생각하느냐는 자신의 상태에 따라 달라진다. 불교의 수행도 마찬가지다. 수행이란 길을 가는 방법과 같다. 사람마다 길을 가는 방법이 각기 다르다. 길을 가며 사람을 만나고 잠시 쉬며 풍광도 보고 싶다면 걸어가야 한다. 기차 타기를 좋아하는 사람이 있고 자동차 타기를 좋아하는 사람도 있다. 어떤 방법으로 길을 가느냐는 비난의 대상이 아니다. 그런데 혜능이 살던 시대 사람들은 수행 방법에 대해 논란을 벌였다. 깨끗한 마음의 상태를 중시하는 정(定)과 지혜로움을 중시하는 혜(慧)의 논란이었다. 이에 대해 혜능은 명쾌하게 정리한다.

> 수행자들이여, 정과 혜는 마치 등과 등불 빛과 같다. 등이 있으면 빛이 있고, 등이 없으면 빛이 없다. 등은 이 빛의 본체요, 빛은 이 등의 작용이다. 등과 불빛이 이름은 비록 다르나 본체는 같은 하나다. 정과 혜도 이와 똑같다.

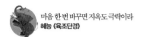

깨달음을 얻은 후에도 꾸준히 수양하라

　마음의 본성이 정이고 마음의 작용이 혜다. 그 둘은 따로 떨어질 수
없다. 그 둘을 함께 닦아야 진정한 수행이 이루어진다. 혜능은 또한 불
교의 대표적인 논란인 돈(頓)과 점(漸)에 대해서도 정리했다. 돈이란 깨
달음이다. 점은 깨달음을 얻은 후 이를 굳건히 하기 위한 꾸준한 수양을
의미한다. 이에 대해 혜능은 이렇게 말한다.

　진리는 본래 하나인데 사람은 남쪽 사람이 있고 북쪽 사람이 있다.
　진리는 하나인데 진리를 더디게 보는 사람이 있는가 하면 빠르게 보
　는 사람이 있다. 왜 돈과 점을 구분하여 말하는가? 진리에는 돈과 점
　이 없지만 사람에게는 날카롭고 무딤이 있으므로 돈과 점의 이름이

있는 것이다.
....

　빨리 깨달은 사람이 있는가 하면 더디게 깨닫는 사람도 있다. 그러나 '깨달음의 내용'은 다르지 않다. 깨닫는 것이 중요하지, 어떻게 깨닫느냐는 중요하지 않다.

우바새여, 우바이여, 이렇게 살라

불교에서는 출가하지 않은 일반인을 가리켜 남자는 우바새(優婆塞), 여자는 우바이(優婆夷)라고 한다. 불교 신자는 대부분 우바새와 우바이다. 그들은 속세에 살기 때문에 속세에서의 도리가 중요하다. 혜능은 이렇게 살라고 말한다.

> 마음이 평안한데 어찌 수고로이 규칙을 쥘 것이며, 행함이 곧은데 어찌 선을 닦겠는가? 은혜로운 부모님께 공양 효도하고, 위아래가 서로 친하여 화목하면 악에 물들지 않는다. …… 입에 쓰면 몸에 좋은 약이요, 거슬리는 말은 충언이다. 잘못을 고치면 반드시 지혜가 생겨나고 허물을 두둔하면 마음이 어질지 못하다. 하루를 삶에 항상 착한 일을 앞에 두라. 도를 이룸은 재물을 보시하는 것에 있지 않다.

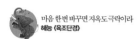

마음 한번 바꾸면 지옥도 극락이라
혜능 《육조단경》

도는 한결같이 마음에서 찾아야 하는데 어찌 수고로이 밖을 향하는가?

혜능의 이야기는 상식을 벗어나지 않는다. 상식은 결국 우리가 지켜야 할 보편적인 가치다. 특히 우리가 귀담아들어야 할 혜능의 이야기는 재물과 도의 관계다. 지금도 많은 사람들은 마음을 닦지 않고 재물을 바친다. 그러나 많은 재물로도 자신의 내면을 가꿀 수는 없다. 중요한 것은 역시 마음이다. 혜능이 한결같이 말하고 있듯이 스스로의 마음에서 답을 얻어야 한다. 속세에 살아 유혹이 많을수록 마음을 가다듬자. 이것이 혜능이 우리에게 해주고자 한 말이다.

깃발은 마음이 펄럭이게 했다

혜능의 말이 우리를 사로잡는 이유는 '사람마다 다르다'고 말한다는 점이다. 조금 늦는다고, 조금 떨어진다고 아파할 필요는 없다. 조금 늦어도 갈 수 있고 조금 떨어져도 이룰 수 있다. 늦었다고 멈추고 떨어진다고 포기하면 가지 못한다. 마음먹기에 달린 것이다. 마음이 만드는 일이니, 마음으로 해결해야 한다. 그래서 무엇이 다가오는지가 중요한 것이 아니라 다가오는 것을 어떻게 받아들일지가 중요하다. 똑같이 돈을 써도 누구는 기부를 하지만 누구는 낭비를 한다. 똑같은 시련이 와도 누구에겐 자신을 단련할 기회이지만 누구에겐 넘지 못할 패배의 벽이 된다. 마음 한 번 바꾸면 그렇게 달라진다.

혜능은 아버지를 일찍 여의고 홀어머니 밑에서 나무 장사를 하면서 가난하게 생활했다. 그래서 공부를 하지 못해 글을 전혀 몰랐다. 스물다섯 살 때 장터에서 어떤 스님이 《금강경》 읽는 소리를 듣고 마음이 열려 중국 선종의 5대 조사인 홍인을 찾아갔다. 홍인이 물었다. "아무것도 모르는 무지렁이가 어떻게 부처가 될 수 있겠느냐?" 혜능이 대답했다. "사람은 남쪽 사람과 북쪽 사람이 있지만 불성은 본래 남북이 없습니다. 무지렁이의 몸은 수행한 승려와 다르겠지만 불성이야 다르겠습니까?" 혜능은 결국 6대 조사로 발탁되었다.

혜능이 6대 조사가 되고 나서 어느 절 옆을 지나가게 되었다. 절 안에서 승려들이 다투고 있었다. 바람에 깃발이 펄럭이는 모습을 보고 한 승려가 "바람이 움직인다"고 했다. 그러자 다른 승려가 "그렇지 않다. 깃발이 움직인다"고 했다. 혜능이 말했다. "그것은 바람이 움직인 것도 아니고, 깃발이 움직인 것도 아니다. 바로 당신들 마음이 움직인 것이다."

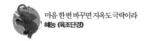

마음 한 번 바꾸면 지옥도 극락이라
혜능 《육조단경》

혜능은 모든 것이 마음속에 있다고 말했다. 행복과 불행 역시 우리가 마음을 어떻게 먹느냐에 따라 달라진다는 것이다. 영국의 정치가 토머스 모어(Thomas More)는 사람들의 행복이 물질적 삶의 편안함에서 시작된다고 보았다. 두 사람의 글을 읽고 진정한 행복을 위해 무엇이 필요한지에 대해 생각해보자.

◆ ◆ ◆

중생들이여, 속세의 사람도 마음만 깨끗하면 죄가 없고 극락정토의 사람도 마음이 깨끗하지 못하면 허물이 있는 것이다. 속세의 사람은 죄가 있으면 염불하여 극락정토에 가기를 원하지만 극락정토의 사람은 죄를 지으면 염불해서 어디 가기를 원할 수 있겠는가. 중생들이 어리석어서 자기 마음속의 부처를 알지 못하고, 자기 몸속에 극락정토가 있음을 모른 채 속세니 극락이니 하며 찾아다니고 있다. 그러나 깨달은 사람은 어디에 있든 한 가지다. 부처님이 말씀하시길, "머무는 곳이 어디든 항상 안락하다"고 하셨다. 중생들이여, 마음속에 착하지 않은 것만 없으면 극락정토가 여기에서 멀지 않지만, 만약 착하지 못한 마음을 품고 있으면 아무리 염불을 해도 극락정토에서 태어나기 어려우니라.

– 혜능, 《육조단경》 〈의문품(疑問品)〉 중에서

◆ ◆ ◆

유토피아에서는 모든 것이 공동소유이기 때문에 공동 창고가 가득 차 있는 한, 결핍을 두려워할 필요가 없습니다. 누구나 공정한 분배를 받기 때문에 가난한 사람이나 거지가 있을 수 없습니다. 재산을 가진 사람은 하나도 없으나 누구를 막론하고 부자입니다. 이런 나라에서 쾌활함, 마음의 평화, 불안으로부터의 해방보다 더 큰 재산이 무엇일까요? 식량 공급을 걱정하거나 아내의 애처로운 요구에 마음이 상하거나 딸의 지참금을 마련하기 위해 애쓸 필요가 없습니다. 따라서 유토피아 사람들은 자신과 아내, 자식, 손자, 증손자, 고손자, 그리고 귀족 집안에서 바라는 대로 기나긴 가계도의 모든 후손들이 대가 이어지더라도 항상 먹을 것이 충분하고 언제나 행복할 것임을 확신할 수 있습니다. 나이가 들어 일을 못하게 되더라도 아직 일하고 있는 사람들과 마찬가지로 장래가 보장됩니다.

— 모어, 《유토피아》 중에서

• • •

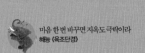
마음 한번 바꾸면 지옥도 극락이라
혜능 《육조단경》

18

내 마음 안에 다 있소이다

왕양명 《전습록》

서울대 사상고전 100선에 선정된 핵심 포인트

송대 성리학의 주지주의와 명분 지상주의를 비판하고 윤리의 주관적 내재성과 실천성을 강조한 명대 양명학의 단초가 되는 책이다. 이 책에서 강조되는 치양지, 지행합일 사상은 중국의 봉건적 체제가 붕괴되기 시작하는 명대의 사회경제적 환경을 반영하는 것으로 개인주의, 자유주의라는 근대 사상의 맹아를 품고 있다고 평가되기도 한다.

— 허남진 서울대학교 철학과 교수

전수받아 익힌다

한 소년이 갓 결혼한 신부와 함께 배를 타고 고향으로 돌아오고 있었다. 소년은 우연히 배 위에서 누량이라는 학자를 만나게 되었다. 누량은 소년에게 격물치지의 학설을 가르쳐주었다. 또한 덧붙여 "공부를 하면 성인이 될 수 있다"며 격려해주었다. 소년은 몇 년간 주희의 글을 놓고 공부를 했다. 주희의 학설은 주변의 모든 사물에는 나름대로의 이치가 있다는 것이었다. 사소하게 보아왔던 나무 한 그루, 풀한 포기에도 이치가 있다! 청년이 된 소년은 어느 날 격물을 하여 이치를 알고자 대나무를 쳐다보았다. 몇 날 며칠을 두고 대나무를 쳐다보았지만 이치는 알 수 없었다. 오히려 눈병을 얻어 앓아눕고 말았다. "주희의 학설은 믿을 것이 못되는구나." 청년은 주희의 학설에 대한 공부를 집어치웠다.

대나무를 계속 쳐다본다고 대나무의 이치를 알 수 있을까? 어쨌든 이 우둔한 시도를 했던 소년의 이름은 왕양명(王陽明, 1472~1528?)이다. 누량이라는 성리학자를 만난 것은 열여덟 살 때였다. 대나무를 쳐다보았던 경험을 통해 왕양명은 성리학을 포기했다. 그리고 불교와 도가에 심취하여 경전 연구를 했다. 그러나 불교도 도가도 답이 아니었다. 불교

는 인간 세상을 멀리하는 사상이기 때문에 비현실적으로 보였다. 세속 신앙화한 도가는 장생술(長生術), 치병술(治病術) 등에 치우친 미신적 요소가 많은 비합리적인 사상으로 보였다. 왕양명은 다시 유학의 경전을 집어 들었다. 그리고 광범위한 독서와 사색을 통해 성리학과 다른 자기만의 유학을 세우게 되었다. 왕양명이 새롭게 세운 유학을 '양명학(陽明學)'이라고 한다.

《전습록(傳習錄)》은 왕양명의 사상을 집약한 책이다. 《전습록》은 왕양명이 살아생전에 완성한 책이 아니었다. 왕양명의 글은 〈논학어록〉, 〈논학서한〉 같은 단편적인 것뿐이었다. 왕양명의 제자들이 스승의 글을 모아 하나의 책으로 만들었다. 그래서 《전습록》을 완성하는 데 무려 38년이라는 긴 시간이 걸렸다. '전습'이란 말은 《논어》에서 따온 것이다. 《논어》의 첫 편인 〈학이〉에 이런 말이 나온다. 증자가 하루에 세 번 반성한다며, 반성의 한 내용으로 "스승에게서 전수받은 것을 충분히 익히지 못한 것은 없는가?"를 들었다. 여기에서 '전수'의 '전(傳)' 자와 '익히다'의 '습(習)' 자를 따서 '전습록'이라 했다. 책 제목을 풀이해보면, '스승에게서 배운 것을 충실히 익히는 책'이 된다. 제자들이 스승의 글을 정리하면서 붙일 만한 제목이다.

격물은 답이 아니다

주희는 중국 송나라 사람이다. 주희가 왕성하게 학문 활동을 할 당시 송나라는 몽골에 의해 양쯔 강 이남으로 쫓겨났다. 이를 남송(南宋)이라고 부른다. 주희는 이런 사태를 치욕이라 생각했다. 한족이 문화적, 정치적으로 최고의 민족이라 자부했는데, 이민족인 몽골족에게 쫓겨났기 때문이다. 주희는 말했다.

> 사람의 도는 인과 의를 벗어나 세울 수 없다. 인은 부자(父子) 사이의 것이 가장 크고, 의는 임금과 신하 사이의 것이 가장 크다. …… 인륜은 천리(天理)의 지극함이니 천지 사이에서 벗어날 수 없다. 임금과 아버지의 원수와 한 하늘 아래 함께 살 수 없음은 하늘이 알고 땅이 아는 일이다. 군신관계와 부자관계의 본성은 뼈에 사무치는 원통함에서 나오므로 자기의 뜻대로 할 수 없고, 자기가 함께 느끼는 정은 사사로움에서 나오는 것이 아니다.

주희는 이렇듯 비분강개했다. 그래서 주희의 성리학에는 한족 중심적 사고가 강하게 배어 있다. 대표적인 것이 화이론(華夷論)을 진리의 수준으로 끌어올린 것이다. 한족이 세계의 중심이고 다른 민족은 미개

한 오랑캐에 불과하다는 말이다.

명나라는 몽골족의 원나라를 뒤엎고 등장한 한족의 국가였다. 그래서 한족 중심의 성향이 강했고, 자연스럽게 성리학을 국가 통치 이념으로 채용했다. 그런데 성리학이 국가 이념이 되면서 학문상에 나쁜 성향이 생겼다. 성리학은 점점 입신출세를 위한 도구로 전락했고, 학문을 한다는 것은 주희가 해석해놓은 유교 경전을 암기하는 것으로 바뀌어버렸다. 심지어 주희가 달아놓은 해설과 다르게 유교 경전을 해석할 경우에는 이단으로 몰려 탄압을 받기까지 했다. "주희가 도를 분명하게 했으니, 오로지 그 도를 실천할 뿐이다." 당시의 유학자들은 이렇게 말했다. 성리학은 '생각하는 학문'에서 '암기하는 과거 공부'로 전락하면서 쇠퇴해갔다.

그래서 성리학에 대한 회의가 싹트기 시작했다. 뜻있는 많은 유학자들이 불교와 도가의 경전을 연구했다. 불교와 도가로 전향하려는 것이 아니라 불교와 도가의 사상을 통해 성리학을 비판하기 위해서였다. 왕양명 역시 마찬가지였다. 양명학은 이러한 배경에서 만들어졌다. 그러므로 양명학은 태생적으로 성리학에 대한 비판이다.

왕양명은 성리학의 어떤 점을 비판하고자 했는가? 왕양명이 대나무를 며칠 동안 쳐다보다 눈병이 났다는 일화를 소개했다. 이 일화가 말하고자 하는 바는 격물로는 이치를 알 수 없음이다. 우리의 바깥에 있는 사물을 아무리 연구해도 진리를 알 수 없다. 더욱이 격물치지에 따르면 사물이 없어지면 이치를 알 수 있는 길도 완전히 사라진다. 왕양명은 효도를 들어 이렇게 말했다.

> 부모님이 살아계실 때는 효도의 이치를 찾을 수 있지만 부모님이 돌아가시면 그 이치를 찾을 수 없게 된다. 그래서 부모님이 돌아가신 후 효도를 하려고 해도 할 수 없게 되는 것과 같다.

격물치지가 아니라면 어떻게 이치를 깨달을 수 있는가? 왕양명은 말한다. 우리의 마음이 곧 이치다. 진리를 바깥에서 구하려 하지 말고 마음 안에서 구하라. 이 점에서 양명학은 우리의 마음속에 부처가 있다는 불교의 영향을 강하게 받았다.

경전은
내 마음의 기록이다

왕양명은 자신의 주장을 정식화하여 '심(心) 즉 리(理)'라고 했다. '마음이 곧 이치'라는 말이다. 이 주장은 성리학의 주장과 대비된다. 성리학은 마음에는 착한 마음과 나쁜 마음이 함께 섞여 있다고 했다. 그중에서 착한 마음만을 이라고 했다. 심과 이를 엄격히 구분했던 것이다. 따라서 수양을 통해 착한 마음을 기르고 나쁜 마음을 극복해야 한다. 하지만 왕

양명은 그런 구분을 거부했다. 우리의 마음속에 있는 것은 '양지(良知)'다. 양지는 맹자가 주장했던 것으로, 가르쳐주지 않아도 사람들이 아는 것을 말한다. 어린아이가 엄마를 찾는 본능이나 누구든 물에 빠진 아이를 보고 아무 사심 없이 구하려고 하는 마음 등이 양지다. 양지는 선천적으로 모든 사람의 마음속에 있다. 양지는 유학의 경전을 공부한다고 얻을 수 있는 것이 아니다. 경전은 양지의 기록일 뿐이다. "경전은 내 마음의 기록에 지나지 않는다. 경전의 내용은 내 마음에 이미 갖추어져 있다." 마음속에 양지가 있음을 알고 양지를 실현하면 된다. 이를 왕양명은 '치양지(致良知)'라 했다.

그러면 어떻게 치양지를 할 것인가? 왕양명은 그 방법으로 '지행합일 (知行合一: 아는 것과 행하는 것이 하나를 이룬다)'을 제시했다. 이 말은 '알고 있는 이상 실천해야 한다'는 뜻이 아니다. 양지는 누구나 가지고 있고 배워서 아는 것이 아니다. 따라서 '아는 것이 먼저'라고 주장하는 것은 의미가 없고, 말할 필요도 없는 것이다. 아는 것이 진정으로 아는 것으로 나타나려면 행해야 한다. 아는 것은 행하는 것을 통해서 알 수 있다. 행하지 않으면 아는 것이라고 할 수 없다. 따라서 '행하는 것이 뒤'라고 하는 것은 의미가 없다. 아는 것과 행하는 것은 시간상의 선후 문제가 결코 아니다. '아는 것과 행하는 것은 원래 하나로 합해져 있다.'

사람은 평등하다

왕양명의 사상에는 평등의 정신이 깃들어 있다. 양지는 모든 사람들의 마음속에 있다. 양반이건 상놈이건, 부자건 가난한 사람이건, 학식이 있거나 없거나 본질적으로 사람은 양지를 가지고 있기 때문에 평등하다. 이 점에서도 양명학은 성리학과 다르다. 성리학에서도 '사람은 이와 기로 이루어졌다'고 하여 평등의 관점을 가지고 있다. 그러나 기에 따라 사람의 높낮이가 달라진다고 하여 차등의 관점 또한 가지고 있다. 왕을 중심으로 하여 사농공상(士農工商)으로 이어지는 사회 국가적 질서를 이상적으로 보았기 때문에 성리학은 차등의 관점을 내세웠다. 물론 왕양명이 왕 중심의 질서를 부정한 것은 아니다. 그러나 왕양명은 권세 있는 신하와 간신들이 정권을 쥐고 흔드는 것을 경험했다. 썩어가는 명나라의 기강을 바로 세워보고자 왕에게 상소도 해보았지만 받아들여지기는 커녕 오히려 권력 집단에 의해 좌천되고 말았다. 이런 경험을 통해 왕양명은 체제의 문제점을 인식했다. 왕양명의 평등적 관점에는 당시 부패한 고위 관료층에 대한 비판 의식이 담겨 있다.

왕양명이 살았던 시기에 정치는 부패했고 국가 기강은 문란했다. 왕양명은 50여 년의 생애 동안 네 명의 왕을 거쳤다. 당시 정치가 얼마나 불안정했는지 알 수 있다. 왕양명은 자신이 직면한 시대적 위기를 외면

하지 않고 이를 뚫고 나가기 위해 고군분투하면서 자신의 철학을 정립했다. 왕양명은 뛰어난 병법가이기도 했다. 반란 사건을 진압하는 데 큰 공적을 세웠다. 그래서 반란 사건이 일어날 때마다 그 진압에 여러 차례 동원되었다. 왕양명은 험한 군대 생활을 하면서 건강이 나빠졌다. 결국 57세의 나이로 군대에서 병들어 죽었다. 왕양명은 가히 왕양명다운 유언을 남겼다.

"이 마음이 환히 밝은데 다시 무엇을 말하겠는가."

생각플러스

왕양명은 마음속에 이치, 즉 이가 있으므로 마음속의 이를
발견하라고 했다. 반면 주희는 이치를 알기 위해 사물을
연구하라는 격물치지를 주장했다. 두 사람의 글을 읽고 진리를 얻기 위해
어떻게 해야 하는지 생각해보자.

• • •

서애가 스승에게 "지극한 선을 마음에서만 찾다 보면 천하의 이치를
얻지 못할까 두렵습니다"라고 했다. 선생이 말하기를, "마음이 곧 이
니 천하에 마음 밖의 일과 마음 밖의 이가 있겠느냐"라고 했다. 서애가
대답하여 "부모를 섬기는 효와 임금을 섬기는 충 사이에 허다하게 많
은 것이 있는데 살피지 않으면 안 될 것 같습니다"라고 말했다. 선생이
탄식하며 말하길, "이 말의 폐단이 오래되었다. 부모를 섬길 때 부모에
게서 효의 이를 찾을 수 없고, 임금을 섬길 때 임금에게서 충의 이를 찾
을 수 없다. 모두 마음에 있는 것이다. 마음이 곧 이니 마음을 가리는
욕심이 없으면 하늘의 이치가 된다. 하늘의 이치를 담고 있는 마음이
부모를 섬기는 일에서 일어나면 효이고, 임금을 섬기는 일에서 일어
나면 충이다. 마음속의 욕심을 버리고 하늘의 이치를 보존하는 공부를
하여야 한다"고 말했다. 서애가 말하길, "부모를 섬길 때 여름과 겨울,
아침과 저녁에 따라 그 방법이 다릅니다. 이런 것 또한 공부를 해야 합
니까?"라고 했다. 선생이 대답하기를, "어찌 공부하지 않겠느냐. 다만
근본이 있으니 마음속의 욕심을 버리고 하늘의 이치를 보존하는 것을

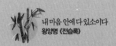

내 마음 안에 다 있소이다
왕양명 《전습록》

우선해야 한다. …… 마음에 욕심이 없고 순전히 하늘의 이치만 있다면 부모에게 효도하려는 마음에서 자연스럽게 겨울에는 부모의 추운 것을 생각하여 따스하게 해드릴 도리를 떠올릴 것이고, 여름에는 시원하게 해드릴 도리를 떠올릴 것이다. 효도하겠다는 마음이 근본이고 허다한 조건은 지엽적인 것일 뿐이다"라고 했다. — 왕양명, 《전습록》 중에서

◆ ◆ ◆

이천 선생이 말하기를, "하나의 사물에는 하나의 이치가 있으니 연구하여 그 이치를 찾아내야 한다. 이치를 찾아내는 방법에는 여러 가지가 있는데, 책을 읽어서 이치를 밝히기도 하고, 고금의 인물을 논하여 옳고 그름을 가려내기도 한다. 또는 사물을 연구하여 이치를 찾아내기도 한다. 이 모든 것이 다 이치를 연구하는 방법이다"라고 했다. 어떤 사람이 묻기를, "사물을 연구한다고 하면 사물 하나하나의 이치를 연구하는 것인가, 아니면 한 가지 사물의 이치를 연구하고 찾아내 만 가지 사물의 이치를 다 안다고 하는 것인가?"라고 했다. 대답하여 말하기를, "어떻게 전체를 관통하는 이치를 얻겠는가. 한 가지 사물의 이치를 연구하여 이치를 찾아내면 모든 이치에 통달할 수 있다는 말은 안회 같은 사람도 감히 하지 못할 것이다. 관통한다는 말은 오늘 한 가지를 찾아내고 내일 또 한 가지를 찾아내면서 거듭 쌓아나가 많아지면 그다음에야 전체를 알게 된다는 말이다"라고 했다.

— 주희, 《근사록》 〈치지류(致知類)〉 중에서

◆ ◆ ◆

19

유학은 뿌리고 도가는 기르고 불교는 수확한다

휴정 《선가귀감》

서울대 사상고전 100선에 선정된 핵심 포인트

조선 중기의 고승 휴정이 불교, 특히 선불교의 중요하고 핵심적인 내용을 뽑아 주석을 달고 평과 송(頌)을 덧붙인, 불교 입문자를 위한 지침서다. 여기서 휴정은 선은 말 없는 데서 말 없는 데로 들어가고 교는 말 있는 데서 말 없는 데로 들어간다고 말하여 선의 교에 대한 우월성을 분명히 하고, 그중에서도 돈오를 강조하는 임제선풍(臨濟禪風)의 탁월함을 강조하고 있어 보조선사와는 또 다른 묘미를 느낄 수 있다.

— 허남진 서울대학교 철학과 교수

달걀을 거꾸로 쌓아내리다

어느 날 사명대사가 금강산으로 서산대사를 찾아갔다. 서산대사가 나타나자 갑자기 사명대사가 날아가던 참새 한 마리를 손으로 잡고 물었다. "제 손 안에 있는 이 참새가 죽을까요, 살까요?" 서산대사가 말했다. "내 한쪽 발이 법당 안에 있고, 또 한발은 법당 밖에 있다. 내가 밖으로 나가겠느냐, 안으로 들어가겠느냐?" 사명대사가 대답했다. "밖으로 나오시겠지요. 나올 생각이 없었다면 문을 열고 한 발을 밖으로 내딛을 이유가 없지 않겠습니까?" 서산대사가 말했다. "맞다. 네가 손에 쥐고 있는 참새도 마찬가지다. 승려가 어찌 살생을 하겠느냐?" 서산대사의 승리다. 패배가 억울했던지 사명대사는 100개의 달걀을 꺼내 땅바닥에서부터 한 줄로 쌓아올렸다. 서산대사는 달걀을 공중에서부터 거꾸로 쌓아내렸다.

민간에 전해지는 설화다. 서산대사의 법명은 휴정(休靜, 1520~1604)이다. 휴정이 평안도 영변 묘향산에 오래 머물렀기 때문에 서산대사라는 별칭이 붙었다. 사명대사의 법명은 유정(惟政)이다. 사명은 유정의 법호다. 유정은 휴정의 제자다. 두 사람에 얽힌 여러 설화가 전해온다. 두 사람에 관한 설화가 많은 것은 임진왜란 때 승병을 조직하여 일본의 침략에 맞섰기 때문이다. 곽재우(郭再祐), 고경명(高敬命)이 그렇듯 임진왜란 당시 의병이나 승병을 조직하여 싸운 사람들을 민간에서는 영웅화했다. 그들은 신비한 능력과 도술로 일본군을 무찔렀다고 했다. 휴정과 유정에 관한 설화 역시 주로 그들의 도술 능력에 대한 것들이다. 조정에 대한 불신, 영웅적 인물의 출현과 세상의 개벽에 대한 백성들의 열망이 그렇게 나타났다.

숭유억불(崇儒抑佛: 유학을 숭상하고 불교를 억제함)을 국가 정책으로 내세운 조선은 불교를 억압했다. 조선 개국의 일등공신인 정도전(鄭道傳)은 《불씨잡변(佛氏雜辨)》에서 불교에 대한 반대 논리를 정식화했다. 불교는 현실을 허망한 것으로 보고 속세를 떠나라고 함으로써 천륜을 어겼다는 것이다. 즉 집을 떠남으로써 부모님께 불효하고 사회를 떠남으로써 임금께 불충한다는 것이었다. 정도전의 주장은 조선시대 유학자들의 불교 비판의 중심적 논리가 되었다. 세종은 불교 종파를 선종과 교종으로 강제 통합했고 전국에 36개의 사찰만 남기고 모두 폐쇄하게 했다. 또한 승려들의 도성 출입을 금지시켰다. 성종 때는 도첩제도를 폐지하여 승려가 되는 길을 막아버렸다. 불교는 대단히 위축되었고 승려들은 산속으로 숨어들어갔다.

불교계의 대응은 미미했다. 고려시대에 사찰은 대토지를 소유했고 승려는 사치스러웠다. 이에 대한 백성들의 원성이 높았지만 불교계 내에서는 반성이 이루어지지 않았다. 백성의 신망을 잃자 조선 정부의 대대적인 억불책에 맞설 수가 없었다. 조선 초 유학자 출신 승려 기화(己和)가 나서서 불교는 현실 세계와 일상생활을 수용하고 있다고 항변해보았지만 그 정도로는 억불책을 바꿀 수 없었다. 휴정이 승려가 되어 활동하던 시기의 사정이 이러했다. 휴정이 임진왜란 때의 공적으로 백성들 사이에서 영웅시되었지만 조정에서는 견제가 심했다. 조정의 한 관리가 "휴정은 자신의 공을 믿고 교만 방자하여 궁궐 문까지 말을 타고 돌아다닌다"고 비판했다. 당시 휴정은 여든 살의 노인이었다. 걷기가 힘들어 말을 탄 것조차 시빗거리가 되었다.

박쥐, 벙어리 염소, 지옥찌꺼기, 가사 입은 도둑

휴정은 아홉 살 때 어머니가 돌아가시고 그다음 해에 아버지마저 돌아가시면서 졸지에 천애 고아가 되었다. 당시 평안도 안주목사였던 이사회(李思曾)가 휴정의 재주를 어여삐 여겨 양자로 삼았다. 그 덕분에 휴정은 성균관에 들어가 유학을 공부하며 과거 시험을 준비했다. 그렇지만 과거 시험에 실패했고 열여섯 살 때부터는 한 노승을 만나 불교 경전을 읽기 시작했다. 그리고 당시의 고승인 영관(靈觀)을 찾아가 참선을 배웠다. 휴정은 스물아홉 살 때 친구를 찾아 어떤 마을을 지나다가 낮에 닭이 우는 소리를 듣고 크게 깨달았다고 한다. 그래서 나뭇잎에 시를 써서 날려 보냈다.

> 머리 세어도 마음 안 센다고
> 옛사람 일찍이 말했던가.
> 닭 울음소리 한 번 듣고
> 대장부 할 일 어허 마쳤네.

중종의 왕비인 문정왕후가 승려 보우(普雨)를 등용하고 승과를 부활했다. 휴정은 승과에서 장원급제하여 주요한 승관직을 두루 거쳤다. 그러나 승관직이 승려의 본분이 아님을 깨닫고 모든 직을 버리고 지리산, 태백산, 오대산, 금강산을 거쳐 묘향산에 들어가 수행을 하며 제자들을 가르쳤다. 휴정이 지은 여러 권의 책 가운데 가장 대표적인 것이 《선가귀감(禪家龜鑑)》이다. 《선가귀감》은 50여 권의 경론과 옛 승려들의 어록에서 필요한 부분을 간추리고 그것에 대한 해설을 덧붙인 책이다. 이 책을 지은 이유에 대해 휴정은 이렇게 말했다.

> 옛 글에 뜻을 두어 대장경의 거룩한 글로써 보배를 삼기는 하지만 그 글이 너무도 번다해 장경 바다가 하도 넓고 아득하다. 뒷날의 후배들이 가지를 헤쳐가면서 잎을 따는 수고를 할 것 같아서 글 가운데 가장 필요하고 간절한 것 수백 마디를 추려서 한 장에 써놓았다. 글은

간단하지만 뜻은 두루 갖추어졌다고 할 만하다.

휴정이 이 책을 지은 데는 비단 그런 이유만 있었던 것은 아니다. 조선 정부의 억불책에 의해 불교가 쇠퇴하면서 무속 신앙과 결합한 사찰들이 생겨나고 번성했다. 그래서 이른바 '사이비 승려'가 늘어났다. 휴정은 《삼가귀감(三家龜鑑)》에서 그들을 이렇게 비판했다.

> 부처를 팔아먹는 자는 '연기'를 폐기하고 죄와 복을 배척하며 몸과 입을 물 끓듯이 하여 사랑과 미움을 교대로 일으키니 가엾다. 승려도 아니고 속인도 아닌 자를 '박쥐'라 하고, 입으로 '부처의 진리'를 말하지 못하는 자를 '벙어리 염소'라 하며, 승려의 모습을 하고도 속인의 마음을 가진 자를 '머리 깎은 거사'라 한다. 또한 죄가 무거워도 고치지 않는 자를 '지옥찌꺼기'라 하고 부처를 팔아 삶을 영위하는 자를 '가사 입은 도둑'이라 한다.

사이비 승려에 대한 비판은 불교의 자기반성이다. 휴정은 불교의 진정성을 확보하고 불교의 진실한 힘을 배양하고자 했다. 휴정이 《선가귀감》을 지은 또 다른 이유는 불교 경전에 대한 진지한 연구를 통해 불교계 내의 변화를 촉구하기 위해서였다.

어느 것이
나의 모습인가

《선가귀감》에 나타난 휴정의 사상은 유정의 발문에서 알 수 있다.

> 지난 200년 동안 부처의 바른 가르침이 쇠퇴하여 선(禪)과 교(敎)의 무리들이 제각기 다른 소리를 내고 있다. 교만 주장하는 자들은 찌꺼기에만 맛을 붙여 바닷가의 모래만 셀 뿐 사람의 마음에 스스로 깨쳐 가는 문이 있음을 알지 못한다. 선만 주장하는 자는 닦고 깨치는 것을 우습게 보아 단박에 깨친 뒤에 비로소 보리심(菩提心)을 일으켜 온갖 행실을 닦을 수 있음을 알지 못한다. 그래서 선과 교가 뒤섞여 넘치고 모래와 금을 가리지 못하게 되었다.

휴정은 선과 교의 갈등을 넘어서고자 했다. "부처가 세 곳에서 마음을 전한 것이 선지가 되고, 한평생 말한 것이 교문이 되었다. 선은 부처의 마음이고 교는 부처의 말이다." 선과 교의 통합, 이것은 원효에서 지눌로 이어졌던 우리나라 불교의 전통이었고 휴정은 이 전통을 다시 되살리고자 했다.

휴정의 사상은 선종과 교종의 통합에만 있지 않았다. 휴정은 불교, 유학, 도가의 통합을 시도했다. 그것을 삼교회통론(三敎會通論)이라 한다.

불교, 유학, 도가가 조금씩 문호를 열면 서로 통할 수 있다는 것이다. 휴정은 "옛날 불교와 유학을 꿰뚫고 안과 밖에 통달한 사람은 만물을 기르며 조화롭게 했다. …… 어느 겨를에 유학이 그르니, 불교가 그르니, 서로 원수가 되어 비난했겠는가?"라며 유학과 불교가 갈등하는 현실을 개탄했다. 휴정은 농사일에 비유하여 불교, 유학, 도가가 제 나름대로의 역할을 하고 있다고 보았다. "유학은 진리의 씨앗을 뿌리고 도가는 그것을 기르며 불교는 그것을 수확한다." 불교에 좀 더 방점을 둔 주장이지만 세 사상의 근본이 다르지 않음을 밝힌 것은 커다란 의의가 있다. 휴정은 세 사상이 근본으로 삼는 핵심 주제가 '심(心: 마음)'이라고 했다. 그 마음이 무엇인지에 대해 휴정은 이렇게 썼다.

여기 한 물건이 있는데, 본래 한없이 밝고 신령스러워 일찍이 나지도 않았고 죽지도 않았다. 이름 지을 길 없고 모양을 그릴 수도 없다. 한 물건이란 무엇인가? 옛 어른은 이렇게 읊었다.

옛 부처 나기 전에
의젓한 동그라미
부처도 몰랐거니
어찌 가섭이 전하랴.

부처도 몰랐다는 마음의 근원을 두고 세 사상이 서로에게 문을 닫고 배척할 필요가 있겠는가. 휴정은 불교 중흥을 위해 애썼다. 불교계의 통합은 물론 유학, 불교, 도가의 회통을 주장하며 불교의 진정성을 알리고자 했다. 그러나 그런 노력이 결실을 맺기에는 조선시대 유학자들의 사고가 많이 굳어 있었다. 휴정의 유언이 전해온다. 휴정은 자신을 그린 초상을 보고 말했다고 한다. "80년 전에는 저게 나이더니 80년 후에는 내가 저것인가."

휴정은 출가하여 승려가 되는 것은 중생을 건지려는 것으로 대장부가 하는 일이라고 했다. 반면 조선 전기의 정치가 정도전은 출가가 부자의 관계, 임금과 신하의 관계를 끊는 행위로 잘못된 것이라 했다. 두 사람의 글을 읽고 바람직한 삶의 자세에 대해 생각해보자.

◆ ◆ ◆

출가하여 승려가 되는 것이 어찌 작은 일이겠는가. 몸을 편안히 하려는 것도 아니고, 따뜻이 입고 배불리 먹으려는 것도 아니며, 명예와 재물을 구하려는 것도 아니다. 태어남과 죽음을 면하려는 것이고, 번뇌를 끊으려는 것이며, 부처님의 지혜 목숨을 이으려는 것이고, 중생의 세계에서 뛰어나져서 중생을 건지려는 때문이다.

가히 하늘을 찌를 대장부라 할 만하다!

— 휴정, 《선가귀감》 중에서

◆ ◆ ◆

사람은 모두가 인을 가지고 있다. 부처가 비록 오랑캐이지만 사람임에는 틀림없으니, 어찌 인의 마음이 없겠는가? 우리 유학에서 말하는 측은(惻隱)은 부처가 말하는 자비다. 그런데 유학의 측은과 부처의 자비는 시행 방식이 서로 다르다. 가족은 나와 기(氣)가 같은 존재이고, 사람은 나와 유(類)가 같은 존재이며, 만물은 나와 생(生)이 같은 존재다. 그러므로 어진 마음을 베푸는 순서는 가족에서 사람으로, 그리고 사람에서 사물로 나아가야 한다. 이것은 물이 첫째 웅덩이에 가득 찬 후에 둘째 웅덩이를 거쳐 셋째 웅덩이로 흘러가는 것과 같다. 그러나 부처가 주장하는 자비는 그렇지 않다. 부처는 만물 가운데 호랑이 같은 맹수나 모기 같은 미물이 자기 몸을 물어뜯어도 전혀 아깝게 여기지 않는다. 그런가 하면 사람에 대해서는 어느 나라 사람인지를 가리지 않고 배고픈 자에게 밥을 먹이려 들고, 추위에 떠는 자에게 옷을 입히려 든다. 그것이 이른바 보시(布施)라는 것이다. 그런데 부자관계와 같은 군신(君臣) 관계를 끊어버리려 하니, 이 무슨 어이없는 일인가! 부처가 인륜을 하찮게 여기니, 자식은 애비를 애비로 여기지 않고, 신하는 임금을 임금으로 여기지 않는다. 결국 부처는 가까운 가족 보기를 길 가는 사람 보듯 하고, 공경해야 할 어른을 아이 대하듯 하여 근본을 잃어버렸다. 끝내 사람을 유익하게 하거나 만물을 구제하는 효과가 없는 것이다.

― 정도전 《불씨잡변》 중에서

◆ ◆ ◆

20

하늘에서 봐라, 차이가 없다

홍대용 《의산문답》

서울대 사상고전 100선에 선정된 핵심 포인트

새로이 수용된 서구의 과학적 세계관과 전통적인 성
리학적 세계관이 어떻게 접합될 수 있는지를 보여주는 저술
이다. 전통적 세계관을 고집하는 성리학자 허자와 서구의
실증적인 과학을 받아들이는 실학자 실옹의 대화로 전개되
는 이 책은 당시의 과학사, 철학사를 연구하는 데 중
요할 뿐만 아니라 《호질》의 선구가 되는, 문학사적
으로도 중요한 작품이다. — 허남진 서울대학교 철학과 교수

유학이 잘못된 것인가

허자(虛子)라는 선비가 있었다. 허자는 30년 동안 은거하며 공부를 했다. 그리하여 마침내 세상의 모든 법칙과 진리를 깨달았다. 그런데 세상에 나와 사람들과 이야기를 해보니 사람들이 자신의 얘기를 제대로 알아듣지 못했다. 심지어 비웃기까지 했다. 그래서 중국으로 갔다. 수많은 선비들을 만나 얘기해보았지만 알아주는 사람이 아무도 없었다. 마침내 허자는 탄식했다. "어찌 된 세상인가? 내가 공부한 유학이 잘못된 것인가?"

홍대용(洪大容, 1731~1783)의 《의산문답(醫山問答)》은 이렇게 시작한다. 《의산문답》은 조심스럽게 기획된 작품이다. 작품에 등장하는 무대인 의산은 실제 존재하는 산이 아니다. 즉 가상의 공간에서 허자와 실옹(實翁)이라는 가상의 인물이 대화를 나누는 것으로 되어 있다. 영국의 학자인 토머스 모어의 《유토피아》와 상통하는 점이 있다. 《유토피아》 역시 여행 중에 우연히 가게 되었다는 가상의 섬 '유토피아'의 생활을 그린다. 홍대용과 토머스 모어의 목적은 동일하다. 가상적 현실을 내세움으로써 탄압을 피해 자신들의 주장을 하고자 했던 것이다. 다른 점은 토머스 모어가 자기 시대의 정치와 사회를 비판하고자 했다면 홍대용은 사상

하늘에서 봐라, 차이가 없다
홍대용 《의산문답》

1609년 바르톨로메오 델 베네가 그린 진실의 도시. 중세인들이 생각하는 유토피아의 모습이다.

을 비판하고자 했다는 점이다.

홍대용이 살았던 시대의 상황을 보자. 홍대용은 〈건정록후어(乾淨錄後語)〉에서 이렇게 썼다. "우리나라 학자들이 주희를 숭상하는 것은 중국조차도 따르지 못할 것이다. 그런데 숭상하는 것만 귀중하게 생각할 뿐, 경전에 의문이 생겨 의논을 해야 하는 대목에 이르면 바람 부는 대로 따라가기만 한다. 또한 서로 무리를 지어 생각의 허물을 덮어주기만 한다. 이렇게 하여 입에다 재갈을 물리려 한다." 사람 입에 재갈을 물린다고 했다. 주희의 철학과 다른 생각을 하는 사람은 사문난적(斯文亂賊), 즉 교리를 어지럽힌 자라고 탄압하던 시대였다. 그래서 홍대용은 비판한다. "중국에서는 성리학과 배치되는 양명학을 숭상하는 사람들이 많지만 그들에 대해 사문난적이라고 말하는 소리를 듣지 못했다." 홍대용은 일생을 두고 자유롭게 학문을 하고자 했던 사람이다. 그래서 생각의 일대 전환, 세계관의 일대 전환을 이루어냈다. 그 세계관의 전환을 집약해놓은 책이 《의산문답》이다. 이 책은 홍대용이 35세 되던 해인 1766년에 지어졌다.

선비에게
집안일을 가르치자

홍대용은 열 살 때부터 학문에 뜻을 두었다고 했다. "열 살이 되면서부터 고학(古學)에 뜻을 두었다. 문장이나 끼적거리면서 세상 물정에는 어두운 선비가 되지 않기를 맹세했다. 나라를 부강하게 하고 백성을 잘 살 수 있게 하는 학문을 아울러 사모했다"고 말했다. 여기에서 '고학'은 옛날 학문이 아니라 진정한 학문을 의미한다. 홍대용은 고학과 아울러 "나라를 부강하게 하고 백성을 편안하게 하는" 학문을 하겠다고 했다. 이런 학문적 성향은 〈소학문의(小學問疑)〉에 잘 드러난다.

> 옛날에는 어렸을 때부터 육예(六藝)를 배웠으므로, 자라서 비록 도를 깨치지 못했을지라도 배운 것을 적용하는 데 그릇됨이 없었다. 오

늘날의 사람들은 오로지 문장을 끼적거리는 데만 관심을 가져서 근본을 깨쳤다 하더라도 구체적인 적용을 하지 못해 쓸모없어져버린다. 도를 안다고 하는 사람도 문장을 끼적거리고 시를 읊는 데는 어긋남이 없지만, 일상생활에 관한 것은 어두워 살피지 못한다. 일상사에 서투른 것을 높은 경지라 생각하고 일상적인 사무를 종합하여 파악하는 일을 비속한 것이라 여긴다.

육예란 예(禮: 법도), 악(樂: 음악), 사(射: 활쏘기), 어(御: 통치술), 서(書: 문학), 수(數: 수학) 등 여섯 가지 공부를 말한다. 옛날에는 이것들을 가르쳐서 도를 모르더라도 실제적인 분야에서는 그릇됨이 없었다고 했다. 그런데 요즘 학자들은 글을 끼적거리고 시를 읊조리는 데만 열중할 뿐, 일상생활에 대해서는 아는 것이 없다고 했다. 홍대용은 육예는 물론 물을 뿌리고 비질을 하는 등의 집안일 역시 함께 가르쳐야 한다고 했다.

베이징에 다녀와서 생긴 일

서른네 살이 되던 해인 1765년 홍대용은 중국 베이징을 여행할 기회를 얻었다. 당시 해외여행을 할 수 있는 사람은 극히 제한되어 있었다. 따라서 베이징 여행은 가슴 벅차도록 설레는 일이었다. 홍대용은 3개월

동안 베이징에 머물면서 다양한 문물을 견학하고 많은 학자들과 교류했다. 이때 사귄 학자 중에 육비(陸飛), 엄성(嚴誠), 반정균(潘庭筠) 등이 있었다. 홍대용은 그들과 수시로 만나 필담을 주고받았고, 귀국 후에도 계속 편지 왕래를 했다. 홍대용은 귀국하자마자 베이징 여행을 글로 정리하여 여행기를 썼다. 그런데 여기 실린 내용이 알려지면서 김종후(金鍾厚)란 자가 시비를 걸었다. 김종후는 청나라를 "비린내 나는 더러운 원수의 나라"라고 하며, 그곳 학자들과 사귀고 우정을 나누는 일은 바람직하지 않다고 딴죽을 걸었다.

화이론의 입장에서 시비를 걸었던 것이다. 화이론은 중국의 한족을 중화라 하고, 다른 민족은 오랑캐로 여기는 사고방식이다. 그것은 성리학이 널리 표방한 이념이기도 했다. 당시 조선은 화이론의 입장에서 청나라를 오랑캐의 나라라고 했다. 만주족이 세운 나라이기 때문이다. 또한 청나라를 섬기는 중국인들 역시 오랑캐라 하여 배척했다. 김종후는 오랑캐와 사귄 일을 자랑스럽게 기록한 홍대용이 크나큰 죄를 지었다고 주장했다. 당대 조선 지배층의 완고함이 이 정도였다. 이에 대해 홍대용은 "군자가 사람을 사귀는 데 차별을 해서야 되겠느냐"며 이렇게 썼다. "강희 이후 청나라는 백성을 안정시키고 제도를 간단하게 하여 중국을 지배하고 복종시킬 수 있었다. 그래서 청나라의 새로운 제도가 100년 동안 중국 사람들에게 익숙해져서 과거의 전통처럼 편하게 여기게 되었다."

강희는 청나라의 4대 황제 강희제(康熙帝)다. 홍대용은 강희제 이후 100년간 황제들이 잘 다스려 중국인들이 청나라를 자기 나라로 생각하고 있다고 했다. 그런데 청나라를 오랑캐 나라라고 비하하면 되겠느냐는 얘기였다.

조선은 청나라를 오랑캐의 나라라고 비하하고 명나라를 섬겼다. 한족이 세운 나라이기 때문이다. 그런데 명나라는 이미 청나라에 의해 멸망한 지 오래되었다. 그럼에도 조선은 의리론을 내세워 없어진 나라인 명나라를 섬겼다. 화이론의 폐해가 이렇게 컸다. 홍대용은 김종후에게 보낸 편지에서 "예로부터 천하의 대세는 늘 바뀌어왔다. 세상이 바뀐 뒤에 과거 역사를 잊지 않도록 하기는 어렵다"라고 썼다. 세상이 바뀌었는데 여전히 없어진 명나라만 섬기는 것이 말이 되느냐는 얘기다.

하늘에서 보면 사람과 동물은 똑같다

홍대용은 중국 여행을 정리하면서 《의산문답》도 썼다. 《의산문답》은 주인공 허자가 "내가 배운 유학이 잘못된 것인가?" 하고 한탄하면서 시작한다. 그러자 다른 주인공인 실옹이 어디가 잘못되었는지를 말한다. 실옹이 허자에게 사람과 사물의 차이에 대해 묻자 허자가 대답했다. "천지 사이의 생물 가운데 오직 사람이 귀합니다. 동물과 초목은 지혜가 없고, 깨달음도 없으며, 예의도 모릅니다. 사람은 동물보다 귀하고 초목은 동물보다 천합니다." 모범적인 성리학자의 답변이다. 이에 대해 홍대용은 실옹의 입을 빌려 말한다. "사람의 관점에서 사물을 보면 사람이 귀하고 사물이 천하지만 사물의 관점에서 사람을 보면 사물이 귀하고 사람이 천하다. 하늘에서 보면 사람과 사물은 똑같다." 이것이 홍대용이 시도한 세계관 전환의 핵심이다. 입장에 따라 세상일이 다르게 보인다. 하늘에서 본다는 것은 어떤 하나의 중심을 두지 않음을 의미한다. 이렇듯 홍대용은 하나의 고정된 관점과 입장을 버리고 사물을 볼 것을 요구했다. 이것은 차등을 넘어서는 평등의 세계관이다. 홍대용은 이런 세계관을 《의산문답》에서 우주와 인간 사회에 적용해나간다.

　홍대용은 지동설을 주장한 것으로 유명하다. 홍대용이 지동설에서 말하고자 하는 바는 우주에도 하나의 중심이 없는데 인간 사회에 하나의 중심을 둘 수 있겠느냐는 것이다. 그래서 중국의 한족을 중심으로 하는 화이관에 대한 비판으로 나아갔다. 홍대용은 실옹의 입을 빌려 이렇게 말한다.

하늘이 생명을 주었고 땅이 길렀으니 피와 살이 있는 사람은 다 똑같다. 무리 가운데 선발되어 한 나라를 맡아 다스리는 자는 다 똑같은 임금이다. 문을 겹겹이 만들고 도랑을 깊이 파서 국토를 지키는 것은 다 똑같은 국가다. 모자를 썼건 갓을 썼건, 몸에 문신을 새기건 현

하늘에서 봐라, 차이가 없다
홍대용 《의산문답》

판에 무언가를 새기건 다 똑같은 풍습이다. 하늘에서 보면 어찌 안과 밖의 구분이 있겠는가. 각각 자기 나라 사람과 친하고, 자기 나라 임금을 섬기고, 자기 나라를 지키고, 자기의 풍습을 편안하게 여기는 것은 중화나 오랑캐나 마찬가지다.

홍대용은 화이론의 유래를 밝힌다. "공자는 주나라 사람이다. …… 《춘추》는 주나라의 역사서다. …… 공자가 바다를 건너 아홉 오랑캐들이 있는 곳에 거주했다면 …… '주나라 바깥의 춘추'가 생겨났을 것이다." 화이론은 공자가 쓴《춘추》에서 유래했다. 공자는 주나라 사람이기 때문에 주나라 중심의 역사를 썼을 뿐이다. 만약 공자가 오랑캐 나라에서 태어났다면 오랑캐 나라가 중화가 되고, 중국이 오랑캐가 되었을 것이다. 중화와 오랑캐를 나누는 절대적 기준이 있는 것이 아니다. 홍대용은 당대 성리학에 의한 이분법적 사고, 차등의 세계관을 넘어 상대주의와 평등의 세계관으로 생각의 전환을 이루었다. 물론 홍대용의 철학은 성리학의 틀 내에서 이루어졌다. 성리학 자체를 폐기하는 일은 한 개인으로서는 감당하기 어려운 시대였다. 그러나 홍대용이 이룩한 생각의 전환은 근대적 철학을 예비하는 것이었다. "하늘에서 봐라! 사람과 사람, 사람과 사물, 중화와 오랑캐가 똑같지 않은가!"

홍대용과 코페르니쿠스(Nicolaus Copernicus)는 모두 지동설을 주장했다. 중세에 지동설은 세계관의 근본적인 전환을 의미했다. 홍대용은 세계관의 전환을 철학, 문학에서부터 국가 정책에 이르기까지 일관되게 적용하고자 했다. 코페르니쿠스는 천문학 분야로 자신의 관심을 제한했다. 다음 글들을 읽고 세계관의 전환이 가지는 의미를 생각해보자.

• • •

실옹이 말했다.

"너에게 묻겠다. 너의 몸이 사물과 다른 점을 말하여 보거라."

…… 허자가 대답했다.

"천지 사이의 생물 가운데 오직 사람이 귀합니다. 동물과 초목은 지혜가 없고, 깨달음도 없으며, 예의도 모릅니다. 사람은 동물보다 귀하고 초목은 동물보다 천합니다."

실옹이 고개를 쳐들고 웃으면서 말했다.

"너는 진실로 사람이구나. 오륜(五輪)과 오사(五事)는 사람의 예의다. 무리 지어 다니고 소리 내 (새끼들을) 불러 먹이는 것은 동물의 예의다. 떨기로 나서 무성해지는 것은 초목의 예의다. 사람의 관점에서 사물을 보면 사람이 귀하고 사물이 천하지만 사물의 관점에서 사람을 보면 사물이 귀하고 사람이 천하다. 하늘에서 보면 사람과 사물은 똑같다. …… (사물은) 지혜가 없기 때문에 거짓이 없다. 깨달음이 없기 때문

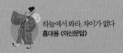

하늘에서 봐라, 차이가 없다
홍대용 《의산문답》

에 하는 일도 없다. 따라서 사람보다 귀하고 싶으다. 봉황은 날갯짓
하여 천리를 날고 용은 날아서 하늘에 있다. 국화꽃 향기 나는 술은 신
(神)과 통하게 하고 송백나무는 재목으로 쓰인다. 사람과 비교하면 무
엇이 귀하고 무엇이 천하냐 뻐기는 마음이 큰 도를 해친다. 사람이 사
람을 귀하게 여기고 사물을 천하게 여기는 것이 뻐기는 마음의 근원이
다."

- 홍대용, 《의산문답》 중에서

◆ ◆ ◆

만물의 중심에는 태양이 있다. 전체를 동시에 밝혀주는 휘황찬란한 신
전이 자리 잡기에 그보다 더 좋은 자리가 또 어디 있단 말인가. 혹자는
그것을 빛이라 불렀고, 혹자는 영혼이라 불렀고, 또 어떤 이는 세상의
길잡이라 불렀으니 그 얼마나 적절한 표현인가. 태양은 왕좌에서 자기
주위를 선회하는 별들의 무리를 내려다본다.

- 코페르니쿠스 《천체의 회전에 관하여》

◆ ◆ ◆

"하늘이나 하늘의 덮개, 해와 달이 아니라 지구가 회전한다는 것을 입
증하려고 발버둥 치는 오만불손한 주장이 나왔다. 그 바보는 천문학
전체가 뒷걸음질치는 것을 바라고 있다." -지동설에 대한 종교개혁가 루터의 언급

◆ ◆ ◆

"지구는 우주의 중심점이라는 엄청난 특권을 포기해야 했다. 이제 인간은 엄청난 위기에 봉착했다. 낙원으로의 복귀, 종교적 믿음에 대한 확신, 거룩함, 죄 없는 세상, 이런 것들이 모두 일장춘몽으로 끝날 위기에 놓인 것이다. 새로운 우주관을 받아들인다는 것은 사상 유례가 없는 사고의 자유와 감성의 위대함을 일깨워야 하는 일이다."

-지동설에 대한 독일 소설가 괴테의 언급

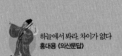

하늘에서 봐라, 차이가 없다
홍대용 《의산문답》

21

유행을 추측하라
최한기 《기학》

서울대 사상고전 100선에 선정된 핵심 포인트

전통 철학의 개념인 기를 중심 개념으로 하여 유학, 불교, 도가는 물론 새로 수용된
서양의 과학, 천주교까지도 아우르는 방대한 철학체계를 구상했던 최한기는 이 책
에서 서구의 자연과학과 유교적 강상윤리에 동시에 근거를 제공할 철학적 기초로
기론을 제시했다. 동도서기론(東道西器論)의 사상적 선취로 평가되는 최한기의 기
학은 오늘날 서구 사상을 받아들이는 우리의 자세를 다시 한 번 반성하게 한다.

— 허남진 서울대학교 철학과 교수

한양에서 공부만 하다

하루는 오랑캐(프랑스 군)가 급히 모래를 운반하여 배 위로 가져가는 데 아무도 그 이유를 알지 못했다. 최한기가 그 소식을 듣고 말하기를, "저들은 필시 먹는 물이 떨어졌다. 모래를 독에 넣고 바닷물을 담아두면 짠물이 민물이 된다. 그러나 저들이 이미 깊이 들어와 물을 공급할 방법이 없으니 머지않아 스스로 물러날 것이다"라고 했다. 며칠 뒤 오랑캐는 달아났다. 정기원이 장계(狀啓)를 올려 보고하고, 장차 보직 없이 군 전략에 참여시켜야 한다고 했다. 최한기는 "그것은 내가 알지 못하는 분야"라며 사양했다.

이건창(李建昌)이 쓴 《혜강 최공전》에 전하는 일화다. 최한기(崔漢綺, 1803~1877)는 100여 년 전 한양에 살았다. 무려 1000권이 넘는 책을 썼다고 한다. 저작 수로만 보면 전무후무할 것이다. 그러나 최한기란 이름은 매우 낯설다. 그는 오랫동안 잊힌 인물이었다. 기록도 별로 없고 교류했던 친구도 적었다. '대동여지도'를 만든 김정호(金正浩)와 북학파인 이덕무(李德懋)의 손자 이규경(李圭景) 정도가 가까운 친구로 꼽힐 뿐이다.

최한기는 개성에서 태어났는데 큰아버지의 양자로 들어가 한양에서 살았다. 스물세 살 때 생원시에 합격하여 생원이 되었지만 더 이상 과거 시험은 보지 않았다. 오로지 학문만 했다. 그렇다고 조용한 시골 마을에 은둔하여 학문을 한 것도 아니었다. 최한기는 한양에 살았다. 한양을 떠나지 않는 이유에 대해 책 구하기가 쉽기 때문이라고 했다.

책 때문에 가세가 기울다

최한기는 〈장수루기(藏修樓記)〉에서 책의 소중함에 대해 썼다. "1000년의 세월을 오르내리면서 새로운 정신이 계속 생겨난다. 멀리 만 리 밖에서도 현명한 인재가 계속 나타난다. 땅이 멀고 지역이 달라 소리를 듣고 말을 통할 수는 없지만 그 인재들의 삶을 헤아려 그들을 만나고 그 시절의 향기로운 말을 들을 수 있다." 최한기의 책에 대한 애착을 《혜강 최공전》은 이렇게 전한다.

> 좋은 책이 있다는 소문이 들리면 돈을 아끼지 않고 후한 값을 주고 샀다. 읽은 다음에는 헐값에 팔았다. 이 때문에 전국에서 책장사들이 다투어 몰려와 책을 팔려고 했다. 중국 베이징의 출판사에서 새로 출판된 책이 우리나라에 들어오면 최한기가 보지 않은 것이 없었다. 책을 사는 데 돈을 너무 많이 쓴다고 말하는 사람이 있으면 최한기는 "만약 이 책 속의 사람이 나와 한 시대에 살고 있다면 천 리 길이라도

마다하지 않고 찾아갈 것이다. 지금 나는 앉아서 책을 통해 만나는 것이 가능하다. 책 사는 데 돈이 많이 들어도 먹을 것을 싸서 멀리 찾아가는 것보다 낫지 않은가"라고 말했다.

별다른 직업도 없이 비싼 값에 책을 사서 헐값에 팔아대니 버틸 재간이 없었다. 그래서 집안 형편이 말이 아니었다.

옛집을 팔고 도성 밖에서 셋방살이를 했다. 시골에 가서 농사라도 지으려고 하면 최한기는 "그것도 내가 바라는 바이지만 더 크게 바라는 바가 있다. 견문을 넓히고 지혜를 열 수 있는 것은 오로지 책 덕분이다. 책을 구하는 데 한양보다 더 편한 곳은 없다. 굶주림의 고통을 피한답시고 견문을 좁혀 비루해질 이유가 없지 않은가"라고 말했다.

책이 없어 견문을 넓히지 못하고 지혜를 얻을 수 없는 것보다 굶주림이 낫다. 최한기는 책벌레였다.

성리학은
있어도 그만 없어도 그만

최한기는 1000권이 넘는 방대한 양의 책을 썼는데 그 가운데 자신의 철학을 집약한 책이 《기학(氣學)》이다. 《기학》은 최한기가 쉰다섯 살 때인 1857년에 썼다. '기학'은 '이학(理學)'과 대비되는 이름이다. 최한기는 이학에 대해 이렇게 썼다. "(이학은) 형체가 없는 이(理)와 신(神)을 근본으로 삼아 이것을 심원하고 고매한 것으로 여기고, 형체가 있는 물체와 검증할 수 있는 사실을 근본으로 삼는 것은 천박하고 보잘것없는 것으로 여긴다."

이학은 형체가 없는 이와 신을 근본으로 삼는 학문이다. 그 대표적인 것이 췌마학(揣摩學), 낭유학(稂莠學)이다. "이렇게 할 수도 있고 저렇게 할 수도 있어 있으나 없으나 관계없는 것이 췌마학이다. 화(禍)니 복(福)이니 재앙이니 행복이니 하여 해롭기만 하고 이로움이 없는 것이 낭유학이다." 췌마란 남의 마음을 미루어 헤아린다는 말로, 췌마학은 성리학을 일컫는 말이다. 성리학은 있어도 그만 없어도 그만인 학문이다. 낭유는 곡식에 해가 되는 잡초를 가리키는 말로, 낭유학은 불교, 도가, 기독교 등을 가리키는 말이다. 그것은 이로움 없이 해롭기만 한 학문이다.

최한기는 이학을 배격하고 기학을 하자고 했다. 기학은 '형체가 있는 물체와 검증할 수 있는 사실을 근본으로 삼는' 학문이다. 그래서 기학은 '세상 사람들이 가져다 쓰고' '우주 안의 사람들이 감동하여 탄복하는' 학문이다. 기학의 출현은 성리학뿐만 아니라 불교, 도가 등이 한계에 부딪혀 무기력해진 시대의 반영이었다. 최한기가 살았던 19세기는 제국주의 열강들의 침략이 노골화하던 때였다. 나라가 근대적 발전을 이루느냐 제국주의의 식민지로 전락하느냐 하는 기로에 선 시대에 실체가 없는 이를 근본으로 삼는 철학은 무기력할 수밖에 없었다.

오늘을 선택하라

최한기는 《기학》에서 대담한 발언을 한다. "옛사람의 언어와 문자 중에 기에까지 다다른 것이 매우 드문데, 어떤 것은 그 자취를 보았지만 그 본체에는 다다르지 못한 것이 있고, 어떤 것은 그 단서를 발견하기는 했지만 근본에까지 다다르지 못한 것도 있다." 성현들의 글을 여전히 애지중지 떠받들던 시대에 파격적이고 위험천만한 발언이다. 그러나 최한기의 설명은 명쾌하다. 기는 변화한다. 변화하기 때문에 시대와 지역에 따라 다르다. 옛 성현들의 글은 그 시대, 그 장소의 기를 설명한 것이지 지금 이곳의 기를 설명한 것이 아니다. 지금 이곳의 기, 즉 현실을 알고 그에 맞는 철학을 하는 것이 중요하다. 《인정(人政)》에서 최한기는 이렇게 썼다.

> 만약 옛날과 오늘날 가운데 취사선택을 해야 한다면 내가 살아가고 의지해야 할 것은 오늘날이지 옛날이 아니다. 사용하면서 따라야 할 것이 오늘날에 있지 옛날에 있지 않다. 차라리 옛날을 버릴지언정 오늘날을 버려서는 안 된다. 글을 배우고 학문을 하는 선비가 오늘날의

기 변화를 모르고 옛날 글의 자취만을 따른다면 오늘날의 백성을 다스리는 데 어긋나는 점이 많을 것이다.

그러면 어떻게 오늘날의 변화를 읽을 것인가? 최한기는 《기측체의(氣測體義)》에 이렇게 썼다. "기는 진실한 이의 근본이고, 추측(推測)은 앎을 넓히는 요체다. 이 기에 근거하지 않으면 탐구하는 것이 모두 허망하고 괴이한 이가 된다. 추측을 통하지 않으면 앎의 근거가 없어져 증명하지 못하는 말이 될 뿐이다." 실체가 있는 것, 즉 기에 근거하여 추측을 하자고 했다. 여기에서 '추측'은 우리가 일상에서 사용하는 뜻과 다르다. 확실한 것을 바탕으로 아직 밝혀지지 않은 것을 알아내는 것이 추측이다. 우주 만물은 기다. 우주 만물인 기는 끊임없이 운동하여 새로운 것을 만들어낸다. 이런 기의 운동을 '유행(流行)'이라 했다. 요즘 우리가 사용하는 유행이란 말과는 너무 다르다. 이미 밝혀진 기를 연구하면 아직 밝혀지지 않은 기를 추측할 수 있다. 궁극적으로는 우주 만물의 기에 도달할 수 있다. 최한기는 말한다. "유행을 추측하라!" 요즘 사용하는 용법대로 이 말을 해석하면 무엇이 될까? 언어 사용의 달라짐이 옛 학자들의 글을 읽는 데 큰 장애가 되는 것 같다.

천하 만세의 학문

최한기는 《인정》에서 학문하는 자세에 대해 썼다. "학문의 근본적인 의의는 필생의 연구를 통해 이전에 발견하지 못했던 것을 발견하는 것이다. 나중의 것은 당연히 나중에 발견된다. 어찌 생전에 교만하게 상대를 공격하다가 모욕을 당하고, 심기를 건드려 박해를 받는가." 몇 가지를 발견했다고 우쭐대고 뽐내서는 안 된다. 모르는 것이 더 많지 않은가. 더욱이 "모든 학문에는 오류가 없을 수 없다". 기학 역시 오류가 있을 수 있다. 공(空: 비어 있음)이나 무(無: 없음)를 주장하는 불교와 도가는 근거할 것이 없으므로 오류가 무엇인지 알기 어렵다. 그래서 오류를 고치기도 어렵다. 성리학은 자기 속박의 오류가 있는데 "항상 이기고자 하는" 마음에 "결함을 감추기 위해 문자를 이용해 가리고 보호하려는 술책을 쓴다".

그러면 어떤 학문을 해야 하는가. 실학을 하면 되는가. 최한기는 실학이 "한 국가나 한 마을에 적용되는 학문"이라고 생각했다. 실학은 특정 지역이나 시대를 넘어서 적용할 수 없는 한계가 있다. 그래서 최한기는 "세계 어디에서나 만세(萬歲)에 걸쳐 적용되는 학문"을 하자고 했다. 그것이 바로 기학이다. 기학에도 오류는 있다. 그러나 기학은 실체가 있는 것을 근거로 하므로 오류를 알아내기도 쉽고 그것을 극복하는 것도 가능하다.

최한기의 학문하는 자세는 한 점 한 획 보태거나 뺄 것 없이 오늘날에도 그대로 유효하다.

시대의 움직임이 뜻한 바와 다르면 학문을 갈고닦을 일이다. 생각한 바와 어긋나는 사물을 만나면 학문을 고치고 바꿀 일이다. 근심과 즐거움에 요란을 떨고 마음을 빼앗기지 말고, (기의) 운동과 변화가 차차 이루어짐에 유념하라. 그래야 때를 만나든 만나지 못하든 잃는 바가 없고, 평화로운 때든 어려운 때든 언제든 얻음이 있다.

생각 플러스

최한기는 확실한 것을 바탕으로 새로운 것을 추구하는 학문의 방법론을 주장했다. 따라서 변하지 않는 진리를 주장하는 입장과 달랐다. 반면 맹자는 인간이 따라야 할 절대적인 도리가 있다고 주장했다. 두 사람의 글을 읽고 진리는 변화하는 것인지를 생각해보자.

＊ ＊ ＊

주공과 공자가 영원한 스승이 될 수 있는 이유는 주공과 공자의 이름에 있지 않을 뿐만 아니라 용모와 권위에 있지 않다. 하물며 그들의 행동이나 의복 또는 시대에 있겠는가. 주공과 공자는 윤리의 근본을 밝히고 수양하며 나라를 다스리는 방도에 대해 옛것과 현재의 것을 참작하고 문물을 시대에 맞게 하면서 사람의 도리를 가르쳤으니, 이것이 주공과 공자가 영원한 스승인 이유다. 후대에 주공과 공자에게 배우는 사람들은 무엇을 참작하고 시대에 맞게 했는지를 배워야 하는데, 어찌 그런 것이 들어 있지 않은 것을 배우겠는가. 나라의 제도나 풍속은 옛날과 지금이 다르고 지식이 후대로 내려올수록 밝아졌으니, 주공과 공자가 통달한 도를 배우는 자들이 주공과 공자가 남겨준 행적을 고집하면서 변화된 세상을 외면하면 되겠는가. 주공과 공자가 통달한 도를 본받아 지킬 것은 지키고 변혁할 것은 변혁해야 하지 않겠는가.

－최한기, 《기측체의》 서문 중에서

맹자가 말했다. "풍년에는 젊은 사람들이 온순해지고 흉년에는 젊은 사람들이 사나워진다. 이것은 하늘이 부여한 재질이 다른 것이 아니라 그들의 마음을 빠뜨린 것이 그렇게 만든 것이다. 보리와 밀의 종자를 뿌리고 김을 매는데, 토양이 같고 심는 시기가 같으면 무럭무럭 자라나서 하지에 이르러 모두 여물게 된다. 땅의 비옥도, 강우량, 사람의 돌봄이 달라 결과가 다르더라도 부류는 같은 법이니 어찌 사람의 경우만 그것을 의심할 수 있겠는가. 성인도 나와 동류인 사람이다. 그래서 용자가 말하길, 발의 크기를 알지 못하고 신을 만들더라도 그것이 삼태기같이 되지 않는다는 것을 안다고 했다. 신발이 서로 비슷한 이유는 천하 사람의 발이 모두 같기 때문이다. 사람의 입맛은 공유하는 바가 있다. 역아는 입이 즐겨하는 바를 터득한 자다. 만약 사람의 입맛이 다르기가 개와 말이 나와 부류를 달리하는 것과 마찬가지라면, 천하의 입맛이 어찌 역아의 미각을 따를 수 있겠는가. 미각에서는 천하가 역아를 기준으로 하니 천하 사람의 입맛이 서로 비슷하기 때문이다. ……그래서 말하기를 사람의 입은 공통된 기호를 가지고 있고, 귀는 공통된 청각을 가지고 있으며, 눈은 공통된 미적 감각을 가지고 있다고 했다. 어찌 사람의 마음에 공통된 것이 없겠는가? 우리 마음의 공통은 도리와 의리이니 성인은 우리보다 먼저 공통된 마음을 체득한 사람이다. 도리와 의리가 우리 마음을 만족시키는 것은 고기가 우리의 입맛을 만족시키는 것과 같다."

— 《맹자》 〈고자장구〉 상 중에서

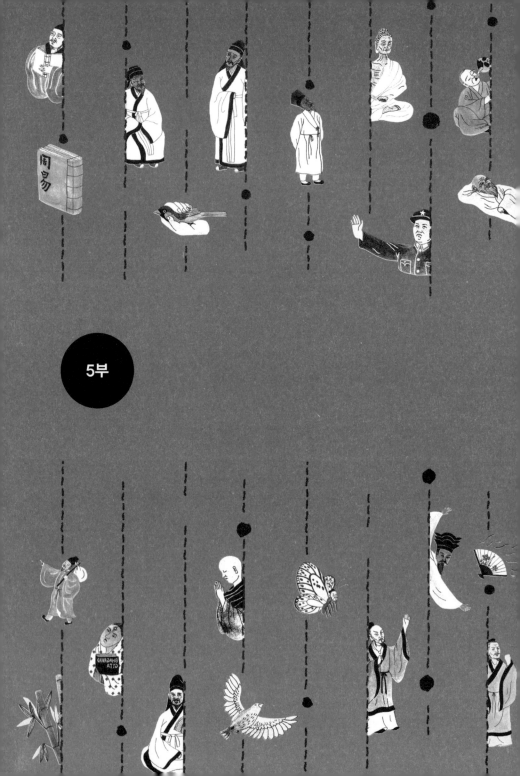

5부

다른 생각의 힘

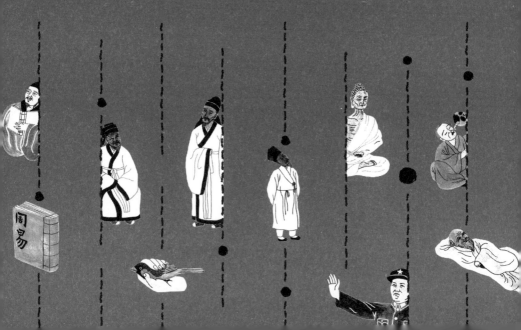

세계적인 문구 회사인 3M의 한 연구원이 강력한 접착제를 개발하려 했지만 실패했다. 접착제는 번번이 떨어지기 일쑤였다. 그런데 같은 회사의 연구원 아트 플라이(Art Fly)는 잘 떨어지는 접착제를 이용하여 새로운 상품을 만들었다. 바로 '포스트잇'이다. 발상의 전환이 실패를 성공으로 바꾼 것이다.

우리의 삶이 그러하다. 우리는 살아가면서 실패를 경험하는 경우가 있다. 그때 실패를 실패로만 생각하고 만다면 더 이상의 발전은 없다. 그러나 실패에서 교훈을 얻어 새로운 도전에 나선다면 발전을 이루게 된다. 실패에서 교훈을 얻으려면 발상의 전환이 필요하다. 그래서 발상의 전환은 남다른 생각을 통해 가능하다. 철학은 다른 생각의 원동력을 제공한다.

5부에서는 '다른 생각의 힘'을 주제로 다섯 편의 글을 해설했다. 장자의 《장자》, 대표적인 초기 불경인 《법구경》, 지눌의 《원돈성불론》, 최제우의 《동경대전》, 마오쩌둥의 《실천론》이 그것이다.

장자는 고정관념을 가지지 말고 다른 시각을 가져보라고 말한다. 《법구경》에서는 세상을 있는 그대로 보고 집착하지 말라고 한다. 지눌은 다른 사람을 위한 실천인 '이타행(利他行)'이 참된 수양이라고 한다. 최제우는 삶이 어려울수록 희망을 가지라고 말한다. 마오쩌둥은 아는 것과 행동하는 것을 일치시키는 삶을 살라고 한다.

이 다섯 가지 이외에도 삶의 지침으로 삼을 만한 여러 가지 교훈 혹은 가르침이 있을 수 있다. 그렇지만 이 다섯 가지를 지침으로 하여 삶을 사는 것만으로도 우리는 최소한 잘못되지 않는 삶을 살 수 있다. 찬찬히 뜯어보면 이 다섯 가지 지침을 지키는 일도 쉽지 않음을 알 수 있다. 그러나 이것 한 가지는 분명하다. 이 다섯 편의 글들은 누구나 지고지선(至高至善)의 삶을 살아야 한다고 말하지 않는다. 그러나 최고로 선한 삶은 아닐지라도 적어도 최선을 다해 그런 삶을 살기 위한 노력을 해야 한다고 말한다.

무엇보다도 뜻을 크게 가지고 살아가는 삶이 중요하다. 최제우가 남긴 시의 한 구절은 우리가 어떤 자세로 살아야 하는지를 보여준다. "사람은 공자가 아니어도 그 뜻은 똑같고, 만 권의 글을 못 쓰더라도 그 뜻은 능히 웅대하도다."

22

쓸모없음의 큰 쓰임

장자 《장자》

서울대 사상고전 100선에 선정된 핵심 포인트

모든 인식이란 인식 주체의 '생활 크기나 인습적 요소'에 매여 있다고 보고, 실제
이런 '주관적 선이해'를 넘어선 객관적이고 '절대적' 진리 인식을 거부함으로써 장
자(와 그 학파)는 당시의 극렬한 사회적 변화 속에서 일체의 전체주의적 권위와 이
념적 독단론을 부정하고, 더 나아가 인류 도덕이나 문명의 발전보다는 무한한 우주
의 변화 속에서 개성의 해방과 자유 추구를 예술적 경지에서 찾고 있다.

― 송영배 서울대학교 명예교수

내가 나비인가, 나비가 나인가

장자(莊子, BC 369?~BC 289?)는 부인이 죽자 대야를 두드리며 노래를 불렀다. 친구가 나무라자 장자는 아내가 본래 형체도 기도 없었다면서 사람이 태어나고 죽는 것은 계절의 변화와 같은 것이라고 말한다. 장자는 세상을 다르게 본다. 유명한 '장자의 나비 꿈'을 보자. "장자가 꿈에 나비가 되었다. 훨훨 나는 것이 분명 나비였다. 스스로 뜻에 맞아 내가 장자인지 알 수 없었다. 갑자기 깨어나 보니 내가 확실히 장자였다. 장자가 꿈에 나비가 된 것인가? 나비가 꿈에 장자가 된 것인가?" 우리는 꿈과 현실, 나와 나비를 구분한다. 그러나 장자는 옳음과 그름, 길고 짧음, 아름다움과 추함을 대립관계로 보지 않는다. 그것은 모두 하나다. 꿈이 현실이 되고 내가 나비가 된다. 장자는 우리가 지금껏 참이라고 여겼던 규정에서 벗어나 다른 각도에서 사물을 보라고 이야기한다.

장자의 삶은 거의 알려지지 않았다. 작은 지방에서 벼슬을 했다고 하는데 확실하지 않다. 그러나 장자의 사상은 분명하게 알려져 있다. 《장자(莊子)》가 전해오기 때문이다. 《장자》는 대부분 우화로 구성되어 있어 읽기 편하고 재미있다. 그러나 그 우화들이 전하고자 하는 의미는 결코 쉽지 않다. 그래서 우리는 《장자》를 재미있게 읽으며 사색을 해야 한다.

아침에 세 개
저녁에 네 개

코페르니쿠스의 태양 중심 이론(helio-centric theory)이 받아들여지기 전까지 우주의 중심은 지구였다. 사람들은 태양을 비롯한 행성들이 지구를 중심으로 돈다는 지구 중심 이론(geo-centric theory)을 믿었다. 지금은 어떠한가? 지금은 태양 중심 이론이 정설이다. 갈릴레이(Galileo Galilei)에게 유죄를 선언한 가톨릭마저 교황청의 판단이 오류였음을 자인했다. 세상엔 많은 상반된 주장들이 공존한다. 우리는 과학을, 숫자를 맹신한다. 그렇지만 우리는 지금도 성(聖)과 속(俗)이 함께하는 시대를 살고 있다. 진화론자들은 인간이 유인원에서 진화했다고 믿지만 기독교인들은 하느님이 흙으로 인간을 빚었다는 창조론을 믿는다. 지금 우리가 믿는 것은 그저 유효한 하나의 패러다임일 뿐이다.

　패러다임은 한 시대를 규정하는 인식의 체계다. 패러다임은 영구불변의 존재가 아니다. 기존의 패러다임으로 설명할 수 없는 새로운 상황이 발생하고 새로운 상황에 대한 증거가 쌓이면 패러다임은 전환된다. 이전까지 진리로 여겨졌던 패러다임은 종말을 고하고 새로운 패러다임에 시대를 규정하는 권리를 넘겨준다.

　세상에 절대적 진리는 없다. 모든 진리는 특정의 조건 안에서 유효한 상대적 진리다. 장자는 고정관념에서 벗어나길 요구한다. 자기중심의 편견에 따라 생각하고 행할 때 다툼이 생긴다. 우리는 항상 열려 있다고 말은 하지만 정작 마음은 닫혀 있다. 객관적 기준에 의거하여 관계를 규정하고 세상을 판단하지 않고 주관적 기준에 의거하여 관계를 규정하고 세상을 판단한다.

장자는 원숭이의 비유를 들었다. 도토리를 아침에 세 개, 저녁에 네 개 준다고 하자 원숭이들이 화를 냈다. 그래서 아침에 네 개, 저녁에 세 개를 준다고 하자 원숭이들이 모두 기뻐했다. 원숭이들이 받는 도토리의 수는 변하지 않는다. 변한 것은 도토리의 개수가 아니라 원숭이들의 마음이다. 변하지 않는 도토리의 수가 도(道)라면 그 도를 헤아리지 못하고 자신의 주관대로 성내고 화내는 원숭이의 모습이 세상을 살아가는 우리들의 모습이다.

빌렌도르프의 비너스가 미인이라고?

장자는 상대의 입장에서 생각하길 요청한다.

> 사람은 습기가 많은 곳에서 자면 허리 병이 생겨 죽는데, 미꾸라지도 그러한가? 사람이 높은 나무 위에 오르면 두렵고 떨리는데, 원숭이도 그러한가? 사람과 미꾸라지와 원숭이가 사는 세 자리 중 어느 것

이 바른 자리인지 누가 알 수 있는가? 사람은 채소와 육류를 먹고, 사슴과 노루는 풀을 뜯어 먹으며, 지네는 실뱀을 먹고, 독수리나 까마귀는 쥐를 즐겨 먹는데, 이 네 가지 먹는 것 가운데 어느 것이 진정한 맛인지 누가 알 수 있는가? 사람들은 모장과 여희를 아름답다 하지만 물고기가 이들을 보면 물속 깊이 들어가고 새는 이들을 보면 높이 날며, 사슴은 이들을 보고 자신들 무리 속으로 들어간다. 이 네 가지 가운데 무엇이 진정 아름다운 것인지 누가 알 수 있는가?

동물과 사람이 사는 곳은 다르다. 원숭이가 편한 공간이 사람에게는 불편한 공간이 되고 미꾸라지에게 편한 공간은 원숭이에게 불편한 공간이 된다. 우리는 우리 기준으로 편함과 불편함을 나눈다. 먹는 것도 그렇고 아름다움에 대한 관념도 마찬가지다. 모장과 여희는 아름답다고 칭송받던 미인이다. 하지만 동물들에게도 모장과 여희가 아름답게 보였을까? 동물이 느끼는 아름다움과 사람이 느끼는 아름다움은 다르다. 사람 사이에서도 마찬가지다. 시대에 따라 우리는 조금씩 다른 미인의 기준을 가져왔다. 구석기시대의 유물인 빌렌도르프의 비너스상은 쳐진 가슴과 불룩한 배를 지녔다. 현대의 미인상과는 거리가 멀다. 조선시대의 미인상은 이 시대의 미인상과 또 다르다.

삶의 가치 역시 그 사회의 패러다임에 따라 달라진다. 미국의 인류학자 루스 베네딕트(Ruth Benedict)는 《문화의 패턴》에서 동부 뉴기니 남부

해안의 도부 섬 사람들에 대해 썼다. 도부인들은 악의와 배반을 조장하고 그것을 사회의 용인된 미덕으로 생각한다. 도부인들에게 거짓말과 사기는 악이 아니라 선이다. 도부인들은 부부간의 정절을 기대하지 않는다. 성적 욕구가 있을 때 남녀가 같이 잠을 잘 수 있다고 생각한다. 우리의 옳음은 그저 우리의 옳음일 뿐이다.

장자의 말을 들어보자.

나와 당신이 논쟁을 했을 때 당신이 나를 이기고 내가 당신을 이기지 못했다면 당신은 옳고 나는 그른 것인가? 내가 당신을 이기고 당신이 나를 이기지 못했다면 내가 옳고 당신은 그른 것인가? 아니면 옳기도 하고 그르기도 한 것인가? 둘 다 옳거나 둘 다 그른 것인가? 나와 당신은 누가 옳은지 어떻게 판단할 수 있는가. 더욱이 많은 사람들이 본시 현명치 못하니, 누구에게 판단하게 할 것인가? 당신과 같은 견해를 지닌 사람에게 판단하게 한다면 이미 그 사람은 당신과 같은 견해이니 올바로 판단할 수 있겠는가? 나와 같은 견해를 지닌 사람에게 판단하게 한다면 이미 나와 같은 견해이니 올바로 판단할 수 있겠는가? 나나 당신과 다른 견해를 지닌 사람에게 판단하게 하면 이미 그는 우리와 다른 생각을 하는 사람이니 어떻게 올바로 판단할 수 있겠는가? 따라서 나나 타인이나 어떻게 판단해야 할지 모르는데 누구를 기다려야 하는가?

장자는 옳고 그름에 대한 생각이 사람들의 주관에 불과하다고 말한다. 사실 대부분의 문제는 옳고 그름에 있지 않다. 나아가 사람들은 옳고 그름보다 그 논쟁의 승부를 즐긴다. 편을 지어 이야기하고 자신의 생각과 같으면 그것이 옳음이요, 나와 같지 않으면 그름이라고 생각한다. 중요한 것은 옳고 그름보다 누구의 편이냐다. 옳고 그름이 모호하다면 우리는 어떻게 판단해야 하는가? 장자는 고정관념을 벗어나고 각자의 주관을 초월하자고 말한다. 그럼으로써 옳고 그름의 경계를 벗어날 수 있다고 이야기한다.

발상의 전환, 그리고 현대적 변용

장자는 생각에 따라 바뀌는 사물의 쓰임에 대해 말한다. 우리는 사물을 보면 먼저 일차적인 가치에 매몰된다. 박을 보면 바가지를 만들려 하고 나무를 보면 목재로 쓸 생각을 한다. 그러나 장자는 다르게 생각하라고 말한다. 손이 트지 않는 약이 빨래를 하는 사람에게는 그저 빨래를 돕는 도구에 불과하다. 그러나 겨울날 수전(水戰)을 치를 때 손이 트지 않는 약이 있다면 그것은 대단한 비밀 병기일 것이다. 누구는 그 약을 빨래에 써서 생계를 유지하고 누구는 전쟁에 사용해서 제후가 된다.

이런 일은 현실에서도 벌어지고 있다. 세계적인 문구 회사인 3M의

한 연구원이 강력한 접착제를 개발하려 했지만 실패했다. 접착제는 번번이 떨어지기 일쑤였다. 그러나 한 연구원이 실패한 접착제가 같은 회사의 다른 연구원 아트 플라이에 의해 화려하게 부활한다. 그것이 바로 '포스트잇'이다. 똑같은 사물을 어떻게 대하느냐, 어떤 쓰임을 발견하느냐에 따라 동일한 사물은 전혀 다른 위치에 놓인다.

일차적인 가치와 고정관념에서 벗어나기 위해서는 열린 생각을 가져야 한다. 장자는 말한다. "송나라 사람이 머리에 쓰는 모자를 팔러 월나라에 갔다. 월나라 사람들은 머리카락을 자르고 문신을 해서 모자가 아무 소용이 없었다." 중국에 진출한 한국 백화점이 화장실에 좌변기를 설치했다가 좌변기에 익숙지 않은 중국인들 때문에 변기를 바닥식으로 교체한 일은 익히 알려진 사실이다. 러시아에 진출한 돌침대 회사가 처음 고전을 면치 못한 것도 송나라 사람과 같은 생각을 했기 때문이다. 러시아인들은 죽은 자가 돌에 눕는다는 관념을 가지고 있었던 것이다.

생각을 뒤집을 때 중심은 내가 아니라 상대다. 상대는 사람만을 지칭하지 않는다. 나와 마주한 모든 대상이 상대가 된다. 사물이든 사회든 제도든 나와 마주한 대상이 모두 상대다. 그 상대를 중심에 놓고 생각해야 생각이 뒤집힌다. 장자의 이야기는 우리의 뒤통수를 때린다. 우리가 생각하지 못한 부분에서 시작하여 이야기를 이끌기 때문이다. 우리는 우리가 처한 상황을 전부로 안다. 그래서 갇힌다. 자신의 처지에 갇히고 자신의 생각에 갇힌다. 갇히면 밖을 볼 수 없다. 그래서 모르는 것인데도 모르는 것이 없다고 말한다. 나아가 모르는 것은 거짓이라고 말하고 만다. 장자가 지금의 우리에게 말한다. 틀을 깨라! 스스로 만든 자신의 한계를 넘어 한 단계 높은 세계로 나아가라!

장자는 절대적 인식을 부정하고 상대적 인식을 주장하며, 발상의 전환을 통해 새로움을 추구하자고 했다. 조선의 학자 연암 박지원(朴趾源)은 양반 사회의 허위 의식을 꼬집으며 실제적인 학문을 하자고 주장했다. 두 사람의 글을 읽고 선입견의 문제점에 대해 생각해보자.

　　　　•　•　•

혜자(惠子)가 장자에게 말했다. "위나라 왕이 나에게 큰 박씨를 하나 보내주어서 심었더니 닷 섬짜리 박이 열렸네. 그 속에다 장을 채워두었더니 들 수가 없었네. 다시 두 쪽으로 쪼개 바가지를 만들었으나 너무 넓어서 쓸 수가 있어야지. 텅 비어 크기는 했지만 아무 소용이 없어서 부수어버렸네." 장자는 이렇게 대답했다. "자네는 참으로 큰 것을 쓸 줄 모르는군. …… 지금 자네는 닷 섬짜리 바가지를 가지고 있으면서 어째서 큰 통을 만들어 강호(江湖)에 띄울 생각을 하지 못하고, 넓어서 쓸 데가 없다고만 근심하는가? 자네야말로 아직도 몹시 옹졸한 생각밖에 가지고 있지 못하군." 혜자가 장자에게 말했다. "우리 집에 큰 나무가 있는데 사람들이 가죽나무라고 부르네. 그 밑동은 혹투성이라 먹줄을 댈 수가 없고, 그 작은 가지들도 꼬불꼬불해서 자에 맞지를 않네. 그것이 길가에 서 있으나 목수가 돌아보지도 않네. 지금 자네의 말은 이 나무와 같아 커도 소용이 없네. 따라서 여러 사람들이 돌보지도 않을 것일세." 장자는 이렇게 대답했다. "자네는 큰 나무를 가지고 있으면서 그것이 쓸 데가 없다고 걱정하지만 왜 광막한 들에다 심어놓고 그 곁을 돌아다니며 무위의 삶을 살면서 그 밑에 드러눕지 않는가? 그러면 그 나무는 도끼에 베이지도 않을 것이고 아무에게도 해를 입을 염려가 없네. 쓰일 데가 없으니 또 무슨 괴로움이 있겠는가?"

─장자, 《장자》 〈소요유(逍遙遊)〉 중에서

* * *

선귤자(蟬橘子)에게 예덕선생(穢德先生)이라 부르는 벗이 한 사람 있었다. 그는 마을 안의 똥을 치우는 일을 생업으로 삼고 지냈다. 선귤자의 제자가 자기 스승이 그 비천한 막일꾼의 덕을 칭송하여 선생이라 부르는 동시에 장차 그와 교분을 맺고 벗하기를 청하려고 하자 제자로서 부끄러워 그의 문하를 떠나려고 했다. 그러자 선귤자가 말했다. "앉아라. 내가 너에게 벗을 사귀는 것에 대해 말해주마. …… 모든 사람들이 엄씨의 똥을 가져다 써야 땅이 비옥해지고 많은 수확을 올릴 수 있다. 하지만 그는 아침에 밥 한 사발이면 의기가 흡족해지고 저녁이 되어서야 다시 한 사발을 먹을 뿐이지. 남들이 고기를 먹으라고 권했더니 목구멍에 넘어가면 푸성귀나 고기나 배를 채우기는 마찬가지인데 맛을 따져 무엇하겠느냐고 대꾸하고, 반반한 옷이나 좀 입으라고 권했더니 넓은 소매를 입으면 몸에 익숙하지 않고 새 옷을 입으면 더러운 흙을 짊어질 수 없다고 하더군. …… 엄 행수는 지저분한 똥을 날라다주며 먹고살고 있으니 지극히 불결하다 할 수 있겠지만 그가 먹고사는 방법은 지극히 향기로우며, 그가 처한 곳은 지극히 지저분하지만 의리를 지키는 점에 있어서는 지극히 높다 할 것이니, 그 뜻을 미루어보면 비록 만종의 녹을 준다 해도 그가 어떻게 처신할지는 알 만하다."

─박지원, 〈예덕선생전〉 중에서

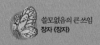

23

세상을 알면 괴롭지 않다

《법구경》

서울대 사상고전 100선에 선정된 핵심 포인트

원본은 팔리어. 원제복인 '담마-파다(dhamma-pada)'는 '진리의 말씀'이라는 뜻으로, 전체 423편의 게(偈)로 구성되었다. 이 게들은 모두 인생에 대하여 깊고도 구체적인 통찰력을 담고 있다. 이들은 초기 불경인 《십이부경(十二部經)》, 《사아함(四阿含)》[장아함경(長阿含經), 중아함경(中阿含經), 잡아함경(雜阿含經), 증일아함경(增一阿含經)]에 실려 있던 게를 뽑아 편집한 것으로, 옛날 인도에서는 가장 좋은 불교의 입문서로 간주되었다.

― 송영배 서울대학교 명예교수

시로 쓴 이야기

자기를 둘러싼 세계가 녹아 없어졌다. 자신으로부터 세계가 떠나가 버렸다. 마치 하늘에 떠 있는 별처럼 홀로 외롭게 서 있었다. 그런 외로운 병기와 절망의 순간에서 벗어나 예전보다 자아를 더욱 단단하게 응집시키며 싯다르타는 일어섰다. 싯다르타는 느꼈다. "이것이야말로 깨달음의 마지막 전율, 탄생의 마지막 진통이구나." 이윽고 싯다르타는 다시 발걸음을 떼었다. 빠른 걸음으로 걷기 시작했다. 집으로 가는 것도 아니었다. 아버지에게 가는 것도 아니었다. 더 이상 되돌아가는 것도 아니었다.

헤르만 헤세(Hermann Hesse)는 《싯다르타》에서 싯다르타가 최종적으로 깨달음을 얻는 순간을 이렇게 썼다. 《싯다르타》는 깨달음을 얻어 부처가 된 청년 고타마 싯다르타에 대한 책은 아니다. 그렇지만 고타마 싯다르타가 깨달음을 얻는 순간의 느낌을 생생하게 묘사했다. 익숙했던 세계가 없어져버린다. 새로운 탄생이다. 그래서 이제 되돌아갈 곳은 없다. 새로운 삶을 살아야 하기 때문이다. 고타마 싯다르타가 그러했다. 고타마 싯다르타는 6년 동안 곡기조차 끊고 하루에 쌀 한 톨로 연명하면서 극도의 고행을 했다. 그러나 아무것도 얻을 수 없었다. 그래서 고

세상을 알면 괴롭지 않다
《법구경》

헤르만 헤세가 지은
《싯다르타》

WITH FREE AUDIO BOOK LINKS

SIDDHARTHA

Hermann Hesse

CLASSIC NOVELS

타마 싯다르타는 고행을 포기하고 보리수나무 아래에서 깊은 명상에 들어갔다. 명상에 잠긴 지 7일째 되는 날에 드디어 고타마 싯다르타는 큰 깨달음을 얻었다. 그 깨달음으로 고타마 싯다르타는 과거와 완전히 단절되었다. 고타마 싯다르타와 전혀 다른 인간, 부처로 재탄생했다.

깨달음을 얻은 뒤 부처는 45년 동안 인도 전역을 다니며 자신의 경험과 깨달음의 내용을 가르쳤다. 부처가 45년 동안 가르친 내용을 기록한 것이 불경이다. 부처가 열반한 후 제자들이 세 번 모여 대규모 집회를 열었다. 부처의 가르침을 모으기 위해서였다. 부처가 열반하고 3개월이 지나 1차 결집이 이루어졌고, 100년이 지나 2차 결집이 이루어졌다. 3차 결집은 기원전 250년경 아소카 왕의 주도로 이루어졌다. 부처가 45년이라는 긴 기간 동안 인도 전역에서 가르쳤기 때문에 가르침의 전모를 알려면 각 지역의 제자들을 모을 수밖에 없었다. 부처의 가르침은 입에서 입으로 구전되고 있었다. 제자들은 모여서 각각의 지역에서 구전되던 내용을 모아 함께 공유했다.

기원전 94~80년경 스리랑카에서 부처의 가르침을 문자로 기록하여 불경을 만들기 시작했다. 부처는 고향의 언어인 팔리어로 가르쳤다. 스리랑카에서는 팔리어가 통용되고 있었다. 그래서 스리랑카에서 불경 만드는 작업이 시작된 것은 당연한 일인지도 모른다. 이후 당시 인도의 공식 언어인 산스크리트어로도 불경이 간행되었다. 우리나라에서 사용하는 불경은 산스크리트어 불경을 한자로 번역한 한자 불경이다.

불경은 수백 년에 걸쳐 계속 간행되었는데 그 권수가 무려 8만 권이 넘는다. 장기간에 걸쳐 간행되다 보니 무엇이 진짜 부처의 가르침인가 하는 논란이 일어났다. 종파에 따라 앞세우는 불경도 달랐다. 그래서 초기에 간행된 불경에 대한 신뢰도가 높을 수밖에 없었다. 초기에 간행된

세상을 알면 괴롭지 않다
《법구경》

불경의 하나가 바로 《법구경(法句經)》이다. 《법구경》은 스리랑카에서 처음 팔리어로 불경을 간행할 때 제작된 불경이다. '법구(法句)'라는 말은 '담마-파다'라는 팔리어를 한자로 번역한 말이다. '담마'는 진리를 말한다. '파다'는 '말', '시', '길' 등의 뜻을 가진 말이다. 그러므로 '담마-파다'는 '진리의 말', '진리의 시', '진리의 길'이라는 뜻이다. 《법구경》은 305개의 이야기를 423개의 시로 적은 불경이다.

지혜로운 사람이 되라

고타마 싯다르타는 어떻게 깨달음에 이르렀을까? 고타마 싯다르타는 왕자로 태어났고, 세월이 흐르면 왕이 될 수 있었다. 그런데 어느 날 갑자기 모든 것을 버리고 출가했다. 왕궁 밖에서 백성의 삶을 목격한 뒤였다. 백성들의 삶은 말 그대로 비참했다. 그래서 고타마 싯다르타는 고민했다. "인간은 왜 사는가? 저런 비참한 상황에서도 삶을 사는 이유는 무엇인가?" 당시 인도를 지배한 종교는 브라만교였다. 브라만교는 모든 사물에 신이 있다고 믿는 종교다. 죽음에는 죽음의 신이 있고, 병에는 병의 신이 있다. 그러므로 병에 걸리지 않고 죽지 않으려면 신에게 정성껏 제사를 지내야 한다. 백성들은 자신의 소중한 것을 바쳐 제사를 지냈다. 그러나 비참한 생활이 이어질 뿐, 달라지는 것은 아무것도 없었다.

브라만교는 답이 아니었다. 고타마 싯다르타는 어떻게 하면 사람들이 고통스러운 삶에서 벗어날 수 있을지 알고 싶었다. 그래서 모든 것을 내려놓고 집을 나와 고행을 했다.

고타마 싯다르타는 무엇을 깨달았을까? 늙고 병들고 죽는 것은 인간의 괴로움이다. 태어났기 때문에 괴로움을 겪는다. 늙고 병들고 죽을 수밖에 없는 이유도 태어났기 때문이다. 그래서 태어나는 것 자체도 괴로움이다. 괴로움을 겪지 않으려면 태어나서는 안 된다. 그러나 태어나지 않을 수 없다. 당시 인도에는 윤회라는 독특한 믿음이 널리 퍼져 있었다. 이 세상에서 죽더라도 다른 세상에서 다시 태어난다. 이 세상에서 어떻게 살았느냐에 따라 더 높은 지위로 태어날 수도 있고, 더 낮은 지위로 태어날 수도 있다. 심지어 동물로 태어날 수도 있다. 어쨌든 윤회가 계속되는 한, 태어나지 않을 수 없고 태어나는 한, 괴로움이 계속된다. 그러면 어떻게 해야 하는가? 태어나지 않기 위해 윤회의 고리에서 벗어나야 한다. 윤회의 고리에서 벗어나는 방법은 해탈이다. 해탈이란 마음을 깨끗하게 하는 것이다.

《법구경》에서 말했다. "모든 것은 마음이 앞서 가고 모든 것은 마음에서 만들어지니 마음이 가장 중요하다." 그래서 "나쁜 마음으로 말하거나 행동하면 괴로움이 뒤따른다. 깨끗한 마음으로 말하거나 행동하면 행복이 뒤따른다". 깨끗한 마음을 가져야 한다. 깨끗한 마음을 가지기 위해서는 '욕망, 성냄, 어리석음'을 버려야 한다. 욕망, 성냄, 어리석

음으로 인해 집착이 생긴다. 그 집착이 괴로움의 원인이다. 몸과 마음에 집착하지 않으면 괴로움은 생기지 않는다. 《법구경》에서 다시 말한다. "욕망과 성냄과 어리석음을 버리고 올바로 알고 마음을 온전히 해탈하여 이 세상이나 저 세상에 집착하지 않으면 청정한 삶이 결실을 얻는다."

부처는 지혜를 강조한다. 욕망, 성냄, 집착은 어리석음으로 인해 생겨난다. 그래서 어리석은 사람은 마음의 번뇌에서 벗어날 수 없다. 반면 지혜로운 사람은 진리 위에 서 있다. 지혜로운 사람은 "자신을 위해서도, 다른 사람을 위해서도 자식과 재산 그리고 왕국을 바라지 않는다. 진리가 아닌 것으로 자신의 영달을 바라지 않는다. 지혜로운 사람은 평온하여 증오가 없고 두려움이 없다".

그러면 지혜로운 사람이 되기 위해 알아야 하는 진리는 무엇인가? 세상에는 영원한 것이 없다. 예전에 '삐삐'라는 통신 기계가 있었다. 젊은 사람들은 누구나 삐삐를 가지려 했다. 그러나 불과 몇 년 만에 삐삐는 사라졌다. 삐삐를 대체하여 휴대전화가 등장했다. 이제는 스마트폰 시대다. 스마트폰은 영원할까? 아무도 그렇게 생각하지 않는다. 이처럼 영원한 것은 없다. 그러므로 실체도 없다. 지금 삐삐의 실체가 있는가? 삐삐를 사용했던 사람들 집에 삐삐가 굴러다닐지도 모른다. 그렇지만 그 삐삐를 켜보라. 전혀 자기 기능을 하지 못한다. 그러니 삐삐는 이미 실체가 없어진 물건이다. 이렇듯 세상에는 영원한 것이 없고, 따라서 실체를 가진 것도 없다. 일순간에 쓰임이 끝나면 사라지는 것들뿐이다. 그런데 사람들은 이런 사실을 알지 못해 집착한다. 삐삐를 갖고자 열망하고 그것을 가지지 못했다고 스스로 화를 냈다. 그 열망과 성냄으로 괴로움만 쌓였다.

부처는 세상에 영원한 것이 없다는 사실, 그래서 실체가 있는 것 또한 없다는 사실을 알라고 한다. 그런 사실을 알면 집착을 끊을 수 있고 괴로움에서 벗어나 해탈할 수 있다. 세상의 모습을 있는 그대로 아는 것, 그것을 부처는 지혜라고 했다. 고타마 싯다르타가 깨달은 내용을 한마디로 요약하면 지혜로운 사람이 되라는 것이다.

그림자가 물체를 따르듯이

흔히 부처의 가르침을 속세에서 벗어나자는 것으로 이해하는 사람들이 있다. 그렇지 않다. 오히려 부처는 현실을 있는 그대로 보라고 했다. 부처는 현실의 삶을 소중히 여겼다. 《법구경》은 진정한 삶이 무엇인지를 가르친다. 《법구경》에서 부처는 세상을 살아가는 세 가지 바른 길을 말했다. "말을 조심하고 마음을 절제하며 몸으로 악행을 짓지 마라. 이 세 가지의 길을 깨끗하게 하라." 이 짧은 말속에 우리가 어떻게 살아가야 하는지가 다 들어 있다. 우리는 말실수로 곤욕을 치르기도 한다. 마음을

절제하지 못해 과소비도 하고 잘못된 행위를 하기도 한다. 그래서 부처의 짧은 말은 수십, 수백 마디 말보다 더 큰 것을 담고 있다.

　아울러 《법구경》을 시작하는 다음의 시구는 우리가 어떤 마음가짐으로 살아야 하는지 깨닫게 한다.

오늘은 어제의 생각에서 비롯되었고

오늘의 생각은 내일의 삶을 만들어간다.

삶은 마음이 만들어내는 것이니

순수하지 못한 마음으로 말과 행동을 하면

괴로움이 뒤따른다.

수레의 바퀴가 소를 따르듯이.

오늘은 어제의 생각에서 비롯되었고

오늘의 생각은 내일의 삶을 만들어간다.

삶은 마음이 만들어내는 것이니

순수한 마음으로 말과 행동을 하면

기쁨은 뒤따른다.

그림자가 물체를 따르듯이.

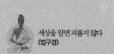

《법구경》에서는 집과 음식처럼 소중한 것에 집착하지 말고 해탈을 이루자고 했다. 구약성경의 〈전도서〉에서도 세상에서 하는 온갖 수고가 헛된 일이므로 집착하지 말자고 했다. 다음의 두 글을 읽고 참다운 지혜가 무엇인지 생각해보자.

• • •

여정을 마치고 슬픔에서 벗어나며, 모든 면에서 해탈하고 모든 속박을 버린 사람에게 고뇌는 존재하지 않는다. 마음 챙김에 머무는 사람은 부지런히 노력한다. 그들은 거주처에 집착하지 않는다. 백조들이 호수를 떠난 것처럼 그들은 집과 집들을 떠난다. 쌓아 모으는 것이 없고 음식에 대하여 철저히 안다. 그들의 목표는 해탈인데 그것은 비어 있고 자취도 없다. 하늘의 새의 자취처럼 그들의 간 곳은 찾기 어렵다. 번뇌가 소멸되었고 음식에 집착하지 않는다. 그의 목표는 해탈인데 그것은 비어 있고 자취도 없다. 하늘의 새의 길처럼 그의 길은 찾기 어렵다.

– 《법구경》 중에서

• • •

나는 하늘 아래서 애쓰며 수고하는 일이 모두 싫어졌다. 힘껏 애써 얻
어보아야 결국 다음 세대에게 물려주어야 하는 것. 그것을 물려받아
주무를 사람이 지혜로운 사람일지 어리석은 사람일지 아무도 알 수 없
는 노릇. 그런데도 내가 하늘 아래서 지혜를 짜고 애를 써서 얻은 것을
물려주어야 하다니, 이 또한 헛된 일이라. 나는 하늘 아래서 수고한 모
든 일을 생각하고 싶지 않고 돌아보기도 싫어졌다. 지혜와 지식을 짜
내고 재간을 부려 수고해서 얻은 것을 아무 수고도 하지 않은 사람에
게 남겨주어야 하다니, 이 또한 헛된 일이며 처음부터 잘못된 일이다.
사람이 하늘 아래서 제아무리 애를 태우며 수고해본들 돌아올 것이 무
엇이겠는가? 날마다 낮에는 뼈 아프게 일하고 밤에는 마음을 죄어 걱
정해보지만 이 또한 헛된 일이다.

 — 〈전도서〉 2장 18~23절

24

단박에 깨달아
이타를 실천하라

지눌 《원돈성불론》

서울대 사상고전 100선에 선정된 핵심 포인트

중생의 마음이 바로 부처라는 깨달음을 온전히 하기 위해서는 깨달은 뒤에도 소를 길들이듯 수행을 계속해야 한다는 돈오점수론(頓悟漸修論)의 요지를 담은 책이다. 이 책은 이통현(李通玄)의 화엄론에서 선의 이론적 기초를 구함으로써 선교 일치를 추구하고 돈오점수론으로 당시의 선풍을 개혁하고자 한 지눌의 사상을 잘 보여주고 있을 뿐만 아니라 한국 불교의 주류를 이루고 있는 선의 이해에도 도움을 줄 것이다.

— 허남진 서울대학교 철학과 교수

세상이 싫은사람,
모두 모여라

항상 제멋대로이고, 탐욕스럽고, 분노와 질투에 가득하고, 교만하고, 방만한 생활을 일삼으며 명예와 이익을 쫓으면서 세월을 헛되이 보낸다. 쓸데없는 말이나 하면서도 천하의 일을 의논한다고 한다. 또 계율도 없으면서 함부로 신도들의 보시를 받아들인다. 공양을 받으면서 부끄러워할 줄도 모른다. 이렇게 허물이 많은데, 어찌 슬퍼하지 않겠는가.

지눌(知訥, 1158~1210)은 《권수정혜결사문(權修定慧結社文)》에서 당시 불교계에 대해 일갈했다. 고려 전기, 불교계는 사상적 영향력뿐만 아니라 실제적인 권력도 마음껏 누렸다. 속세와 인연을 끊으라고 했지만 실제로는 속세의 이익을 마음껏 누렸다. 귀족층과 결탁하여 방대한 토지를 소유하고 많은 노비를 거느렸다. 승병까지 두어 권력을 과시하면서 재산을 지켰다. 불교 행사는 지나치게 호사스러워 많은 비용이 들었다. 그 비용은 백성들에 대한 수탈로 충당되었다. 그러면서도 불교는 백성들의 불만과 항거를 억누르는 역할을 했다. 1170년 무신난이 일어나자 상황이 달라졌다. 고려 전기 문벌 귀족들이 일거에 몰락하고, 문벌 귀족과 결탁했던 불교계의 세력들 역시 몰락했다. 이런 전환기에 불교계에서 개혁운동이 일어났다. 그 선봉장이 지눌이었다.

지눌은 결사(結社)를 하고자 했다. 또 하나의 절(寺)을 만들자는 것이 아니라 단체(社)를 만들자고 했다. 이 단체는 각계각층에 문호를 활짝 개방했다. 지눌은 말했다. "도가나 유학을 공부한 사람이지만 세상을 싫어하고 티끌과 같은 세상을 벗어나 세상 밖 높은 곳에서 마음을 닦는 데 전념하고자 하는 사람은 비록 지난날 서로 모였던 인연이 없더라도 결사문 뒤에 그 이름을 쓰기를 허락한다." 이 뜻에 동조하여 참여한 사람 중에 혜심(慧諶)도 있었다. 혜심은 유학자였지만 지눌의 문하로 들어가 그 뒤를 이었다. 지눌은 새로운 불교 종파를 창설하는 것에는 아무런 관심이 없었다. 그러나 지눌의 뒤를 잇는 사람들에 의해 종파가 창설되었고, 오늘날에 이르러 불교계의 대표격인 조계종이 되었다.

결사를 결의하다

지눌의 호는 목우자(牧牛子)다. 소를 키우는 사람이라는 뜻이다. 이 호는 지눌이 노동을 소중히 여겼음을 알려준다. 지눌은 승려가 신도들의 보시에 의존해 사는 것에 비판적이었다. 스스로 노동하며 수행하자! 지눌이 불을 지핀 결사 운동의 목표였다.

지눌은 태어날 때부터 몸이 허약하여 병치레가 잦았다. 아버지가 병

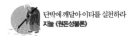

만 나으면 부처께 자식을 바치겠다고 기도한 후 병이 깨끗하게 나았다. 그래서 지눌은 여덟 살 때 절에 맡겨졌다. 스물다섯 살 때 승과(僧科)에 합격하여 개경(오늘날의 개성)의 보제사(普濟寺)에서 열린 담선법회(談禪法會)에 참석했다. 담선법회는 참선을 하며 참선의 이치를 배우는 국가적 행사였다. 지눌은 이 법회에 참석한 10여 명의 승려들을 모아 이렇게 결의했다. "명예와 이익에 대한 욕심을 버리고 산림에 은둔하여 마음을 집중하고 지혜를 갈고닦는 데 힘쓰자. 예불과 경(經) 읽기를 하고 육체노동을 함께하자."

지눌은 당대 불교계의 문제점을 꿰뚫어보고 있었다. 불교계는 경전 연구를 최우선으로 하고 있었다. 그래서 불교는 백성과 멀어졌다. 한자를 아는 지식층만이 경전에 접근할 수 있었기 때문이다. 지눌은 일갈했다. "진리를 깨친 사람도 처음에는 보통의 사람이었다. 어느 경전에 중생이 깨달음의 도를 닦지 못하게 하는가." 불교가 경전 연구에 집중하면 백성은 깨달음을 얻기 어렵다. 그래서 지눌은 진리를 깨친 모든 사람이 원래는 보통의 사람이 아니었느냐고 반문했다. 백성을 등한시하는 불교계에 대한 비판이었다.

또한 지눌은 당대의 승려들에 대해서도 날카로운 비판을 했다. "말을 들어 헤아리고 글을 읽어 이해하며 교리를 좇지만 마음이 흐려 손가락과 달을 구분하지 못한다. 명예와 이익을 얻으려는 마음을 버리지 못하면서 설법을 하고 중생을 구제한다고 한다. 그런 사람은 더러운 달팽이가 스스로를 더럽히면서 남도 더럽히는 것과 같다." 글줄이나 읽을 줄 안다고 젠체하며 중생을 호도하고, 수행은 하지 않으면서 명예와 이익을 좇는다고 당대 승려들을 비판했다. 그런 승려들은 스스로 더러울 뿐만 아니라 다른 사람도 더럽힌다. 그래서 지눌은 수행을 하자고 했다. 함께 모여 노동을 하고 참선과 경전 읽기를 하자고 했다.

단박에 깨쳐라

지눌은 전라남도 나주의 청량사(淸凉寺)에서 수행을 하던 중 중국 선종의 6대 조사인 혜능이 지은 《육조단경》을 읽게 되었다. 지눌은 그 책에서 "참다운 본성이 잠깐 사이에 생겨나면 비록 여러 가지의 욕망을 보고 듣고, 그 욕망이 마음속에 나타난다 할지라도 아무것도 더럽히지 못한다. 본성은 항상 자유롭게 된다"는 구절을 발견했다. 한순간에 진리를 깨칠 수 있고 깨치고 나면 자유롭게 되어 온갖 고민과 욕망에서 벗어날 수 있다는 말이다. 지눌은 수행에 앞서 깨침이 있어야 한다는 것을 알게 되었다.

그러면 무엇을 깨쳐야 하는가? 지눌은 《원돈성불론(圓頓成佛論)》에서 이 문제를 다루었다. 이 책은 지눌이 죽은 후 제자인 혜심이 발견하여 1215년에 발간했다. 이 책에서 지눌이 주장한 바는 제목에 그대로 드러

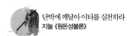

단박에 깨달아 이타를 실천하라
지눌 《원돈성불론》

나 있다. 제목에서 '원돈'이란 단박에 깨친다는 말이다. 따라서 '원돈성불'이란 단박에 깨쳐 부처가 된다는 말이다. 그러면 단박에 깨치는 것이 어떻게 가능한가. '중생과 부처가 하나'이기 때문이다.

지눌은 《원돈성불론》에 이렇게 썼다.

중생의 마음에 항상 부처의 바른 깨달음이 담겨 있는 줄 알아야 한다. 모든 부처는 이 마음을 떠나지 않고 깨달음을 얻었다. 중생과 부처의 마음은 깨끗함이 다르지 않다. 알지 못하는 것과 깨달음의 차이는 있으나 중생의 마음과 부처의 마음은 털끝만큼도 차이가 없다.

중생의 마음과 부처의 마음은 털끝만큼도 차이가 없으니 중생이 그 마음을 단박에 깨치면 부처가 된다는 말이다.

지눌은 《수심결(修心訣)》에 이렇게 썼다.

마음 밖에 부처가 있고 성(城) 밖에 진리가 있다고 고집하면서 진리를 얻고자 하면 수많은 세월 동안 몸을 불살라 팔을 태우고 뼈를 깎아 골수를 꺼내고 피를 다 짜내 경전을 베끼고, 언제나 앉아 눕지 않고 하루 한 끼만 먹으며 《대장경》 전부를 다 읽고 갖가지 고행을 하더라도 모래로 밥을 지으려는 것과 같은 헛수고일 뿐이다.

중생의 마음속에 부처가 있다는 이치를 알지 못한 채 아무리 어려운 고행을 하고 경전을 연구해봐야 시간낭비일 뿐이다. 내 마음속에 부처가 있음을 알아야 단박에 깨칠 수 있다. 내 마음속에 부처가 있음을 알면 가을철 여기저기 굴러다니는 낙엽을 보며 깔깔대고 웃다가 문득 깨달을 수 있다. 원효는 한밤중에 목이 말라 맛있게 마신 물이 아침에 일어나 보니 해골에 고인 물이었다는 것을 알고 문득 깨달았다고 하지 않는가. 무지한 백성도 생활 속에서 어느 날 한순간에 문득 깨달을 수 있다. 이렇게 단박에 깨치는 것을 돈오(頓悟)라고 한다.

깨쳤으면 이타를 실천하라

깨치면 끝나는가? 지눌은 계속 수행하라고 했다. 깨달았는데 왜 수행이 필요하냐는 질문에 지눌은 "미친 소리를 함부로 하지 말라"고 꾸짖는다. 계속 수행하는 것, 이것을 점수(漸修)라 한다. 지눌은《수심결》에서 점수의 중요성을 이렇게 역설했다.

> 점수를 해야 하는 이유는 비록 본성이 부처와 다르지 않음을 깨달았다 할지라도 오랫동안의 고민과 욕망을 갑자기 버리기 어렵기 때문이다. 깨달음을 가지고 수행을 하되 점차 깨끗하게 씻어내고 오랫동

안 성인의 소양을 쌓아가야 성인이 되기 때문에 점수라고 한다. 마치 어린아이가 처음 났을 때 이목구비는 어른과 다르지 않지만 아직 그 힘이 제대로 성숙하지 못하여 세월이 지난 다음에야 비로소 사람다운 구실을 하게 되는 이치와 같다.

오랫동안 수행하여 온몸에 배어 있는 악습을 씻어내야 한다. 수행은 반드시 절에 들어앉아 해야 하는 것이 아니다. 오히려 지눌은 일상생활 속의 활동, 사회적 실천을 강조했다. 이타행(利他行), 즉 다른 사람들을 위한 실천을 하라고 했다. 지눌이 말하는 점수의 핵심은 바로 이타의 실천이었다.

천 가지 만가지가 여기 있다

결사 결의를 한 지 8년 만에 결사 운동을 시작했다. 지눌의 나이 서른세 살인 1190년이었다. 결의는 10여 명이 했지만 결사 운동에 모인 사람은 불과 서너 명에 불과했다. 지눌은 실망하지 않았다. 단체의 이름을 정혜사라 짓고 결사 운동을 시작하자 참여자가 급증하여 7, 8년 만에 수백 명이 되었다. 불교도뿐만 아니라 유학이나 도가를 공부하던 사람들도 모여 들었다. 함께 노동하고 참선과 경전 읽기를 하며 이타를 실천했다.

지눌의 결사 운동은 귀족 중심의 불교를 백성의 불교로 전환하려던 일생에 걸친 노력이었다.

임종을 앞둔 지눌의 마지막 말이 전해온다. 지눌은 앞에 놓인 책상을 두세 번 치며 "천 가지 만 가지가 모두 이 속에 있다"고 했다. 책상이 아니라 책상을 칠 때 나오는 소리 속에 모든 것이 들어 있다는 말이다. 진리는 책 속에 있는 것이 아니라 소리를 듣는 것과 같이 보고 듣고 느끼는 체험 속에 있다는 뜻이다. 그 가르침은 백성들에게 전하는 복음이자 불교가 항상 백성과 함께해야 함을 일깨우는 계율이었다.

지눌은 한 번의 깨달음이 불완전하므로 깨달은 후에 반드시 수행해야 완전한 깨달음에 이를 수 있다고 했다. 지눌과 고려 전기의 승려 의천(義天)은 모두 불경 공부와 참선을 함께해야 한다고 하며, 지눌은 정혜쌍수(定慧雙修), 의천은 교관겸수(敎觀兼修)를 주장했다. 두 사람의 글을 읽고 배움의 올바른 자세에 대해 생각해보자.

◆ ◆ ◆

우리 부처의 제자들이 비록 말법시대(末法時代)에 태어나 성품이 미련하고 어리석지만 스스로 비겁하게 물러나 겉모습에 집착해 도를 구하려 한다면 옛사람들이 배워서 얻은 선정과 지혜의 신묘함을 누가 배울 수 있겠는가. 따라 하기 어렵다고 버리고 수행을 하지 않는다면 지금 이생에서 수행을 하지 않기 때문에 영원이 지나더라도 더욱 어렵게 된다. 지금 이생에서 힘써 수행해 익히게 되면 아무리 어려운 수행도 차츰 어렵지 않게 된다. 옛날에 도를 얻은 사람도 범부로부터 시작하지 않은 사람이 있었던가. 또 여러 경전 가운데 말세의 중생이라 하여 깨달음의 도를 닦지 말라고 한 것이 있는가.

– 지눌, 〈권수정혜결사문(勸修定慧結社文)〉 중에서

◆ ◆ ◆

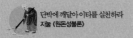

＊ ＊ ＊

근래에 이상한 것을 좋아하는 우리 종파의 무리가 근본을 버리고 지엽 말단적인 것을 좇아 말들을 어지럽게 하는 탓에 옛 스님들의 그윽한 뜻이 옹색해지고 난해해졌다. …… 경전을 배우는 사람은 마음속을 버리고 밖의 것만 구하고, 참선을 익히는 사람은 도움이 될 만한 것을 버리고 마음속만 밝히고자 하니, 둘 다 지나친 고집으로 변두리에 머문다. …… 옛날의 선과 오늘의 선은 형식과 내용에서 서로 다르다. 옛날의 선은 교리에 의거해서 선을 익히는 습선(習禪)이고 오늘날의 선은 교리를 떠난 설선(說禪)이다. 설선은 형식에만 집착해 내용을 잃어버린다. 습선은 사리를 따져 그 뜻을 얻음으로써 오늘날의 기만적인 폐단을 극복하고 옛 성인의 진정한 도를 회복한다. 교와 선은 겸수(兼修)하는 것이 불교 수행의 올바른 길이다. 교만 닦고 관(觀)을 태만히 하거나 관만 하고 교를 선택적으로 한다면 불완전한 불교의 길이 될 것이다.

－의천, 《대각국사문집(大覺國師文集)》 중에서

＊ ＊ ＊

단박에 깨달아 이타를 실천하라
지눌 《원돈성불론》

25

용천검 드는
칼을 아니 쓰고 무엇하리

최제우 《동경대전》

서울대 사상고전 100선에 선정된 핵심 포인트

동학의 창시자인 최제우가 지은 동학의 경전으로 〈포덕문(布德文)〉, 〈논학문(論學文)〉, 〈수덕문(修德文)〉, 〈불연기연(不然其然)〉의 네 편으로 이루어져 있다. 당시의 천주교 잠입과 저세동점(西勢東漸)을 직시한 최제우는 이 책에서 인내천(人乃天)으로 표방되는 동양의 전통적 인도주의와 서교에서 영향을 받은 종교적 요소를 적절히 조화하여 서학에 대비되는 동학의 교리와 사상 전반을 압축하여 서술하고 있다.

— 허남진 서울대학교 철학과 교수

최제우, 득도하다

뜻밖에도 4월에 마음이 오싹하고 몸이 부들부들 떨렸다. 아팠지만
증세가 분명하지 않고 말로는 형용할 수 없었다. 그때 어떤 신비스러
운 말이 문득 들려왔다. 깜짝 놀라 묻자 "무서워 말고 두려워 마라.
세상 사람들이 나를 상제(上帝)라고 부르는데, 너는 상제를 알지 못
하느냐"라고 말씀하셨다. 그 까닭을 묻자 "나도 역시 보람이 없었다.
그래서 너를 이 세상에 보내어 이 법을 사람들에게 가르치려고 한다.
결코 의심하지 말라"고 말씀하셨다. "서도(西道: 천주교)를 사람들에
게 가르치라는 말씀이십니까?"라고 물었다. "그렇지 않다. 나는 영
부(靈符: 영험한 부적)를 가지고 있다. 그 이름은 선약(僊藥: 신선의 약)이
고, 그 모양은 태극 또는 궁궁(弓弓: 두 개의 활)과 같다. 이 부적을 받
아서 사람들의 병을 고쳐라. 주문(呪文)을 받아서 나를 대신하여 사
람들을 가르쳐라. 그러면 너는 오래 살 것이고, 세상은 덕이 널리 퍼
질 것이다"라고 말씀하셨다.

최제우(崔濟愚, 1824~1864)는 득도하는 상황을 이렇게 밝혔다. 1860년
4월 5일의 일이다. 상제로부터 부적과 주문을 받았다. 부적은 몸의 병
을 고치는 수단이고 주문은 마음의 병을 고치는 수단이다. 백성들의 피

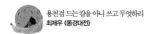

폐한 심신을 치유할 수 있는 수단을 득도를 통해 얻었다.

최제우는 몰락한 양반 가문의 서자로 태어났다. 그래서 천대받으며 자랐고 특별히 하는 일도 없었다. 스물한 살 때부터 처자를 돌보지 않고 떠돌이 생활을 했다. 봇짐장수, 서당훈장, 약장사, 점쟁이 등 먹고살기 위해서 무슨 일이든 했다. 그러나 제대로 되는 일이 없었다. 결국 떠돌이 생활 10년 만에 집으로 돌아와 조그만 철물점을 냈다. 그러나 도를 닦는답시고 이 산 저 산에 들어가 기도를 하며 세월을 축냈다. 그러던 어느 날, 도를 깨치기 전에는 산을 내려가지 않겠다는 결심으로 본격적인 도 닦기에 들어갔다. 그렇게 6개월. 최제우는 마침내 득도를 했다. 주변 사람들에게 자신의 체험을 설명했지만 아무도 이해하지 못했다. 오히려 주변 사람들은 최제우의 득도를 인정하지 않고 이상한 말이나 한다며 비난하기 일쑤였다. 최제우는 다시 1년 가까이 자신이 체험한 내용을 되새기며 탐구를 했다. 마침내 자신이 체득한 도가 올바르다는 확신을 가지고 그 도를 전파하기 위해 세상으로 나왔다. 그렇게 동학(東學)이 탄생했다.

최제우는 포교 활동을 하며 그때그때 필요한 글을 썼다. 마치 기독교의 바오로가 선교 활동을 하며 그때그때 필요한 편지를 쓴 것과 같다. 최제우의 글을 모아 1880년에 동학의 2대 교주인 최시형(崔時亨)이 한 권의 책을 발간했다. 그 책이 《동경대전(東經大全)》이다.

최제우의 호소

역사적 전환기에 백성들 속으로 파고드는 종교의 출현은 오래전부터 반복되어온 일이다. 새로운 종교는 백성의 열망을 담고 있어서 그 세력이 급속히 확대된다. 동학 역시 마찬가지였다. 동학은 민란이 빈발하고 서양의 동양 침략이 노골화하던 전환기에 새로운 종교로 탄생했다. 최제우는 당시의 상황을 이렇게 썼다.

> 우리나라에는 요즘 나쁜 질병이 나타나 나라 안에 가득 차 있고, 백성들은 사시사철 편한 날이 없구나. 이것은 크게 상해를 입을 운수다. 서양은 싸우면 이기고 공격하면 빼앗으니 이루지 못하는 일이 없다. 그래서 중국이 망해 없어지면 우리나라의 운수는 입술이 없어진 것과 같다. 아, 이 나라를 돕고 백성을 편안하게 할 계책이 장차 어디에서 나올 것인가. 안타까운 일이다. 지금 세상 사람들은 시대의 운수를 알지 못하고 있다. 나의 말을 들으면 집에 들어가서는 마음으로 비난하고 밖으로 나와서는 길거리에서 험담을 한다. 도덕을 따르지 않으니 참으로 두려운 일이다.

백성은 편안한 날이 없고 서양의 기세는 드세며 중국은 거의 멸망하

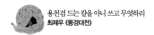

용천검 드는 칼을 아니 쓰고 무엇하리
최제우 《동경대전》

여 우리나라 역시 멸망할 가능성이 높은데, 나라를 구하고 백성을 편안하게 할 계책은 없다. 그런데도 자신의 설교를 비난하기만 하니, 나라와 백성의 앞날이 매우 걱정된다고 최제우는 한탄했다.

그래서 최제우는 간곡히 호소했다. "현명한 사람들이 나의 말을 듣고 그중 어떤 사람은 그렇지 않다고 말한다. 우리의 미래가 대단히 개탄스럽다. 세상이 이러니 어찌할 바를 모르겠다. 기억나는 대로 간략히 써서 타이르면서 가르치고자 한다. 공손하게 이 글을 받고 나의 말을 공경하는 마음으로 받들기 바란다." 현명하다고 자부하는 사람들은 최제우의 말을 외면했다. 그러나 백성은 달랐다. 공손하게 최제우의 글을 받았고, 공경하는 마음으로 최제우의 말을 받들었다.

최제우를 체포하기 위해 경주에 갔던 선전관 정운구(鄭雲龜)는 임금에게 이렇게 보고했다. "조령에서 경주까지 400여 리가 되고 도읍이 스무 개 가깝습니다. 동학에 대한 이야기가 귀에 들어오지 않은 날이 없었습니다. 경주에 가까워질수록 점점 심해져서 주막집 여인과 산골짜기 아이들까지 동학의 주문을 외우고 있었습니다." 동학은 백성들 속 깊숙이 뿌리를 내리고 있었다.

왜 동학인가

기독교에서도 하느님을 말하고 동학에서도 상제, 즉 하느님을 말하니 그 둘의 차이를 알기 어려웠다. 특히 서학에 대한 탄압이 극심한 상황에서 동학이 서학과 다르다는 점을 보여주어야 했다. 최제우는 한 선비와 대화하는 형식을 빌려 동학과 서학의 차이를 밝혔다. 선비가 물었다. "지금 하늘의 신령스러운 기운이 선생님께 내렸다고 하는데 어찌하여 그렇게 되었습니까?" 최제우가 대답했다. "가는 것이 없으면 돌아오는 것도 없다는 이치를 받았기 때문이다." 선비가 재차 물었다. "서양의 도와 다른 점이 무엇입니까?"

최제우가 대답했다. "내가 받은 도는 인위적으로 하지 않아도 변화가 일어난다. 마음을 지키고 기를 바르게 하고, 본성에 따르고, 가르침을 받으면 변화가 자연스럽게 일어난다. 서양인들은 말에 차례가 없고 글에 옳고 그름이 없다. 하느님을 위하는 마음 없이 엎드리기만 하고, 오로지 자기 자신만을 위해 기도한다. 그 본체는 기가 변화하는 신(神)이 아니고, 그 학은 천주의 가르침이 아니다. 형식은 있으나 하느님의 자취는 없고, 하느님을 생각하는 것 같으나 빌지도 않는다. 도는 텅 비어 아무것도 없고, 학은 천주의 학이 아닌데 어찌 다르지 않다고 하겠는가."

가는 것이 없으면 돌아오는 것도 없다. 하느님께 가는 것이 있어야 하

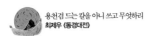

용천검 드는 칼을 아니 쓰고 무엇하리
최제우 《동경대전》

느님으로부터 돌아오는 것이 있다. 따라서 마음을 바르게 하고 본성에 따르며 가르침을 제대로 받으면 변화는 저절로 일어난다. 자신의 수양이 먼저이지 무언가를 바꾸어달라고 하느님에게 빌 필요가 없다. 이것이 최제우가 깨친 이치다. 그런데 서학은 그 반대다. 자기 자신만을 위할 뿐이다. 자기 자신을 위해 무언가 해달라고 하느님께 빈다. 따라서 서학은 하느님 중심이 아니다. 형식만 하느님을 따를 뿐, 서학 안에는 하느님의 자취가 없다. 이렇게 내용이 다르니 이름 역시 달라야 한다. 최제우는 동쪽에 있는 조선 땅에서 도를 받았으므로 이름을 동학이라 했다. 최제우가 서학에 맞서 동학을 창설한 것은 민족적 각성의 반영이었다.

5만 년 만에 기회가 왔다

최제우는 세상 개벽의 때가 왔다고 했다. 개벽된 세상이 되면 지금의 부귀한 사람은 빈천하게 되고, 지금 빈천한 백성들은 부귀하게 된다. 백성이 주인이 되는 시절이 온다는 말이다. 이렇듯 최제우의 사상에는 백성의 열망을 담은 민중적 각성이 들어 있다. 그러면 앉아서 개벽을 기다리면 되는가? 최제우는 이렇게 노래했다.

시호(時乎) 시호, 이내시호 부재래지(不再來之) 시호로다.

만세일지(萬世一之) 장부로서 오만년지(五萬年之) 시호로다.

용천검(龍泉劍) 드는 칼을 아니 쓰고 무엇하리.

무수장삼(舞袖長衫) 떨쳐입고 이 칼 저 칼 넌짓 들어

호호망망(浩浩茫茫) 넓은 천지 일신(一身)으로 비껴서서

칼 노래 한 곡조를 시호 시호 불러내니

'시호 시호.' 때가 왔다, 때가 왔다. '부재래지 시호로다.' 두 번 다시 안 올 기회가 왔다. 5만 년 만에 한 번 찾아온 이 기회에 용천검을 아니 쓰면 언제 쓸 것인가. 용천검뿐만 아니라 이 칼 저 칼 넌지시 들고 때가 왔다 때가 왔다고 노래하자고 했다. 이렇게 세상을 바꾸는 일에 백성들이 함께 일어나자고 했다.

동학이 확산되자 조정에서는 혹세무민(惑世誣民) 죄로 최제우를 체포하여 효수형에 처했다. 그러나 최제우는 갔지만 그의 뜻은 사라지지 않았다. 최제우의 처형은 오히려 동학교도들을 단결시키는 계기가 되었다. 체포령이 내려지고 포위망이 좁혀오자 최제우는 시를 한 편 지었다.

다 함께 그 운세를 밝혀 모든 사람이 지혜롭고,

모두 함께 배움의 맛을 얻으니 모든 사람의 생각이 같구나.

만년이나 된 나뭇가지에 천 송이 꽃이 피고,

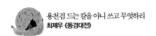
용천검 드는 칼을 아니 쓰고 무엇하리
최제우 《동경대전》

온 세상에 구름이 껴도 한 줄기 달빛 빛나는구나.

누각에 오르니 사람이 학을 탄 신선과 같고,

배를 띄우니 말이 하늘을 나는 용과 같구나.

사람은 공자가 아니어도 그 뜻은 똑같고,

만 권의 글을 못 쓰더라도 그 뜻은 능히 웅대하도다.

공자가 아니어도, 글을 못 쓴다 할지라도 사람은 누구나 그 뜻이 똑같고 웅대하다. 그 뜻들이 모이고 모여 1894년 고부군수 조병갑(趙秉甲)의 탐학에 항의하는 봉기가 일어났다. 1789년 프랑스 대혁명에는 장 자크 루소(Jean Jacques Rousseau)가 있었듯이 1894년 동학농민혁명에는 최제우가 있었다.

생각플러스

최제우는 외세가 침략해오고 중세적 질서가 붕괴되어가던 시대에 동학을 제창하여 시대 변화에 대응하고자 했다. 변동기에는 다양한 의견이 나타나 각축을 벌인다. 최제우와 같은 시대에 김옥균(金玉均)은 적극적인 개화를 주장했다. 다음의 두 글을 읽고 두 사람의 시대 인식과 대응의 차이를 생각해보자.

◆ ◆ ◆

우리나라에는 요즘 나쁜 질병이 나타나 나라 안에 가득 차 있고, 백성들은 사시사철 편한 날이 없구나. 이것은 크게 상해를 입을 운수다. 서양은 싸우면 이기고 공격하면 빼앗으니 이루지 못하는 일이 없다. 그래서 중국이 망해 없어지면 우리나라의 운수는 입술이 없어진 것과 같다. 아, 이 나라를 돕고 백성을 편안하게 할 계책이 장차 어디에서 나올 것인가. 안타까운 일이다. 지금 세상 사람들은 시대의 운수를 알지 못하고 있다.

– 최제우, 《동경대전》 중에서

◆ ◆ ◆

용천검 드는 칼을 아니 쓰고 무엇하리
최제우 《동경대전》

장차 어찌해야 좋겠습니까? 밖으로는 널리 유럽 각국과 신의로써 친교를 맺고, 안으로는 정치 개혁을 하여 어리석은 백성을 문명의 길로 가르쳐야 합니다. 또한 상업을 일으켜 재정을 튼튼히 하고 군사를 양성하여 국력을 강하게 해야 합니다. 이것은 어려운 일이 아닙니다. 이렇게 되면 영국은 거문도를 도로 내놓을 것이고, 그 밖의 다른 나라들도 침략할 마음을 갖지 않을 것입니다. …… 지금 온 세계는 산업을 주장하여 서로가 더욱 많은 생산을 하기 위해 경쟁하고 있습니다. 이런 때에 양반을 철폐해 그 폐단을 없애는 데 힘쓰지 않는다면 국가가 망해 없어지기를 기다리는 것이옵니다. —김옥균, 〈지운영 사건 규탄 상소〉 중에서

26

실천해야앎이 있다

마오쩌둥 《실천론》

서울대 사상고전 100선에 선정된 핵심 포인트

《모순론(矛盾論)》과 함께 마오쩌둥 사상의 인식론적 기초가 되는 주요한 저작으로 변증법적 유물론의 입장에서 인식의 발전 단계와 실천의 의미를 규명했다. 중국공 산당에서는 마르크스주의와 중국 혁명의 경험을 총결하여 이 글을 저술했다고 평 가한다.《실천론》은 사회적 실천을 기초로 인식과 실천의 통일원칙을 견지하면서 인식의 원천, 발전 과정, 목적, 진리의 표준에 관해 자세하게 서술하고 있다. 1937 년 항일 전쟁이 진행되고 있던 시점에 쓰인 이 글은 그 당시 중국공산당 내의 '좌경 적' 혹은 '우경적' 노선을 비판하려는 정치적 목적도 갖고 있었다.

－ 박한제 서울대학교 명예교수

중국을 알려면 마오쩌둥의 사상을 알라

우리 민족은 지금부터 평화와 자유를 사랑하는 세계 여러 민족의 대 가정의 일원이 되어, 용감하고 근면하게 스스로의 문명과 행복을 창 조함과 동시에 세계의 평화와 자유를 촉진하기 위하여 일할 것이다. 우리 민족은 더 이상 모욕당하는 민족이 아니다. 우리는 이미 일어선 것이다.

1949년 10월 1일 중국 베이징의 천안문 광장, 한 건장한 사람의 우렁 찬 목소리, 가끔은 약간 떨리는 듯했지만 힘찬 목소리가 울려 퍼졌다. 마오쩌둥(毛澤東, 1893~1976)은 30만 명이 운집한 가운데 이렇게 중화인 민공화국이 성립했음을 선포했다. 중국공산당은 1921년에 불과 12명 이 만든 작은 정당이었지만 28년 만에 당시 인구 8억 명이던 중국을 지 배하는 정당이 되었다. 중국공산당 28년의 역사는 고난의 연속이었다. 그 고난의 정점에 대장정이 있다. 공산당은 당시 패권을 다투고 있던 국 민당에 쫓겨 대장정을 했다. 1934년 중국의 남쪽 지역에서 시작된 대장 정은 1935년 북쪽 연안 지방에 도착하여 끝이 났다. 중국 대륙을 남쪽 으로 반 바퀴 돌면서 2만 5000리, 즉 1만 킬로미터를 걸었다. 미국 대륙 을 두 번 횡단하는 거리였다. 그 과정에서 18개의 산맥을 넘고 24개의 강을 건넜다. 그중 다섯 개 산맥은 만년설로 뒤덮여 있었다. 이렇듯 공산당은 열세였다. 이 대장정 기간에 마오쩌둥은 공산당의 명실상부한 지도자가 되었다. 마오쩌둥의 지도 아래 공산당은 열세를 만회했고, 마침내 국민당을 몰아내고 중국의 제1당이 되었다.

오늘날 중국은 미국과 함께 세계 2대 강국으로 급부상했다. 세계 어느 나라, 어느 지역이든 중국의 직·간접적인 영향을 받지 않는 곳이 없게 되었다. 우리나라 역시 마찬가지다. 중국은 우리나라의 최대 무역 파트너다. 우리나라를 찾는 관광객의 다수는 중국인이다. 이제 길거리에서, 식당에서, 지하철에서 중국어로 대화하는 사람들과 마주치는 일은 일상이 되어버렸다. 중국을 알기 위한 학습 열풍은 이제 신기한 일이 아니라 필수가 되었다. 수많은 학생, 직장인들이 중국어를 배우기 위해 밤늦게까지 학원을 다닌다. 자칭 중국 전문가라는 사람들이 쓴 책이 넘쳐난다. 그런데 중국을 알고자 한다면서 빠뜨리는 것이 있다. 바로 마오쩌둥의 사상에 대한 학습이다.

중국을 알려면 우선 마오쩌둥의 사상을 알아야 한다. 중국은 마오쩌둥의 사상을 국가 이념으로 하고 있다. 마오쩌둥의 사상은 여전히 큰 영향력을 행사하고 있다. 그래서 마오쩌둥의 사상에 대한 이해 없이는 중국에 대한 온전한 이해를 기대하기 어렵다. 마오쩌둥의 사상을 대표하는 책이 《실천론(實踐論)》이다. 1937년 7월에 쓰인 《실천론》은 분량도 적고 내용도 평이하다. 중국어 원문으로는 15쪽, 우리말로 번역하면 약

30쪽 정도의 분량이다. 그리고 일반인을 대상으로 쓴 글이어서 까다롭지 않다.

중국식 마르크스주의

마오쩌둥은 공부만 한 학자가 아니라 실천가, 혁명가였다. 따라서 마오쩌둥의 사상은 실천과 분리하여 생각할 수 없다. 마오쩌둥은 당대 중국의 현실을 바꾸고자 한 사람이다. 그러므로 그 시대를 이해하고 그 시대의 문제와 싸웠던 마오쩌둥의 실천을 알아야 그의 사상을 이해할 수 있다. 마오쩌둥은 후난 성의 작은 시골 농가에서 태어났다. 여덟 살 때부터 서당에 다니며 읽기와 쓰기를 배웠는데, 특히 《삼국지(三國志)》, 《수호지(水湖志)》, 《서유기(西遊記)》 등의 소설을 좋아했다.

마오쩌둥의 아버지는 아들이 공부하는 것을 좋아하지 않았다. 공부가 돈벌이에 쓸모없다고 생각했기 때문이다. 마오쩌둥은 아버지를 설득해서 사범학교까지 마칠 수 있었다. 마오쩌둥은 사범학교를 마친 후 베이징으로 갔다. 마오쩌둥의 나이 스물여섯 살이었다. 마오쩌둥은 베이징 대학교 도서관의 조수 자리를 얻었다. 그리고 베이징에서 새로운 경험을 하게 되었다. 당시 베이징 대학교는 중국 신문화운동의 중심지였다. 교수와 학생들은 중국 근대화에 저해가 되는 전통 문화와 풍습을 바꾸려 했다.

마오쩌둥이 베이징에 자리 잡은 그다음 해에는 베이징 대학생을 중심으로 5.4운동이 일어났다. 이런 분위기에서 마오쩌둥은 중국의 미래에 대해 깊이 고민하게 되었다. 서양의 온갖 사상을 섭렵하고 마르크스 (Karl Heinrich Marx)가 지은 《공산당선언》 등을 읽으며 중국의 미래를 이끌어갈 사상을 모색했다. 마오쩌둥의 결론은 분명했다. 중국을 바꾸기 위해서는 혁명을 해야 한다.

베이징 대학교의 몇몇 교수와 학생들이 '마르크스주의 연구회'라는 동아리를 결성하자 마오쩌둥은 거기에 가입했다. 이 동아리를 중심으로 1921년 중국공산당이 결성되었다. 마오쩌둥은 공산당의 지시에 따라 고향인 후난 성에 내려가 공산당 조직을 확대하기 위해 활동했다. 1924년에 쑨원(孫文)이 주도하는 국공합작이 이루어졌다. 당시 중국을 지배했던 군벌에 맞서기 위해 국민당과 공산당이 연합했던 것이다. 그러나 쑨원이 죽은 후 지도자가 된 장제스(蔣介石)는 1927년에 국공합작을 깨고 공산당을 전면적으로 탄압했다. 이에 맞서 공산당은 농촌과 도시에서 무장봉기를 일으켰지만 처참한 실패로 끝나고 말았다. 마오쩌둥은 농촌 깊숙이 들어갔다. 그곳에서 새로운 활동 거점을 만들고, '농촌 해방구'라고 불렀다.

마오쩌둥은 마르크스와 레닌의 글을 뒤적이며 문구나 되새기는 교조적 마르크스주의자가 아니었다. 당시 공산당 지도부가 그러했다. 처음

중화인민공화국을 수립할 당시의 마오쩌둥

에는 학자들이, 그다음에는 소련에서 파견된 인사들이 지도부가 되면
서 교조적인 이론으로 공산당을 지도했다. 그들은 도시 노동자 중심의
봉기를 통한 혁명을 추구했다. 그러나 그들의 노선이 실패로 끝나면서
수많은 공산당원을 잃고 말았다. 마오쩌둥은 농촌 출신으로 중국에서
농민들의 중요성을 잘 알고 있었다. 중국 인구의 90퍼센트 이상이 농민
이었고 억압과 수탈을 가장 심하게 받던 층도 농민이었다. 농민을 장악
하지 않고는 중국 혁명은 꿈도 꿀 수 없는 일이었다. 그래서 마오쩌둥은
농촌으로 들어가 농촌 해방구를 만들었고, 농민들을 모아 공산당의 군
대인 홍군을 조직하여 게릴라전을 벌였다. 마오쩌둥은 마르크스주의를
중국의 현실에 적용하는 '중국식 마르크스주의'를 추구했다.

배는 먹어봐야
맛을 안다

《실천론》의 부제는 '인식과 실천의 관계, 지(知)와 행(行)의 관계에 대하여'다. 인식과 실천은 밀접한 관련이 있다. 올바르게 인식해야 올바르게 실천할 수 있다. 비가 오고 있는데 눈이 오는 것으로 인식하고 나가면 비에 흠뻑 젖을 수밖에 없다. 그리고 실천을 해야 제대로 인식할 수 있다. 마오쩌둥은 특히 이 점을 강조했다. 마오쩌둥은 말한다. "배의 맛을 알려면 배를 먹어봐야 한다." 또한 마오쩌둥은 마르크스주의의 인식론을 '지'와 '행'이라는 중국 전통 철학의 개념으로 설명하려고 했다. 마오쩌둥은 말한다. "천재는 문 밖에 나가지 않고도 세상만사를 다 알 수 있다는 말은 한갓 우스갯소리에 불과하다. 직접적으로 아는 사람이란 실천을 하는 사람이다. 사람들이 실천하는 가운데 지를 얻고, 그것이 문자와 기술을 통해 천재의 손에 이르러야 천재는 간접적으로 세상만사를 알게 된다." 마오쩌둥은 마르크스주의 인식론을 '지행통일관'이라고 규정했다. 마오쩌둥은 결코 중국의 현실과 전통을 잊지 않는 마르크스주의자였다.

마오쩌둥은 《실천론》에서 인간이 사물을 인식하는 과정을 '감성적 인식의 단계'와 '이성적 인식의 단계'로 구분했다. 감성적 인식의 단계에서 인간은 주로 감각 기관을 통해 사물을 인식한다. 예를 들어보자. 여

기 연필이 하나 있다. 만져보니 끝이 뾰족하다. 냄새를 맡으니 향나무 향기가 난다. 여기에서 '뾰족하다', '향나무 향기가 난다'는 감각 기관을 통한 인식이다. 그 두 가지 인식을 합하여 '끝이 뾰족하고 향나무 향기가 나는 것은 무엇일까?'라고 생각을 하게 되고, 결국 그것이 '연필'이라는 것을 알게 된다. 이성적 인식의 단계에서는 합리적이고 논리적인 추론을 통해 사물을 인식한다. 앞에 서 있는 한 여성을 예로 들어보자. 우리는 그 여성을 보고 '아름다운 아가씨'라고 생각한다. 왜 그럴까? '아름다운'이나 '아가씨'라는 말은 우리가 익히 들어 아는 말이다. 이 말들은 사람들이 오랜 삶을 살아오면서 서로 약속을 통해 형성된 것이기 때문이다. 그래서 '아름답다'고 하면 무엇을 가리키는지 알 수 있고, '아가씨'라고 하면 어떤 사람을 가리키는지 알 수 있다. 그래서 우리는 앞에 있는 여성을 보고 두 말을 합하여 '아름다운 아가씨'라고 인식한다.

마오쩌둥은 인간의 인식이 감성적 인식의 단계에서 이성적 인식의 단계로 발전하게 된다고 말한다. 이것이 중요하다. 감성적 인식의 단계는 연필을 만져보고 연필 냄새를 맡는 경험의 단계다. 여기에 머무르게 되면 경험한 것밖에 알 수 없다. 이 단계에 머무르면 중국의 농민은 삶이 고달프다는 경험적 인식밖에 하지 못한다. 이성적 인식의 단계로 발전해야 한다. 이 단계에 이르면 중국의 농민은 자신의 삶이 왜 고달픈지를 알게 되고, 고달픈 삶을 끝내기 위해 혁명을 해야 한다는 것을 알게 된다. 경험과 이론, 인식과 실천은 분리되지 않는다. 경험이 없으면 현실을 알지 못하고, 이론이 없으면 그 현실을 어떻게 바꾸어야 하는지 알지 못한다. 그래서 마오쩌둥은 '지'와 '행'이 통일된다고 했는데, 이것이 마오쩌둥 사상의 핵심이다. 오늘날 중국 정부가 추진하는 정책을 분석할 때 이 지행통일관을 놓치면 한쪽 면만을 보게 된다.

　마오쩌둥은 말년에 자신도 과오를 많이 범했으므로 인민들로부터 3할의 비판과 7할의 평가를 받으면 만족한다고 말했다. 여전히 중국 내에서조차 마오쩌둥의 공과 과에 대한 논란이 있지만 마오쩌둥은 자신이 기대한 7할의 평가를 받고 있음이 분명하다.

실천해야 앎이 있다
마오쩌둥 《실천론》

생각 플러스

마오쩌둥은 중국공산당을 이끌고 중국의 사회주의 혁명을 이루었다. 마오쩌둥은 실천을 강조했다. 덩샤오핑(鄧小平)은 마오쩌둥의 뒤를 이은 후계자로서 마오쩌둥의 철학에 입각하여 중국의 개혁, 개방을 이루었다. 다음의 두 글을 읽고 두 사람의 사고에서 유사점을 생각해보자.

◆ ◆ ◆

지식을 얻으려면 현실을 변혁시키는 실천에 참여해야 한다. 배의 맛을 알려면 배를 변혁시켜야 한다. 즉 직접 먹어봐야 하는 것이다. 원자의 구조와 성질을 알려면 물리학적, 화학적 실험으로 원자의 상태를 변혁시켜야 하듯이 혁명의 이론과 방법을 알려면 혁명에 참가해야 한다. 모든 진정한 지식은 직접적인 경험에서만 나오는 것이다. 그러나 모든 것을 직접 알 수는 없다. 사실 많은 지식은 간접적인 경험에서 나온다고 할 수 있다. 그것은 바로 옛날부터 내려온 지식과 타 지방에서 온 지식을 말한다. 이런 지식은 옛날사람들이나 다른 사람들이 직접 경험하여 얻어낸 것이다.

－마오쩌둥, 《실천론》 중에서

◆ ◆ ◆

덩샤오핑의 가장 유명한 말은 아마 검은 고양이든 흰 고양이든 쥐만 잘 잡으면 된다는 '흑묘백묘론'일 것이다. 이는 사상에 구애받지 않고 중국을 발전시키겠다는 선언이었다. …… 1978년 덩샤오핑은 개혁 개방을 선언하며 중국을 발전시킬 3단계인 '온포', '소강', '대동', 이 '삼보주'를 제시했다. 첫 번째 단계인 '온포'는 배부르고 등 따스운, 즉 먹고사는 문제가 해결된 사회를 말한다. 두 번째 '소강'은 먹고사는 문제에서 벗어나 어느 정도 생활을 영위할 수 있는 경지를 말한다. 현재 중국은 자신들이 소강 사회에 진입했다고 평가한다. 마지막 '대동'은 모두가 화합하고 행복한 이상적인 경지를 이른다. 대동이 도달할 수 없는 사회라면 소강은 현실에서 실현될 수 있다고 믿는 사회다.

－이지성·황광우, 《고전혁명》 중에서

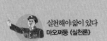

실천해야앎이 있다
마오쩌둥 《실천론》

부록

황광우가 추천하는 동서양 고전 70선

1 《갈리아 원정기》, 카이사르 지음, 천병희 옮김, 숲.

2 《걸리버 여행기》, 스위프트 지음, 박용수 옮김, 문예출판사.

3 《경성 트로이카》, 안재성 지음, 사회평론.

4 《국가》, 플라톤 지음, 천병희 옮김, 숲.

5 《국부론》, 스미스 지음, 김수행 옮김, 비봉출판사.

6 《군주론》, 마키아벨리 지음, 권기돈 옮김, 웅진씽크빅.

7 《그래도 지구는 돈다》, 갈릴레이 지음, 이무현 옮김, 교우사.

8 《그리스 로마 신화》, 불핀치 지음, 손명현 옮김, 동서문화사.

9 《그리스 비극 걸작선》, 소포클레스 외 지음, 천병희 옮김, 숲.

10 《난중일기》, 이순신 지음, 송찬섭 옮김, 서해문집.

11 《노년에 관하여, 우정에 관하여》, 키케로 지음, 천병희 옮김, 숲.

12 《논어집주》, 성백효 지음, 전통문화연구회.

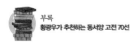

37 《신곡》, 단테 지음, 한형곤 옮김, 서해문집.

38 《아리랑》, 웨일즈 지음, 송영인 옮김, 동녘.

39 《양자론이 뭐야》, 가츠히코 지음, 김선규 감수, 비타민북.

40 《역사》, 헤로도토스 지음, 천병희 옮김, 숲.

41 《역사란 무엇인가》, 카 지음, 김택현 옮김, 까치.

42 《역사철학강의》, 헤겔 지음, 권기철 옮김, 동서문화사.

43 《열하일기》, 박지원 지음, 리상호 옮김, 보리.

44 《오뒷세이아》, 호메로스 지음, 천병희 옮김, 숲.

45 《원효》, 남동신 지음, 새누리.

46 《월든 숲 속에서의 생활》, 소로 지음, 편집부 옮김, 넥서스.

47 《유배지에서 보낸 편지》, 정약용 지음, 박석무 옮김, 창비.

48 《유토피아》, 모어 지음, 나종일 옮김, 서해문집.

49 《이성의 운명에 대한 고백》, 칸트 지음, 김상현 옮김, 아이세움.

50 《인간 불평등 기원론》, 루소 지음, 주경복 옮김, 책세상.

51 《일리아스》, 호메로스 지음, 천병희 옮김, 숲.

52 《임꺽정》, 홍명희 지음, 사계절.

53 《자본론》, 마르크스 지음, 김수행 옮김, 비봉출판사.

54 《장자》, 안동림 지음, 현암사.

55 《전태일 평전》, 조영래 지음, 돌베개.

56 《정치학》, 아리스토텔레스 지음, 천병희 옮김, 숲.

57 《조선과 그 이웃나라들》, 비숍 지음, 신복룡 옮김, 집문당.

58 《조선상고사》, 신채호 지음, 박기봉 옮김, 비봉출판사.

59 《종의 기원》, 다윈 지음, 송철용 옮김, 동서문화사.

60 《죄와 벌》, 도스토옙스키 지음, 김연경 옮김, 민음사.

61 《주역》, 노태준 지음, 홍신문화사.

62 《철학콘서트》, 황광우 지음, 웅진지식하우스.

63 《통치론》, 로크 지음, 강정인 · 문지영 옮김, 까치.

64 《퇴계와 고봉, 편지를 쓰다》, 김영두 지음, 소나무.

65 《파우스트》, 괴테 지음, 김재혁 옮김, 펭귄클래식코리아.

66 《파이드로스, 메논》, 플라톤 지음, 천병희 옮김, 숲.

67 《펠로폰네소스 전쟁사》, 투퀴디데스 지음, 천병희 옮김, 숲.

68 《플루타르코스 영웅전》, 플루타르코스 지음, 천병희 옮김, 숲.

69 《한 권으로 읽는 세종대왕실록》, 박영규 지음, 웅진지식하우스.

70 《햄릿》, 셰익스피어 지음, 노승희 옮김, 펭귄클래식코리아.

고전의 시작

동양철학

초판 1쇄 인쇄일 2014년 12월 29일
초판 3쇄 발행일 2016년 2월 25일

지은이 | 황광우 · 홍승기

발행인 | 박재호
편집 | 이둘숙
종이 | 세종페이퍼
인쇄 | 우진제책
출력 | ㈜상지피앤아이

발행처 | 생각학교 Thinking School
출판신고 | 제 25100-2011-321호(2011년 12월 16일)
주소 | 서울시 마포구 동교동 165-8 LG팰리스 1207호
전화 | 02-334-7932 팩스 | 02-334-7933
전자우편 | pjh7936@hanmail.net

만든 사람들
기획 | 박재호
편집 | 윤정숙
디자인 | 이석운, 김미연